项目来源　辽宁省教育厅 2023 年度高校基本科研项目

项目编号　JYTM2023113

项目名称　数字媒体赋能辽宁非遗传承策略研究 —— 以辽西满族剪纸为例

项目来源　沈阳市社会科学界联合会 2023 年度沈阳市社会科学课题

项目编号　SYSK2023-01-006

项目名称　可持续发展视域下的艺术赋能沈阳满族乡村文化振兴策略探析

非物质文化遗产数字化传承与保护研究

Research on the Digital Inheritance and Protection of Intangible Cultural Heritage

黄林 著

中国戏剧出版社
CHINA THEATRE PRESS

图书在版编目（CIP）数据

非物质文化遗产数字化传承与保护研究 / 黄林著．北京 ：中国戏剧出版社，2024. 11. -- ISBN 978-7-104-05590-7

Ⅰ．G122-39

中国国家版本馆 CIP 数据核字第 2024QF1422 号

非物质文化遗产数字化传承与保护研究

责任编辑： 周忠建
责任印制： 冯志强

出版发行： 中国戏剧出版社
出 版 人： 樊国宾
社　　址： 北京市西城区天宁寺前街 2 号国家音乐产业基地 L 座
邮　　编： 100055
网　　址： www.theatrebook.cn
电　　话： 010-63385980（总编室）　010-63381560（发行部）
传　　真： 010-63381560

读者服务： 010-63381560
邮购地址： 北京市西城区天宁寺前街 2 号国家音乐产业基地 L 座

印　　刷： 天津和萱印刷有限公司
开　　本： 787mm×1092mm　1/16
印　　张： 13.75
字　　数： 275 千字
版　　次： 2025 年 4 月　北京第 1 版第 1 次印刷
书　　号： ISBN 978-7-104-05590-7
定　　价： 78.00 元

前言

我国的非物质文化遗产是人类文化多样性的重要体现，是中华民族生产、生活及娱乐方式的体现，还是我国历史文化的有力见证，保护、传承、发展它是我们的历史使命，是时代赋予的责任，更是促进中国特色社会主义文化大发展、大繁荣，构建社会主义和谐社会的必然要求。目前，传统的保护与传承方式已经不能满足非物质文化遗产各项内容的需求，改变脆弱的保护与传承方式，探索民族文化传承学校教育新模式，形成兼顾形式借鉴、文化营养吸收、文化基因传承的可行方案，是有效促进非物质文化遗产保护传承与创新发展的必由之路。

不论是何种非物质文化遗产数字化活动，都需要在文化背景下开展，这一进程并非简单地将传统文化搬到网络平台上，而是在保留传统文化精髓的同时，赋予其新的生命和活力。通过数字技术，我们能够以前所未有的方式呈现、传播和体验这些珍贵的文化遗产，从而吸引更广泛的关注，并使其更好地适应当代社会。由此可见，数字技术的应用，能够有效地保护我国的民族文化遗产，能够使人们对文化遗产产生认同感，这有利于提升社会整体的凝聚力和创造力。

在数字化时代，非物质文化遗产的数字化保护已成为文化保护领域的重要课题。非物质文化遗产的数字化保护旨在在尊重传统文化原貌的基础上，利用数字技术手段对非物质文化遗产进行保存、保护和传播，从而实现对传统文化的传承和弘扬。可以说，数字技术的介入在非物质文化遗产的保护和传承过程中起到了至关重要的作用。通过数字化手段，我们可以将口头传统、表演艺术、传统手工艺等非物质文化元素转化为数字形式进行记录和保存，从而避免因时间流逝和环境变迁而导致的文化遗失。例如，我们可以通过数字化技术，建立数字档案馆、虚拟展览馆等平台，将非物质文化遗产以数字化形式永久保存，并对其实现多维度、全方位的展示。这不仅为传统文化的传承提供了便利，同时也为文化研究和学术交流提供了丰富的资料和资源，推动了非物质文化遗产的保护与传播工作向前迈进。此外，数字技术的介入还打破了文化之间的封闭状态，促进了文化间的交流与发展。通过数字化平台，不同地区、不同文化间的非物质文化遗产可以进行交流和对比，这促进了不同文化间的相互理解和融合。这种全球化的文化互动使文化资源得以全球共享，推动了人类文化成果的广泛传播，为文化多样性的发展和保护开辟了新的路径和可能性。

现代科技迅速发展，人们生活方式的改变，使非物质文化遗产（如辽西地区医巫闾山满族剪纸）的生存环境及传播状况受到了严重的冲击。通过实地田野调查与文献回顾，笔者发现，关于辽西地区医巫闾山满族剪纸口传身授的传承方式已经不能满足当下的传承与保护状态，加之传承人老龄化严重，年轻群体参与度低，文化价值与内涵认同模糊，使辽西地区医巫闾山满族剪纸的保护与传承陷入了困境。当地政府通过传承人创建传习班、举办剪纸艺术展览、出版书籍等方式进行传承，这些传统的传承方式已无法满足时代需求。如今，非物质文化遗产不再局限于传统的纸质传播和口头传播，数字媒体技术的应用为其提供了更多的传播机会，同时非物质文化遗产的数字化传播是一个多元的、复杂的体系，因此必须在非物质文化遗产的传播内容、数字展示形式及传播人群的差异之间，找到适合非物质文化遗产的数字化传播模式和发展路径。为了让非物质文化遗产在当今时代中得到有效的传承与发展，我国社会组织和学者进行了大量的非物质文化遗产数字化相关研究，将数字影音、增强现实（AR）/虚拟现实（VR）技术、网络媒体等数字媒体技术应用到非物质文化遗产展示环节，为非物质文化遗产的传播注入新的活力。例如，运用虚拟现实技术，提供丰富的剪纸艺术体验。剪纸艺术作为重要的非物质文化遗产，其保护与传承不能仅停留在由上至下的宣传推广上，政府部门和艺术家要充分调动社会大众的参与性，通过数字媒体的体验加深大众对剪纸艺术的喜爱，从而形成良性的互动体验，促进剪纸艺术的可持续发展。

在撰写本书的过程中，笔者参考了大量的学术文献，得到了许多专家学者的帮助，特别感谢王光老师、敬彪老师和黄静老师，在此表示真诚的感谢。同时，感谢我的导师赵璐教授，以及学生马倩倩，是你们的倾情助力，才使本书得以出版。由于笔者学术水平有限，书中难免有疏漏之处，希望同行指正。

黄林

2023 年 11 月

目录

第一章 非物质文化遗产概述

本章对非物质文化遗产进行了详细的介绍，主要介绍了以下四个方面：即非物质文化遗产的相关概念、非物质文化遗产的主要类型、非物质文化遗产的基本特征和非物质文化遗产的核心价值。

第一节　非物质文化遗产的相关概念

一、非物质文化遗产概念的提出

随着社会的不断变化，人们的精神思想也在随之改变，人类创造的文化成果也在不断丰富和发展。这些文化成果被称为“文化遗产”，由物质文化遗产和非物质文化遗产构成。对于一个民族乃至全人类来说，物质文化遗产和非物质文化遗产作为现存文化的记忆，是同等重要的。人类社会需要全面协调可持续发展，进入 21 世纪后，人们愈发重视文化遗产，其中非物质文化遗产因其存在形式的特殊性尤其被人们重视。联合国作为一个全球性组织，在保护文化遗产方面一直发挥着重要作用，深刻影响了世界各国对非物质文化遗产的关注与保护。

（一）自然遗产与文化遗产概念的提出

1965 年，美国白宫首次提出设立“世界遗产信托基金”。这个组织成立之初以保护人类非物质文化遗产为目标，呼吁世界各国一起进行保护工作。1970 年起施行的美国《国家环境政策法》将设立“世界遗产信托基金”的理念写入其中。两年后，《保护世界文化和自然遗产公约》与《关于在国家一级保护文化和自然遗产的建议》于巴黎被提出，这两份文件旨在呼吁国际社会共同努力，保护和传承人类共同的文化遗产。这两份文件的出台使文化遗产保护成为全球议程，为后续对非物质文化遗产的保护奠定了基础。

《保护世界文化和自然遗产公约》的目的是使遗产免遭破坏。在这份文件中，反映人类文化的手工艺品、自然景观等事物被列为保护对象，同时对自然遗产和文化遗产进行了相应的界定。这份文件确定的最后一项保护对象是文化与自然双重遗产。在地球上，存在许多反映文化价值的事物，如文物、古代建筑物，我们可以将其称为“文化遗产”；而自然遗产则是指地球上本来存在的、天然形成的、没有人工干预的景观奇迹。一方水土养一方人，自然养育了人，人们在自然中进行文化活动，二者结合就是文化与自然双重遗产。然而，仅仅是人类活动加上自然景观涵盖不了这项遗产的丰富内涵，更可贵的是孕育其中的人文精神。例如，我国泰山就完全称得上文化与自然双重遗产。泰山巍峨壮观，雄伟瑰丽；古往今来，泰山上举行过很多意义重大的文化活动，如古代帝王封禅。只有像泰山这样，文化意蕴与自然景观结合起来的景观才能成为文化与自然双重遗产。

日本于 20 世纪 50 年代开始采取措施保护非物质文化遗产。《文化财产保护法》于 20 世纪 50 年代初在日本发布，这是一项有重大意义的法案，对后世影响深远。该法将保护对象分为有形文化财产、无形文化财产、民俗文化财产、历史遗址、传统建筑、文化财产保全技术和埋藏的文化财产等。该法出台前，文化财产保护主要集中在物质形态的文物、古迹等有形遗产上，忽视了对无形文化遗产的保护。《文化财产保护法》的出台扩大了文化遗产保护的范围，不仅保护了建筑、艺术品等有形文化财产，还特别强调了对非物质文化财产的保护，如传统技艺、习俗、传统表演等。这一举措使日本的文化保护工作更加全面和系统，有力地保护了日本的文化遗产。经过几年的试运行后，该法于 1954 年进行了修改，进一步完善了法律内容。修改最重要的内容是无形财产从此可以人为确定，将其技术形式和持有人纳入文化财产中予以保护。对于价值高的无形文化遗产，应该深刻了解其构成要素、表演过程，形成保护体系。1975 年，《文化财产保护法》新版本发布。在新版本中，民俗材料进一步分为“物质上的”和“思想上的”两种。20 世纪 60 年代，在日本的影响下，《文化财产保护法》在韩国发布，这项法律将文化财产分为物质上的、精神上的和民间的。韩国的《文化财产保护法》规定，非物质文化财产主要由民族表演艺术和传统节目组成，在一定程度上代表了历史发展中人们的习俗、文化结晶、精神内涵。2003 年，联合国教科文组织在巴黎发布了《保护非物质文化遗产公约》，这项公约吸取了日本、韩国的先进经验，具有很强的现实意义。

（二）非物质文化遗产概念的提出和深化

随着时间的推移，非物质文化遗产保护工作被列入联合国的工作日程。以保护原有的世界自然文化遗产为基础，1987 年，联合国确定非物质文化遗产为保护对象。1989 年，保护传统民俗文化的建议书《保护民间创作建议案》（又译作《关于保护传统和民间文化建议案》）在联合国教科文组织的第 25 届全体大会上通过。使用了“传统和民间文化”这个词来表达“非物质文化遗产”。1998 年，联合国教科文组织在《宣布人类口头和非物质遗产代表作条例》中才开始使用了与“非物质文化遗产”相近的术语“非物质遗产”，让其与“口头遗产”共同表述“非物质文化遗产”概念。2003 年，联合国教科文组织通过的《保护非物质文化遗产公约》最终明确规定“非物质文化遗产”概念。

在 21 世纪初，随着全球化进程的加速和文化交流的深入，人们对非物质文化遗产的重要性有了更深刻的认识。因此，联合国先后颁布了一系列重要法案来保护非物质文化遗产，并强调文化多样性对人类发展的重要性。例如，于 2001 年发布的《世界文化多样性宣言》就提倡保护各种文化形式，强调文化多样性对人类发展的重要性，这对推动全球文化保护、传承和促进文化多样性具有深远的意义。在这种背景下，地球上的所有民族应该平等相处，互相肯定其存在的价值，在交流中相互尊重、相互促进、共同发展。值得指出的是，2001 年 5 月 18 日，联合国教科文组织在巴黎宣布，中国昆曲入选了世界上第一批“人类口头和非物质文化遗产代表作”，此外还有 18 个来自不同国家的优秀作品也入选了。

2003 年，《保护非物质文化遗产公约》在联合国的推动下成功发表，非物质文化遗产的概念得到了明确。同年，随着《人类口头和非物质遗产代表作申报书编写指南》（以下简称《指南》）的通过，非物质文化遗产保护工作进入了一个新的阶段。《指南》为各国提供了详细的操作指引和申报细则，使非物质文化遗产保护工作更加清晰和规范。通过这一《指南》，各国可以更好地了解如何编写非物质文化遗产保护申报书，从而有助于完善相关的立法和政策，提升非物质文化遗产的保护水平。同时，《指南》也对口头和非物质遗产做出了阐释：口头和非物质遗产是得到了全球确认的有历史文化价值的非物质文化遗产，然而因为其存在形式具有特殊性，有着消失的危险。

回顾联合国教科文组织主导的、各成员国参与的非物质文化遗产的保护工作，可以将联合国为复兴非物质文化遗产采取的措施概括为四个阶段：第一阶段，对历史上的文化活动进行保护工作；第二阶段，完善有关文化遗产保护的法律制度；第三阶段，在社会上公布具有价值的非物质文化遗产；第四阶段，发布《保护非物质文化遗产公约》。随着对非物质文化遗产认识的深入，世界各国都意识到了保护非物质文化遗产的紧迫性，并采取了积极的行动。联合国与各国团结一致，求同存异，推动了非物质文化遗产保护事业的发展，并通过制定相关法律，明确了保护非物质文化遗产的原则，为各国提供了法律依据和指导。同时，联合国积极吸取意见、建议和各方面的经验，并制定各种具体可实施的操作规则，为非物质文化遗产保护工作的进一步发展奠定了基础。非物质文化遗产保护工作不仅可以对世界和平发展起到重要的推动作用，而且可以改善人类的生活环境，丰富人类的精神生活，为人类和平、稳定和可持续发展作出独特的贡献。

二、非物质文化遗产的概念释义

（一）非物质文化遗产的相关概念

要想深刻理解非物质文化遗产的概念，不仅需要明确与之相关的几个概念，还需要认识非物质文化遗产的特点。只有深入理解了这些概念和特点，我们才能更好地认识和保护非物质文化遗产，从而促进文化传承与发展，实现人类文明的持续繁荣。

首先，什么是文化遗产。

在中国古文化典籍中，“文”“化”最早见于战国末年的《周易·贲卦·彖传》：“观乎天文，以察时变；观乎人文，以化成天下。”现代通行的“文化”一词其实来自对外语的意译，英国著名人类学家爱德华·伯内特·泰勒（Edward Burnett Tylor）在其1871年出版的《原始文化》中对“文化”做出了定义：“文化，或文明，就其广泛的民族学意义来说，是包括全部的知识、信仰、艺术、道德、法律、风俗以及作为社会成员的人所掌握和接受的任何其他才能和习惯的复合体。”①在这里，文化并没有明确拓展到实物层面。

“遗产”作为名词最早见于南朝宋范晔编写的《后汉书》：“（郭）丹出典州郡，入为三公，而家无遗产，子孙困匮。”在这里，遗产主要指的是祖先留下的物质财产，如土地、房屋、财物等。这种遗产的概念主要关注个人财产的传承，是对家族财富的延续和管理。然而，随着人类社会的发展，人们对遗产的理解逐渐扩展和深化。现代概念中的“遗产”不再局限于物质财产，它还包括了更广的范围，如自然遗产、科技遗产及传统和民俗遗产等。这些遗产代表了人类留下的精神财富总和，具有重要的文化、历史和科学价值。

1972年，联合国教科文组织颁布的《保护世界文化与自然遗产公约》对“文化遗产”进行了定义，即文化遗产包括文物、建筑群和遗址。首先，文物作为文化遗产的重要组成部分，包括各种实物文物，如器物、书籍、

① 转引自曲彦斌《中国招幌与招徕市声：传统广告艺术史略》，辽宁人民出版社2000年版，第264页。

绘画等，它们代表着人类历史和文化的特定时期和风貌，具有独特的艺术和历史意义。其次，建筑群作为文化遗产的重要组成部分，代表着特定历史时期和地域的建筑风格和技艺，反映了人类对保护先民居住环境的理解——建筑群不仅是城市风貌的重要组成部分，也是文化传承和发展的载体。最后，遗址也是文化遗产的重要组成部分，是人类活动留下的痕迹和证据，记录着古代文明的兴衰和发展。

《保护世界文化与自然遗产公约》在促进文化遗产的保护和传承方面发挥着积极的作用，它为各国提供了明确的指引和标准，帮助各国制定了相应的政策，以保护那些具有历史、艺术和科学价值的文化遗产。然而，该公约只强调了对物质层面遗产的保护，忽视了文化遗产背后更深层次的精神内涵。

中国民间文化遗产抢救委员会将文化遗产定义为“人们所承袭的前人创造的文化或文化的产物”，该定义包括了文化遗产的物化层面和精神内涵。

其次，什么是非物质文化遗产。

2003 年 10 月 17 日，《保护非物质文化遗产公约》的通过标志着非物质文化遗产保护工作迈出了重要的一步。该公约明确了非物质文化遗产的概念及范围，为各国开展非物质文化遗产保护工作提供了清晰的指导。

根据《保护非物质文化遗产公约》的定义，非物质文化遗产指的是那些被各群体或个人视为其文化遗产组成部分的各种实践、观念表述、表现形式、知识、技能，以及相关的工具、实物、手工艺品和文化场所。其内容涵盖了口头传统、表演艺术、社会实践、有关自然界和宇宙的知识、传统手工艺等。

非物质文化遗产具有非物质性，这种非物质性并非指与物质隔绝，而是指侧重于精神领域中以非物质形式存在的创造活动及其结晶。这种非物质性体现了人类对文化传承、精神价值和情感共鸣的关注，强调了人类内在的精神需求和情感追求。非物质文化遗产虽然可能以物质形式呈现，但其核心在于承载的精神意义和历史价值，它引领人们走进文化的内心世界，感受到跨越时空的情感共鸣和精神连接。

（二）中国对非物质文化遗产概念的补充

《保护非物质文化遗产公约》所界定的非物质文化遗产的概念是面向世界各国、各种文化样式的，在很多方面并不完全切合我国的实际情况。因此，在 2005 年 3 月，国务院颁布了《国家级非物质文化遗产代表作申报评定暂行办法》，对非物质文化遗产进行了重新定义，将其界定为各族人民世代传承的与群众生活密切相关的传统文化表现形式，包括六个方面的内容：第一，口头传统。口头传统包括口头文学、谚语、歌谣、民间故事等，是民族文化的重要组成部分，记录了很多珍贵的历史信息。第二，传统表演艺术。作为非物质文化遗产的重要组成部分，传统表演艺术包括了舞蹈、音乐、戏剧等形式。这些表演艺术代表了特定文化背景下的审美情趣和审美观念，承载着丰富的历史和文化内涵。第三，民俗活动。民俗活动涵盖了各种社会活动和仪式，如传统节日、庆典仪式、礼仪习俗等。这些活动反映了特定社会群体的生活方式、社会关系和文化传统，承载着丰富的社会信息。第四，传统知识。传统知识是指与自然环境、生产活动和社会生活相关的技术、知识和经验，如农业、渔业等，反映了人们对自然环境的认知和利用。第五，传统手工艺技能。传统手工艺技能代表了特定文化背景下的工艺传统和技术水平，代表着我国过去的技术与文明成就。第六，与上述表现形式相关的文化空间。文化空间包括传统建筑、传统村落、传统庙会等，这些文化空间代表了特定地域和社会群体的文化特征和历史传统，具有丰富的精神价值。

中国作为一个拥有 56 个民族的统一的多民族国家，历史悠久、文化底蕴深厚。从昆曲艺术、古琴艺术，到蒙古族长调民歌等，这些精彩纷呈的艺术形式早已被联合国教科文组织《人类口头和非物质文化遗产名录》所收录。同时，中国还有许多非物质文化遗产项目被列入了国家级名录，如传统桑蚕织技艺、京剧、皮影等。据统计，截至 2021 年，国家级非物质文化遗产代表性项目共计 1557 个，以及 3610 个子项。[①] 这些项目不仅反映了中国人民对传统文化的珍视和传承，也是中国积极推进非物质文化遗产保护的有力证明。

申请非物质文化遗产最大的作用是确认民族身份，它是“一个民族的身份证”。每一种文化都代表着自成一体的、独特的、不可替代的价值观念，因为每一个民族的传统和表达形式是证明其在世界上存在的最有效的手段。

非物质文化遗产是人类智慧和创造力的结晶，是民族文化的瑰宝和精神财富。首先，保护和利用好非物质文化遗产，对传承和弘扬民族文化传统具有重要意义。通过保护和传承非物质文化遗产，民族文化可以得到传承和发展，焕发出新的生机和活力，激发民族的创造力和创新精神。其次，保护和发展非物质文化遗产有助于增强民族自信心和凝聚力。非物质文化

① 数据来源于中国非物质文化遗产网・中国非物质文化遗产数字博物馆：《国家级非物质文化遗产代表性项目名录》（https://www.ihchina.cn/project.html?tid=1#sy_target1）。

遗产承载着丰富的民族文化和历史情感，是中华民族凝聚力的重要来源。通过加大非物质文化遗产的保护和传承力度，让人们可以更加深刻地认识和理解自己的文化根基，提升民族自豪感和自信心，对民族文化更加热爱和敬畏，从而铸牢中华民族共同体意识。此外，非物质文化遗产不仅是文化领域的宝贵资源，还是推动经济社会发展的重要动力，如传统手工艺品制作、民俗文化旅游等，都可以成为当地经济发展的重要支撑点，带动相关产业的繁荣和增加就业机会。同时，非物质文化遗产的传承和发展可以促进文化创意产业的繁荣，推动文化与科技、文化与经济的深度融合，为全面建设社会主义现代化国家提供强大的文化动力和精神支撑。

综上，必须做好保护和利用非物质文化遗产的工作，唯有不断加强对非物质文化遗产的保护、传承和利用，才能更好地激发中华民族的文化创造力和创新力，推动优秀传统文化在当今社会中焕发新的生机，为中华民族的伟大复兴注入源源不断的文化动力。

第二节　非物质文化遗产的主要类型

为了更好地保护和传承非物质文化遗产，我们需要通过分析其主要类型来深入理解和区分其内部的不同部分。非物质文化遗产包含了多种类型，每种类型都具有自己独特的历史渊源和文化特征。通过对非物质文化遗产进行类型分析，我们可以更好地认识这些遗产所承载的多样性，从而更好地进行分类、整理和保护。同时，通过对不同类型的非物质文化遗产进行系统、全面的分析，我们可以深入了解其内涵和特点，更好地对非物质文化遗产进行深度研究和理论建构，为非物质文化遗产的传承和保护提供理论支撑。

联合国教科文组织对非物质文化遗产概念的认识经过了曲折的历程，其对非物质文化遗产类型的认识也是如此。

联合国教科文组织有关非物质文化遗产的文件及其最终成果，即《保护非物质文化遗产公约》对非物质文化遗产的类型进行了深入分析，从不同维度对其进行了分类：一是根据价值标准，将非物质文化遗产分为受《保护非物质文化遗产公约》保护的和不受保护的两类，受保护的非物质文化遗产是人类共同的文化遗产，需要得到国际社会的共同保护和传承；二是以非物质文化遗产存亡状况为标准，把非物质文化遗产分为濒危非物质文化遗产与非濒危的非物质文化遗产两类；三是以价值、存亡状况、实用性等综合标准，把非物质文化遗产分为非物质文化遗产代表作与其他非物质文化遗产两类。

为了更好地保护和传承非物质文化遗产，联合国教科文组织还在《保护非物质文化遗产公约》中将口头传统、表演艺术、社会实践、有关自然界和宇宙的知识、传统手工艺这五种文化形态列为非物质文化遗产。借此，我们能够更好地识别、保护和传承非物质文化遗产，推动各国文化遗产的共同传承与繁荣。

我国政府对非物质文化遗产的分类源自对联合国教科文组织分类思路的借鉴与延续。根据这一思路，非物质文化遗产被划分为传统的文化表现形式和文化空间两大类，并进一步明确了非物质文化遗产的范围，包括以下六个方面。

一是口头传统，包括作为文化载体的语言。

二是传统表演艺术。

三是民俗活动、礼仪、节庆。

四是有关自然界和宇宙的民间传统知识和实践。

五是传统手工艺技能。

六是与上述表现形式相关的文化空间。

总的来说，我国对非物质文化遗产的划分与联合国教科文组织的分类体系有相似之处，这体现了对非物质文化遗产保护的共同关注和认识。这种相似性表明了国际社会对非物质文化遗产保护的普遍共识，以及对非物质文化遗产多样性和复杂性的认知。同时，通过对非物质文化遗产进行划分，我们可以更好地了解各类非物质文化遗产的特点和面临的挑战，从而有针对性地采取保护和传承措施，以确保非物质文化遗产得到有效的传承和发展。然而，在实践中，非物质文化遗产的保护和传承需要考虑到多方面因素，包括文化、社会、经济等方面的影响。因此，单一的分类体系往往难以全面、准确地反映非物质文化遗产的复杂性和多样性，需要结合实际情况进行综合评估和制定保护措施。

之后，国务院又陆续评审与公布了第一、二、三、四、五批国家级项目名录，确定了非物质文化遗产的“十大门类”。在确定“十大门类”时，政府注重了非物质文化遗产在社会中的地位和影响力，以及对社会凝聚力和文化认同的贡献。通过将非物质文化遗产划分为不同的门类，我国可以更好地保护和传承非物质文化遗产，促进其在社会中的传播和发展。这“十大门类”如下。

一是民间文学。

二是传统音乐（第一批名为“民间音乐”，从第二批起改为现名）。

三是传统舞蹈（第一批名为“民间舞蹈”，从第二批起改为现名）。

四是传统戏剧。

五是曲艺。

六是传统体育、游艺与杂技（第一批名为“杂技与竞技”，从第二批起改为现名）。

七是传统美术（第一批名为“民间美术”，从第二批起改为现名）。

八是传统技艺（第一批名为“传统手工技艺”，从第二批起改为现名）。

九是传统医药。

十是民俗。

显然，“十大门类”是建立在传统学科分类基础上的，如文学与艺术之分，艺术中的传统音乐、传统舞蹈、传统美术、传统戏剧与曲艺之分，传统体育、传统医药、游艺与杂技、传统技艺与民俗之分。正因为如此，这种分类对非物质文化遗产代表作申报、评审在较短时间内得以迅速开展起到了积极作用，容易被人们接受，可操作性强。但这种分类毕竟不是专门针对非物质文化遗产的，很难揭示非物质文化遗产各形态之间的真正差异。例如，从音乐学与曲艺学的角度看，传统音乐与曲艺是不同的门类；但如果从非物质文化遗产学的角度看，则同属于口传遗产。从民俗学的角度看，物质民俗如房屋建筑、生产工具、生活工具等，与非物质民俗如节日、信仰等，都属于民俗学研究的范畴；而从非物质文化遗产学的角度看，只有非物质民俗才真正属于非物质文化遗产学的范畴。

正因为如此，向云驹在《非物质文化遗产的若干哲学问题及其他》一书中就针对非物质文化遗产“以人为本”的文化特点，尝试以“人体文化”为基点，根据非物质文化遗产依赖的人体载体特性的不同，把非物质文化遗产分为以下四类。

一是口头文化（语言、口头文学、口技、口头艺术、山歌、传统声乐）。

二是体形文化（体饰、形体、行为）。

三是综合文化（口语为主、口语形体并重）。

四是当下的造型文化（建筑术与建筑物、民间艺人传人造型技艺、艺术家造型艺术）。

显然，这一尝试是十分有意义的，至少表明了对非物质文化遗产的分类应该从非物质文化遗产的自身特性出发，而不是简单套用现有学科的分类模式。当然，这个分类也存在一定问题，如第四类“当下的造型文化”就容易把文化遗产与当代文化、物质文化与非物质文化相混淆，因为“当下的造型文化”不仅仅是遗产，也不仅仅是非物质文化。

从非物质文化遗产的自身实际出发对其进行分类，是非物质文化遗产类型研究的必由之路。非物质文化遗产是一种代际传承文化，其以人作为传承的载体，通过口述、身传、心授和综合性等多种传承方式传递着文化的精髓和价值观念。这种文化遗产不仅是历史的见证，还是未来的指引，对于促进文化多样性、丰富人类精神生活具有不可替代的作用。

一、口述非物质文化遗产

口述非物质文化遗产是人类文明的珍贵遗产之一，它以口头传承的形式传承和创造，是通过人们的说、吟、唱等方式表达和传承的人声文化遗产。这一形式的遗产包括各种口头传统，如说书、相声、山歌等形式，是人类智慧和创造力的结晶。

口述非物质文化遗产又称“口述传统”，有广义和狭义之分，前者指人类通过口述进行的一切传统活动及其内容，后者则专指人类口述进行的传统艺术活动及其内容，如神话、传说、歌谣、谚语、谜语、史诗、故事、口技、相声、评书、评话、谑语、山歌、传统声乐等的口述及内容。

据我国民俗学家朝戈金的梳理，口头传统研究最初是从狭义的口头传统入手的。随后，在西方围绕“口头”与“书写”（又作“书面”）问题展开了一系列的论辩，一方面，支持“书写论”的学者强调，逻辑思维的发展依赖于书写。他们认为，书写是一种抽象思维的工具，能够帮助人们整理思绪、梳理逻辑、形成结构化的表达。通过书写，人们可以将复杂的思想逻辑清晰地表达出来，促进理性思维和学术交流的发展。因此，他们主张重视书写传统，在教育和文化传承中应该注重培养人们的书写能力，以促进逻辑思维的发展和知识的传承。而另一方面，支持“口头论”的学者则认为，口头与书写在功能上相似，心理学上的差异不应被过分强调。他们指出，口头传统在人类历史上起着重要作用，是人类文化的重要组成部分。通过口头传统，人们能够传承知识、故事和价值观念，实现跨代的文化传承。因此，他们主张不应将口头传统简单地视为“落后”的文化形式，而应该认识到其在人类文明发展中的重要性，并在保护和传承中给予足够的重视。

口头传统作为一个跨学科概念，出现于 18 世纪和 19 世纪的“大理论”时期。当时的学者对口头传统赋予了不同的解释和意义，有一些理论将口头传统视为民族的“档案馆”，是记录了民族历史、传统和文化的重要载体；而另一些理论则将口头传统视为民族的“文化遗留物”，代表了民族文化的根源和精髓。这些不同的理论观点，反映了人们对口头传统的认知和理解存在着多样性和复杂性。

到了 20 世纪后，美国学者米尔曼·帕里（Milman Parry）和理查德·鲍曼（Richard Baman）进一步发展了口头传统研究，并使其具有了学科特征。米尔曼·帕里认为荷马史诗是口头传统的杰作，它在古希腊时期并没有被书面记录下来，而是通过口头的方式创作和传承的，其内容和结构也是在口头演绎和传承中逐渐形成和发展的。之后，他与理查德·鲍曼共同提出了帕里·洛德理论，这对古代文学的研究产生了深远影响。在此之前，传统的文学研究往往过分强调书面文本的分析和解读，忽视了口头传统在文学创作和传承中的重要作用，而帕里 - 洛德理论则重新审视了古代文学的传承方式，强调了口头传统在古代文学中的地位和作用。这一理论的提出，不仅丰富了对古代文学创作和传承机制的理解，而且拓展了对文学研究方法的思考和探索。

1970 年，标志着“民族志诗学”兴起的刊物《黄金时代：民族志诗学》面世，强调对无文字社会文化传统中的诗学进行研究。1986 年，理查德·鲍曼在《故事、表演和事件：口头叙事的语境研究》中提出了“表演理论”，认为表演是一种语言使用模式，以一种说话的方式支配着作为口头传统的语言艺术。此外，沃尔特·翁的《口语文化与书面文化：语词的技术化》和鲁斯·芬尼根的《书面性与口头性：传统技术研究》对口头传统理论作了进一步的丰富和发展。

到 20 世纪 90 年代后期，口述传统理论已成为西方学术界的显学，著述十分丰富，并影响到文学、史学、哲学、社会学、人类学、民俗学、政治学、传播学甚至自然科学等领域。口头传统的研究不仅是对特定信息传播方式的研究，而且是对特定文化传统的研究。口头传统研究凸显了口头传统在文化类型学上的意义，为口述非物质文化遗产类型分析提供了依据。

从功能的角度来看，口述非物质文化遗产体系可以被分为口头语言遗产与口述文艺遗产。

（一）口头语言遗产

口头语言遗产是人类文化传承中至关重要的一部分，它代表着特定社会和群体的语言表达方式、思维方式及历史文化的积淀。口头语言遗产不仅是一种语言形式，更是一种文化传承的载体。可以说，口头语言遗产与人类在生产、生活实践中使用的手势语、旗语、拟声、仿声、信号、记号和文字等语言形态一样，是人类传情达意的手段和工具。

口头语言遗产在各个民族和地区的文化传承中扮演着至关重要的角色，它不仅是民族文化的重要载体，也是强化民族认同感和归属感的有力手段。在我国，各民族丰富的口头语言遗产为我们的文化多样性增色不少。

口头语言遗产的传承方式多样，包括故事、诗歌、曲艺、戏曲等，这些传承方式既有独特的艺术价值，又富含深厚的历史文化底蕴。例如，我国的成语故事、谚语和民间传说等，都是口头语言遗产的重要组成部分，它们传承了中华民族的智慧和文化精髓。

（二）口述文艺遗产

口述文艺遗产指的是人类世世代代通过口头传承的方式传递下来的文化遗产，是一种独特而珍贵的文化财富。它不只反映了人类丰富多彩的生活和思想，更展现了人类对美的追求和表达。根据其内容与形式的不同，可以分为以下四种不同的类别。

1. 口头文学遗产

口头文学遗产主要指通过口述塑造文学艺术形象、反映现实或表达情感的文化遗产，如神话、民间传说、传统故事、传统歌谣、民族史诗等。

口头文学遗产往往具有以下三个特点：一是采用纯粹的口述形式创作和传承，即徒口讲说吟诵，不外带音乐、舞蹈、图像等视听形式；二是通过叙事或抒情来塑造文学形象，具有文学感染力；三是多为群体或集体创作和世代传承，具有群体性和历史性。

2. 口头技艺遗产

口头技艺遗产主要是指人采用独特的发声技巧模仿自然界或人类社会中的各种声音而创作、传承的人声遗产，这种遗产侧重展示人类利用自己的发音器官模仿外界声音的技巧和能力。

口技是口头技艺遗产的主要代表，又叫“像生”或“象声”，即以口音模仿各种人声、鸟声、市声等。

清末有个口技艺人叫“百鸟张”，原名张昆山，在天桥及什刹海等处单人独技，露天拉场。开演之时，佐以手势，或用手掌自抚其口，或用指自按其腮。观众闭目倾听，如入羽族之市。开演之前，他用白土写字，将所学的鸟类就地写明，以招徕顾客。艺人“百鸟张”的表演表明，清末的口技已有分化趋向，出现了明相声和暗相声之分。明相声，就是揭去围幔，面向观众表演，成为视听结合的艺术。暗相声是口技与故事的组合，又有“隔壁戏”的称谓。“隔壁戏”成了“当场戏”，口技相声成为相貌（表演）加声音（语言和仿声）的“相声”，最后经过融合发展，演变成了现在的相声。

3. 口头文学与口头技艺双重遗产

口头文学与口头技艺双重遗产是指既强调人声发声技艺，又重视通过口述语言塑造艺术形象的文化遗产，如相声、说话等。

相声由口技发展而来，在仿声技艺的基础上融入了文学与表演成分。

说话是在民间故事基础上发展起来的，到唐代加入书面创作后出现了“话本”，形态也逐渐丰富起来。中唐元稹在《酬翰林白学士代书一百韵》中说：“翰墨题名尽，光阴听话移。”[①]自注云：“乐天每与予游从，无不书名屋壁，又尝于新昌宅说《一枝花》话，自寅至巳，犹未毕词也。”白居易喜欢听说话，一次听讲李娃故事，从凌晨听到了近午，六七个小时没有听完。到了宋代，说话的形态逐渐丰富。耐得翁在《都城纪胜·瓦舍众伎》中说：“说话有四家：一者小说，谓之银字儿，如烟粉、灵怪、传奇、说公案，皆是搏刀赶棒，乃发迹变泰之事。说铁骑儿，谓士马金鼓之事。说经，谓演说佛书。说参请，谓宾主参禅悟道等事。讲史书，讲说前代书史文传、兴废争战之事。”[②]到了元代，说话改叫说书，也称评话、评书。说书艺人在表演中或者照话本、手抄本讲说，或者按提纲即兴表演。按写定本讲的叫“底事书”或“墨刻儿”；以纲目即兴发挥加口传心授或“耳剽”来的叫“路子书”或“道儿活”。

4. 徒口音乐遗产

徒口音乐遗产主要是指人徒口创作传承的具有旋律的人声文化遗产，强调人声的旋律性和节奏感。

民歌是徒口音乐遗产的代表，有山歌、渔歌、花儿、号子等多种叫法，是特定民族、区域、行业的人在生产、生活或民俗活动中创作和传承的音乐性人声文化遗产。按功能划分民歌，可分为劳动歌、生活歌、仪式歌等类型。

劳动歌主要是指人们在生产劳动过程中用来表情达意的歌曲，如拉纤号子、车水号子、打麦号子、森林号子、捕鱼号子等号子，以及田歌、牧歌、渔歌、猎歌等行业歌。生活歌主要是指人们在社会生活中形成的歌曲，包括相思歌、送郎歌和饮酒歌等。仪式歌主要是指人们在各种生产、生活、民俗仪式活动中演唱的歌曲，如祀神歌、哭嫁歌、丧葬歌等。仪式歌有三个特点：一是多由一人主唱、主吟，二是篇制一般较大，三是多为叙事歌体。

① 吴宗锡：《评弹文化词典》，汉语大词典出版社 1996 年版，第 4 页。

② 周芸：《新时期文学跨体式语言的语体学研究》，云南人民出版社 2006 年版，第 269 页。

徒口音乐遗产，即无伴奏的人唱艺术，其主要源头有三个：一是口头语言和诗歌，它们的节奏、韵律具有音乐性；二是人体的节奏感和节奏音响，如呼吸、说话、劳动等节奏性；三是表情达意时的手势语、呼喊声、仿声等，奠定了口头歌唱的“歌唱”或“出声”的生理基础及物理条件。德国艺术史家格罗塞（Grosse）说：“人类最初的乐器，无疑是嗓音。在文化的最低阶段里，很明显，声乐比器乐流行得多。”[①] 民间徒歌是人类广为流传的一种音乐形式，如我国京族的哈节、壮族的三月三、西北的花儿会等都是歌唱的盛会。

二、身传非物质文化遗产

表情达意是人类创造和传承文化的基本动力，从口语、嗟叹到咏歌，再到舞蹈，既表明了口述非物质文化遗产的发展阶段，也表明了由口述非物质文化遗产到身传非物质文化遗产发展的演变历程。

身传非物质文化遗产是指通过人的身体动作和技艺来创作、传承的文化遗产，它包括各种形式的传统舞蹈、传统书法、传统手工艺等。这些技艺性文化遗产以人体为媒介，通过特定的动作、手法和技巧来表达和传递特定的文化内涵和价值观念，是人类文明的重要组成部分。从某种意义上讲，口述非物质文化遗产也可以归属于身传非物质文化遗产，因为人的发音器官本身是人体的一部分，口述非物质文化遗产是通过人身体的一部分，即发音器官的运动而创作和传承的。但口述非物质文化遗产与身传非物质文化遗产在产生结果和特性上还是存在明显区别的。口述非物质文化遗产是一种人声遗产，遗产的意义是通过声音符号流动来表达和传递的，是一种时间的听觉文化。身传非物质文化遗产则是一种人体动态遗产，遗产的文化意义蕴含在人体的运动中，是一种空间的视觉文化。

根据身体运动的形式和效果，身传非物质文化遗产可以分为形体技艺遗产与行为技艺遗产两大类。

（一）形体技艺遗产

形体技艺遗产是指那些通过特定的身体形态、姿势和动作来传达文化内涵和价值观念的非物质文化遗产。人类的直立行走、手的动作与手势，

① [德]格罗塞：《艺术的起源》，蔡慕晖译，商务印书馆 1984 年版，第 217 页。

以及身体的曲直扭动、体态体势语言等是形体技艺遗产形成和发展的基础，人类生产、生活的功利性需求与娱乐、审美的非功利性需求分化则是形体技艺遗产分化为形体艺术遗产与形体竞技遗产的内在动力。

1. 形体艺术遗产

形体艺术遗产是指人借改变身体状态来叙事抒情、表达意志，以及满足人类娱乐、审美等非功利性需求为目的的身体运动技艺，形体的空间造型与艺术表达是形体艺术遗产的核心。这类遗产以舞蹈、舞剧为代表。舞蹈是通过人体有节奏的动作再现现实或抒情的空间艺术。舞剧是通过人体动作、表情扮演角色的综合表演艺术。

2. 形体竞技遗产

形体竞技遗产是指借改变身体状态以满足人类竞技等功利性需求目的的身体运动技艺。展示人体运动的特技、力量、灵巧是形体竞技遗产的核心。传统杂技、传统武术与传统体育等是形体竞技遗产的代表。

（二）行为技艺遗产

行为技艺遗产是指人通过自身行为改变对象原有形态而创作、表达和传承的文化遗产。行为技艺遗产与形体技艺遗产有两个共同点：一是，二者都属于技艺遗产，技艺是其遗产的核心；二是，二者的创作、表达与传承都离不开人体运动，是身传遗产。但是二者的区别也是十分明显的，形体技艺遗产主要依靠人体运动形态来表现，是人体的空间造型和意义表达；而行为技艺遗产主要依靠人体运动所作用的对象状态来表现，是对象的空间状态和意义表达。

根据行为技艺遗产作用于对象的目的，我们可以把行为技艺遗产分为艺术技艺遗产、生产技艺遗产、生活技艺遗产、民俗技艺遗产和其他技艺遗产五类。

1. 艺术技艺遗产

艺术技艺遗产指人作用于对象的技艺性行为以生产艺术或艺术产品为目的，如传统的器乐演奏技艺、绘画技艺、书法技艺、工艺刺绣技艺、艺术雕刻技艺等。

2. 生产技艺遗产

生产技艺遗产指人作用于对象的技艺性行为以生产农业或工业产品为目的，如农业耕作技艺、渔业生产技艺、纺织技艺等。

3. 生活技艺遗产

生活技艺遗产指人作用于对象的技艺性行为以生活或生活产品为目的，如传统烹调技艺、传统刺绣技艺等。

4. 民俗技艺遗产

民俗技艺遗产指人作用于对象的技艺性行为以民俗活动或民俗产品为目的，如飘色绑扎技艺、祭祀面品制作技艺、祭祀活动技艺等。

5. 其他技艺遗产

其他技艺遗产指人作用于对象的技艺性行为以生产、艺术和民俗之外的需求为目的，如中医的针灸、推拿技艺等。

三、心授非物质文化遗产

心授非物质文化遗产是一种通过人的观念和心灵来潜移默化地表达和传承的文化遗产，其更多地发生在人们的内心深处，不以言语或身体动作直接传达，而是通过思想、情感和心灵的交流和共鸣来实现的。这种传承方式往往是无声无息的，但却具有深远的影响力，如民间信仰、民族心理、传统节日等，反映了人们对世界的认知和理解，以及对生活的态度和价值观念。

心授非物质文化遗产与口述、身传非物质文化遗产之间既存在着一定的联系，又存在着本质的区别。这种联系体现在两个方面。首先，口述、身传非物质文化遗产的创作、表达和传承过程深受心授非物质文化遗产的影响。在口述和身传的过程中，人们往往会受到内心深处的观念、信念和情感的引导和影响，这些观念、信念和情感正是心授非物质文化遗产的重要组成部分。例如，在口述非物质文化遗产的传承过程中，讲述者往往会借助自己的情感和认知来赋予故事更深层次的内涵和情感色彩，从而使故事更加生动、感人。同样，在身传非物质文化遗产的传承过程中，传承者往往会通过自己的身体语言和动作来表达对文化遗产的理解和感悟，这些表达往往受到内心深处的情感和观念的影响。其次，心授非物质文化遗产的表达和被感知离不开口述和身传的行为。虽然心授非物质文化遗产主要发生在人的内心深处，但其表达和传播往往需要借助口述和身传的方式来实现。例如，当一个人通过行为、语言或其他形式来表达自己的信念、情感或观念时，就是在传播心授非物质文化遗产。同时，当他人接收并理解这些信息时，也是在感知和接受心授非物质文化遗产。这种传播和感知过程既是口述和身传的表现，也是心授非物质文化遗产的体现，二者相辅相成，相互促进。

心授非物质文化遗产与口述、身传非物质文化遗产之间的区别表现在口述、身传强调的是文化的直接表达和传播，而心授的对象并不是直接的言语或行为，而是隐藏在口述与身传行为背后的精神内涵和情感体验。这种区别不仅体现了不同传承方式的特点和意义，而且为我们更全面地理解和传承非物质文化遗产提供了新的视角和思考路径。通过深入探讨和研究这种区别，我们可以更好地认识和体验文化的丰富多样性，促进非物质文化遗产的传承和发展。

四、综合性非物质文化遗产

综合性非物质文化遗产是指那些通过多种方式创作、表达和传承的非物质文化遗产。

综合性非物质文化遗产根据其创作、表达和传承方式的不同，可以分为四种类型。一是口述与心授并重的非物质文化遗产，包括各种说唱表演。二是口述与身传并重的非物质文化遗产，典型的例子如说演形态等。三是身传与心授并重的非物质文化遗产，如伴乐舞蹈等。四是口述、身传、心授并重的非物质文化遗产，主要指的是传统戏剧表演等口述、身传、心授融为一体的民俗活动。

（一）说唱表演

说唱表演是一种丰富的、复杂的表演形态，或者以非常醒目的音乐伴奏、伴唱完成表达与传承；或者以唱为主要手段，成为一种人声歌唱，在歌唱中叙事、抒情。它是比口头艺术、说演艺术更为音乐化的表演形态，如巫术说唱、史诗讲唱等。

（二）说演形态

说演形态是一种介于徒口表演与说唱表演之间的表演形态，以口头讲说为主，辅以器具伴奏。它是说话表演进一步艺术化的结果。在说上，它弃用散文体的口述，借助韵律、格律，使语言韵体化；在伴奏上，它强化韵律、吟诵的节奏，但又不是音乐和歌唱，如数来宝、三棒鼓、莲花落、金钱板等。

（三）伴乐舞蹈

伴乐舞蹈是一种把舞蹈与伴奏音乐相结合的表演形态，以舞蹈为主，辅以器具伴奏。它是舞蹈表演进一步发展的结果。在舞蹈上，它较无伴奏的舞蹈更注重韵律、节奏感，使舞蹈动作更具有艺术性；在伴奏上，它强化了舞蹈的节奏，使音乐成为舞蹈表现力的组成部分，如少数民族的铜鼓舞、古代宫廷的乐舞等。

（四）传统戏剧表演

传统戏剧表演是人借助各种手段扮演角色的综合表演。它的形态十分丰富，根据人扮演角色的方式划分，有人戏、偶戏和影戏；根据扮演手段划分，有说白戏、唱戏、动作戏、综合戏等；根据演剧功能划分，有仪式剧、娱乐剧、艺术剧等。

第三节　非物质文化遗产的基本特征

非物质文化遗产作为人类特殊的遗产，其特殊性体现在内在规定和外部形态上，既有个性，又有共性。这种独特性使非物质文化遗产在文化传承和发展中扮演着重要的角色，丰富着人类的文化。通过深入理解非物质文化遗产的特点和特质，我们可以更好地推动文化的传承和发展，促进文化的多元共融和创新发展。

一、传承性

遗产，作为前人留存下来并被后代认为具有价值、可享用或延续的文化财富，其本质在于代际传承，即可传承性。作为遗产的重要组成部分，非物质文化遗产同样具有传承性。它不同于物质文化遗产，物质文化遗产通常以实物的形式存在，易于保存和传承。相比之下，非物质文化遗产更注重技艺、技能、习俗、传统知识等无形的文化元素的传承。

作为遗产的一种属性，传承性不仅适用于非物质文化遗产，也适用于物质文化遗产，非物质文化遗产与物质文化遗产在传承性上是有共性的。虽然这不是本节所要探讨的核心问题，但要认识非物质文化遗产在传承方面的特殊性，就必须先认识其与物质文化遗产在传承方面的共性。

（一）非物质文化遗产与物质文化遗产在传承上的共性表现

1. 兼具传承性

非物质文化遗产与物质文化遗产都具有传承性，即作为人类集体、群体或个体创造的财富能被后代人认同且愿意传承。当然，并不是所有人类创造的财富都能被后代人认可且传承，也就是说，并不是所有的财富都能成为遗产。在作为遗产的非物质财富与物质财富中，当因价值认同而被后代集体、群体或个体享用、保护和继承的时候，这个文化财富就被赋予了传承性，如我国的殷墟遗址、秦始皇陵兵马俑、长城、北京故宫等，它们之所以成为遗产、具有传承性，不仅因为它们是前代遗留的创造物，而且因为这些创造物具有被后代人认可的价值和意义。它们身上所积淀的历史记忆和人类的创造力、想象力和审美力，对后代人仍具有影响力，成为后代人学习历史，发展自己的创造力、想象力和审美力的基础。同样，非物质文化遗产如我国的剪纸艺术、昆曲、古琴艺术、木卡姆、蒙古族长调民歌等，之所以能够流传至今，正是后代人在其中获得了价值满足，从而赋予了它们传承性。所以，非物质文化遗产与物质文化遗产都具有传承性，这是由前代人在创造它们的时候赋予的价值延续性决定的，这种价值延续性使它们具有了可传承的性质。

2. 皆以物质为载体

尽管非物质文化遗产与物质文化遗产在存在形态上有着明显的区别，但它们在具体传承过程中都以物质为传承载体。物质文化遗产本身即是传承载体，而非物质文化遗产则依赖于人这一特殊的物质载体。首先，通过丰富多样的文化实践和创造活动，人类孕育出了各种民间传说、传统技艺、音乐舞蹈等文化形式。正是人类的创造力和想象力，才丰富了非物质文化遗产的内涵，使其得以传承和发展。其次，在传承过程中，人们通过口头传授、师徒传授等方式，将非物质文化遗产代代相传，保留和传承着文化的精髓和智慧。这种传承方式使非物质文化遗产得以在人类社会中延续。此外，人类也是非物质文化遗产的享用者和传播者。通过参与各种文化活动、传统节日，人们体验和感受到非物质文化遗产带来的文化魅力，同时将这些文化元素传播给更广泛的社会群体，促进文化的传播和交流。因此可以说，人类的参与和努力是非物质文化遗产得以传承和发展的关键。

3. 兼具稳定性

非物质文化遗产或物质文化遗产经过代际传承后，它的本质不能发生变化。当一个事物的量的变化突破了度的范围时，该事物就会发生质变，也就是变成另一个事物。文化遗产传承是同质传承，不是新事物代替旧事物，这是遗产传承的基本要求。这种稳定性对于物质文化遗产而言，就是保持遗产本身的完整性和原真性。例如，前代人留下的景德镇瓷器文物，传承的稳定性体现为原样地继承和保存这个瓷器，在继承和保存过程中不能改变这个瓷器的原有面貌。这种稳定性对于非物质文化遗产而言，就是保持遗产的本质不变，如剪纸是一种用镂空雕刻来表现民俗文化的艺术，后代人在传承过程中可以丰富剪纸艺术的表现形式，但是不能改变这种文化的本质，这就是传承的稳定性。质的稳定是遗产保持其自身的根本要求，也是遗产传承性的内在要求。

（二）非物质文化遗产与物质文化遗产相区别的特殊性

1. 非物质文化遗产的传承方式具有无形性

非物质文化遗产与物质文化遗产传承的载体都是有形的物质，非物质文化遗产的载体是“人”，物质文化遗产的载体是“物”。但由于二者的本质及载体的不同，二者在传承方式上有很大区别。物质文化遗产的载体是“物”，即人化物，包括人的创造物，如工具、建筑、物品等，也包括被人的精神观照的自然物，如自然遗产等。它们之所以对人类产生意义，在于其中凝聚了人的创造力、想象力和审美力，是和人类息息相关的具体物质。这些物质既是物质文化遗产的本体，又是载体，它们的传承实质是人类的代际之间进行的“物”的传递，因而物质文化遗产的传承总是和“物”密不可分，是“物”的平移运动，是有形的、具体的。而非物质文化遗产是通过人们的创造产生的，因此只有具有能动性的人才能真正理解、传承和发展这些文化遗产。在传承过程中，人们不仅仅是简单地将知识、技艺或传统习俗传授给后人，更重要的是他们通过言传身教、生活实践等方式将文化精神和价值观念传递给后人。这种传承过程不仅仅是对具体技艺或知识的传递，更是对精神文化的传承，体现了一种更深层次的文化传统。

2. 非物质文化遗产的传承方法具有多元性

物质文化遗产是历史的见证者，是过去文化的活生生的载体，它不仅是有形的实物，更承载着人类的智慧、工艺和生活方式等无形的文化记忆。这种融合了有形物和无形记忆的特性，使物质文化遗产成了历史的记忆凝聚物，具有极高的历史文化价值。在物质文化遗产的传承过程中，要确保有形物的完整性，以最大限度地传承文化记忆。这就需要人们采取适当的保护措施，以防止物质文化遗产受到破坏，只有这样，才能真正实现对历史文化的传承和弘扬。物质文化遗产的传承是“由物见文”，这意味着人们需要通过物体本身来了解和认识历史文化，因此传承物质文化遗产不仅需要保存和保管实物，还需要通过展览和传播等方式，将其展示给公众，使其成为人们了解和感受历史文化的窗口，这就需要采用“博物馆法”，建立专门的机构或设施，如博物馆、文化遗产保护中心等，来统一管理和展示物质文化遗产，以便更好地实现其传承和弘扬。

非物质文化遗产代表着人类创造性精神的传承和发展，这种遗产并非静止的文化产品，而是一种活态的传统，并以精神形式存在于人们的生活中。这种精神财富首先源自祖先的创造活动。祖先在面对自然和生活的挑战时，通过创造性的劳动和智慧，形成了一系列独特的文化表达和传统实践。而后代则通过学习、实践和创新，将祖先的智慧和精神传统融入现实生活，使之得以延续和发展。这种传承和发展并非简单复制，而是在继承的基础上不断创新，使非物质文化遗产焕发出新的生命力和活力，如我国的传统节日，既有传统的元素，又有不断增加的新元素。所以，非物质文化遗产的传承在方法上就不能只用传统的“博物馆法”。博物馆可以保护非物质文化遗产中的物质的器具，以及物化的非物质文化记录材料等，对于那些仍然具有生命力的非物质文化遗产，在传承方法上只能运用切合其发展和更新规律的动态方法，即按照它自己的规律让它保持生命力。随着数字技术时代的到来，非物质文化遗产的保护和传承逐渐变得复杂多样，所以保持非物质文化遗产生命力的方法自然不是一成不变的，而是多元的。

3. 非物质文化遗产的传承过程具有专门性

物质文化遗产的传承主要是对物质文化遗产本身的整理、保存、保管、保护和展览等，要完成这些传承工作，传承人需要掌握一定的知识和技能，如敦煌壁画的传承者，需要掌握壁画色变、除潮、防光、防腐等知识和壁画修复技术。但值得注意的是，物质文化遗产传承者或相关工作者所掌握的有关物质文化遗产的整理、保存、保管等知识与技能，与前代人创作这些文化遗产的知识与技能有的有关系，有的没有关系，不具有必然的联系。例如，传承故宫的人不一定要能够修建故宫，传承牙雕工艺品的人不一定要会制作牙雕工艺品。物质文化遗产的传承人与其创作者可以是分开的，不具有必然的联系。

非物质文化遗产的传承主要是对遗产所包含的艺术、观念、技艺等精神的传承，非物质文化遗产的传承者同时也是其创作者，如牙雕工艺的传承者，就不能只是一个牙雕工艺品的收藏者，而应是一个掌握了牙雕工艺且从事牙雕活动的人。同样，影戏的传承涉及多种技艺，包括制皮、雕镂、操纵、演唱、伴奏等，这意味着传承者需要具备丰富的影戏知识和技能，只有具备这些知识和技能，传承者才能真正理解和传承影戏这一文化遗产，才能将其发扬光大。所以，非物质文化遗产传承对传承者有特殊的要求，那就是传承者必须是这种遗产的从事者、创作者之一，否则他就无法肩负传承这种遗产的使命。

4. 非物质文化遗产的传承结果具有变化性

非物质文化遗产的传承结果具有变化性，这是因为传承是一个动态的过程，非物质文化遗产从一代传递到另一代的过程中，可能受到某些因素的影响，从而发生了变化。这种变化性体现在多个方面。首先，每一代人都生活在不同的时代背景和社会环境中，因此他们对非物质文化遗产的理解和诠释有所不同。这种不同的理解和诠释会影响到遗产的传承方式和内容，使其在传承过程中不断地与外部环境相互作用和融合，进而呈现出多样性和变化性。其次，非物质文化遗产的传承者会对遗产进行创新。尽管传承者尊重和继承祖先的传统，但他们仍会不可避免地受到自身经历和价值观的影响，从而在传承过程中对遗产进行重新诠释。这种创新使非物质文化遗产得以与时俱进，保持活力和生命力。此外，非物质文化遗产的传承结果还会受到外部环境和社会条件的影响。传承者所处的社会环境和政治氛围会对遗产的传承方式和内容产生重要影响。例如，在现代化和全球化的背景下，一些非物质文化遗产可能面临着被商业化、碎片化或者失传的风险，这就需要传承者采取积极的措施来保护和传承遗产。

二、实践性

非物质文化遗产的实践性是指其产生和发展都依赖于人类实践。同时，传承者需要通过实践、学习和创新，将这些遗产融入当代社会生活，使之得以延续和发展。这种实践性不仅丰富了人类文化的内涵与表达方式，而且促进了人类社会的文明进步与多元发展。因此，我们应当重视和保护非物质文化遗产的实践性，推动其传承与创新，使其为人类文明的长久发展作出贡献。

（一）人类实践的过程性

文化遗产是承载着人类历史与文明的瑰宝，是人类实践活动的产物。然而，这些遗产并非单一、静态的存在，而是以多种形式和类型存在于我们的生活中。特别是物质文化遗产，它们被视为“人化物”，其不仅仅是静态存在的物质实体，更是承载着人类历史、价值观念和情感的载体。然而，这种遗产的生成和传承往往具有事后性的特征，也就是说，当文化遗产的创造和传承实践结束后，其真正的意义和价值才会逐渐显现出来。例如，故宫作为物质文化遗产，它的意义不是在其设计、建筑过程中，而是建成以后作为遗产传给后人以后才获得的。所以说，物质文化遗产的这种事后性体现在其对过去社会实践的记录和保存，对当代社会的影响和启示，以及对未来社会的传承和发展上。非物质文化遗产作为人类的精神，它本身存在于人类的实践活动中，它的生成和传承都离不开具体的实践。例如，戏剧的“唱念做打”艺术，作为非物质文化遗产的存在，不是在戏剧表演结束之后才生成的，也不是在戏剧表演结束之后才进行传承的。它的生成与传承都在具体的戏剧表演过程中，离开戏剧表演的实践活动本身来谈戏剧的表演艺术是没有意义的。其他的非物质文化遗产，如手工艺、舞蹈表演、音乐表演、信仰仪式等，它们的生成、存在和传承，也都离不开具体的实践活动。实践是它们得以生成、存在和传承的基础，这些非物质文化遗产就体现在具体的实践中。所以，相对于物质文化遗产的事后性，非物质文化遗产具有过程性，它贯穿于人类创作和传承非物质文化遗产的实践过程中。

（二）人类实践的价值变异性

文化遗产是人类历史和文明的见证，其创造与传承都体现着人们对价值的追求，因此价值性可以说是人类需要和对象属性之间关系的反映，不同实践主体对文化遗产的价值追求在其生成和传承过程中得以体现。在这一过程中，物质文化遗产和非物质文化遗产具有不同的价值性。首先，物质文化遗产作为实体的存在，主要体现着不同实践主体对物质本身的现实价值与历史文化价值的追求。例如，古建筑、艺术品等物质文化遗产的创作和传承往往具有人们对美的追求、社会权力的象征、宗教信仰的体现等多重意义。这些遗产不仅仅是物质的堆积，更是文化、历史、思想的传承与延续。在其传承过程中，人们对其价值的认知和理解也在不断加深，历史文化的沉淀赋予了这些物质文化遗产更加丰富的内涵和价值。然而，非物质文化遗产则呈现出连贯一致的实践性价值。相较于物质文化遗产的具象化形式，非物质文化遗产更加注重传统、技艺、知识等的传承与传播。虽然这些遗产是在不同的文化背景和社会环境中生成和传承的，但它们所体现的核心价值性却是相通的，这是因为人类在实践中对生活、社会、文化等方面的追求具有普遍性和连续性。例如，语言、民俗、传统技艺等非物质文化遗产的价值在于传承和延续人类文明的精神内涵，弘扬传统文化的同时也反映了人类对自身认同的追求。所以说，非物质文化遗产的实践具有价值连贯性的特点，是人类实践价值性的具体体现。

（三）人类实践的多样性

非物质文化遗产是人类实践形式多样化的产物，反映了人类在物质生产实践、精神生产实践等方面的丰富经验和宝贵智慧。人类作为实践主体，通过对生产、生活、文化等方面的实践活动，不断地创作着各种非物质文化遗产。

人类实践的多样性导致不同地区、民族和社会群体拥有各自独特的文化传统和表现形式。这些文化传统涵盖了各个领域，如语言、音乐、舞蹈、戏剧、手工艺、民间医学、传统技艺等，展现了人类丰富多彩的文化生活。非物质文化遗产的保护和传承对促进文化交流和传播，推动可持续发展具有重要意义。

（四）人类实践的综合性

非物质文化遗产是人类实践的综合体，融合了多种因素和表现形式。首先，神话传说就是非物质文化遗产综合性的一个体现。神话传说结合了祭仪、典礼、说唱等多种形式，不仅是古代人对世界和生命的理解，而且是社会规范和价值观念的体现。其次，民族史诗也是多种元素的综合体。民族史诗往往伴随着说唱、歌舞等表现形式，不仅是民族历史的记载，而且是文化自信和精神寄托的象征，传递着丰富的情感和价值观。再次，戏剧是文学、音乐、舞蹈、美术等艺术形式的综合体，不仅结合了文字表达，还融入了音乐的旋律、舞蹈的动作、美术的舞台设计等元素，通过舞台演出向观众展示丰富的情节和意义。最后，节日、庆典、仪式等活动体现了非物质文化遗产的综合性。这些活动不仅是日常生活中的庆祝和仪式，还融合了舞蹈、音乐、表演、装饰等元素，通过这些活动，人们传承和弘扬传统文化，同时也展示了社区凝聚力和共同认同感。所以说，非物质文化遗产的实践体现为形式综合、功能综合和参与者综合。[①] 它们展示了艺术形式、物质与非物质形态的综合运用，体现了多功能综合效应，同时也反映了不同参与者在文化传承和实践中的综合方式。这种综合性不仅丰富了人类文化的多样性，而且为人们提供了认识自我和他人、理解历史和社会的重要途径。

（五）人类实践的集体性

非物质文化遗产往往是集体行为的结果，需要多人共同完成。例如，神话传说不是个别人的想象和创作，而是融合了整个集体的智慧和观念，祭仪、典礼等集体活动不仅是对神话故事的再现，还是社会共同认知和价值观的体现；民族史诗的创作也是集体行为的产物，它融合了整个民族的历史、传统和情感，展现了民族集体意识的深刻影响。享用非物质文化遗产同样是一种集体行为。例如，在传统节日中，人们不仅是个体的参与者，更是整个集体的一部分。通过共同的庆祝和仪式，人们彼此建立起了联系和认同感，形成了集体记忆和文化认同；在戏剧表演中，观众的参与

① 向云驹：《人类口头和非物质遗产》，宁夏人民教育出版社 2004 年版，第 68 页。

和反馈也是集体行为的一种体现，他们的共同体验和情感交流使戏剧作品具有更深层次的文化意义。传承非物质文化遗产同样需要集体的参与和努力，传承者不仅仅是个人，更是整个社会的代表和承担者。他们通过教育、培训、演出等方式，将文化遗产传承给后代人，同时不断地与其他传承者进行交流和合作，保持着文化的生机和活力。传承过程中的集体参与使非物质文化遗产得以跨越时空，延续至今，成为人类文化宝库中不可或缺的一部分。

总的来说，非物质文化遗产具有实践性的特点，体现为人类实践的过程性、价值性、多样性、综合性和集体性，以人类实践的视角审视非物质文化遗产，有助于更好地理解其特点和价值，促进非物质文化遗产的传承和发展。

三、无形性

在日本，存在“无形文化财”和“非文字文化财”的概念，这些概念主要源自《易经》《老子》和《庄子》等经典著作对“有和无”“有形和无形”的探讨。其中，“无形”一词并非指代空无，而是超越了感知的存在形式，与物质世界相对应，强调了非物质层面的重要性。联合国教科文组织在提出“非物质文化遗产”的概念时，也受到了这种东方哲学的影响，认识到“无形”并非负面的空洞，而是一种超越感知的存在形式。这种转变，不仅拓展了对文化遗产的认知，而且为非物质文化的保护与传承提供了新的思路和方法。

物质文化遗产作为人类文化发展的重要组成部分，是具体的文化物质，因此其独特之处就在于物质性和文化性的结合。首先，物质性带来了有形性。物质文化遗产具有明显的物质形态，可以是建筑、器物、艺术品等具体的实物。这些有形的文化遗产通过其形态、结构、材料展现出来，使人们可以通过视觉、触觉等感官感知到其存在，从而对其进行理解和赏析。其次，与其他物质不同，物质文化遗产不仅仅是一种物质形态，更重要的是其背后所蕴含的丰富文化内涵和历史意义。这些文化性的特征赋予了物质文化遗产独特的价值和意义，使其成了人类文化传承的重要载体和见证。

与物质文化遗产相比，非物质文化遗产在本质上是无形的，其稳定性也相对较弱。这是由于非物质文化遗产存在于人们的观念中，其内容随着人们观念的变化而变化，因此其无形性使其稳定性相对较弱。例如，某种传统技艺可能因为失传、变异或者被现代化所取代而逐渐消失，而某种习俗或仪式则可能因为社会变革而产生新的形式或者被抛弃。此外，尽管非物质文化遗产本身是无形的，但具体的物体可以成为其展示和传承的媒介和载体。例如，一件传统的乐器、舞蹈道具或服饰，虽然它们本身并非非物质文化遗产，但在表演和展示非物质文化遗产时可以起到重要的辅助作用，帮助人们更好地理解和欣赏这些非物质文化遗产。

总的来说，与物质文化遗产相比，非物质文化遗产更加注重无形的文化元素，因此其具有无形性的特征。

四、多元性

非物质文化遗产是人类文明的重要组成部分，具有丰富多彩的形态，包括口头传统、表演艺术、社会实践、传统手工艺等，这些形态的存在展现了非物质文化遗产的多元性，即在不同的时间和地域，人们创作出的非物质文化遗产的形态各有不同，其反映了各自的历史、文化和生活方式。

首先，地域间的差异是造成非物质文化遗产多元性的重要原因。这是由于地理环境、气候条件、资源分布等方面的差异，使不同地区的人们在生活、生产等方面形成了各具特色的文化习俗和传统。例如，中原农耕文化与东北森林文化、西北草原文化与沿海及岛屿海洋文化，这些地域有着风格迥异的非物质文化遗产，反映了非物质文化遗产的多元性。其次，种族间的差异也是导致非物质文化遗产多元性的原因之一。不同种族的人们在生活方式、宗教信仰、文化传承等方面存在着显著的差异，因而其非物质文化遗产各具特色。例如，非洲部落的鼓舞、南美洲原住居民的传统音乐、澳大利亚土著的神话传说等，都是不同种族文化的重要组成部分，展现了非物质文化遗产的多元性。

值得注意的是，在不同历史时期和地域，同一种非物质文化遗产会呈现出差异化的特点。以中国传统的影戏为例，不同历史时期的影戏各具特色。在明清时期，皮影是影戏的主要形式，主要是将手工制作的皮影人物投影于幕布上进行表演；到了近代，影戏逐渐丰富，出现了布影、纸影等多种表演形式，同时还因为受到了外来文化的影响，如西方舞台剧等，使影戏艺术呈现出了更为丰富的表现形式。同时，同一历史时期不同地域的皮影也各具特色。在山东，皮影以清晰明快的线条和生动形象著称；在四川，皮影则具有浓烈的川味和丰富的地方特色。这些不同地域的皮影形态展现了地方文化的多元性，丰富了中国传统非物质文化遗产的内涵。

非物质文化遗产之所以呈现出多元性和多样性，还得益于不同风格和素养的传承者。这些传承者不仅仅是简单地将传统技艺传承下来，更重要的是在传承的过程中赋予了技艺新的内涵和表现形式。例如，在中国的戏曲表演艺术中，各种剧种都有其代表性的表演派别，如京剧的京派、海派及梅派等。这些派别之间不仅仅是地域的区分，更是因为不同的表演艺术家在传承过程中加入了个人的艺术风格和创新，使同一剧种呈现出了丰富多彩的表演形态。

综上，多元性是非物质文化遗产的重要特征，联合国教科文组织的《保护非物质文化遗产公约》正是基于对非物质文化遗产多元性的认识和重视而制定的。保护非物质文化遗产的多元性，不仅仅是为了维护各个民族、国家的文化传统，更是为了促进文化的交流与对话，推动文化的创新与发展。

五、活态性

活态性是非物质文化遗产的本质形态和生命线，也是非物质文化遗产的重要特征之一。首先，活态性体现在非物质文化遗产的传承和发展中。非物质文化遗产是代代相传的文化财富，它通过口口相传、师徒传承等方式得以延续。这种传承并非简单复制，而是在不断的实践中得以发展和创新，进而使非物质文化遗产在现代社会中依然焕发出勃勃生机。例如，一些传统的手工艺品在现代工艺和设计的影响下，焕发出了新的艺术魅力；一些传统的节庆活动在现代社会中得到了新的诠释和发展，成了文化交流和传播的重要载体。这种创新和创新中的活态性使非物质文化遗产具有了时代感和现代性，能够更好地适应当代社会的需求和发展。其次，活态性还体现在非物质文化遗产的实践中。非物质文化遗产并非静止的文化象征，而是在社会实践中得以体现和发展的。例如，传统的节庆活动、民间舞蹈、民俗表演等都是在特定的社会环境和特定的历史背景下产生和发展起来的，它们与人们的生产和生活密切相关，是人们对自然、社会、生活的认知和表达。这种实践中的活态性使非物质文化遗产具有了深厚的生活性和社会性，使其成为人们生活的重要组成部分，进而为社会的发展和进步提供了精神动力和文化支撑。

总的来说，活态性是非物质文化遗产的重要特征，这种活态性使非物质文化遗产更加鲜活，使其在当代社会中能够继续传承和发展。

第四节　非物质文化遗产的核心价值

非物质文化遗产被联合国教科文组织作为一个重要问题提出来，并通过《保护非物质文化遗产公约》要求在世界范围内开展相关保护工作，这是建立在对非物质文化遗产价值认识和价值诉求的基础上的。

价值是人类思维活动中的一个核心概念，是人类对客体属性的认知和评价，是主体与客体之间相互关系的产物。然而，价值的存在并不是绝对的，它是随着主体的需要和欲望而变化的。同一个客体在不同的时间、空间和情境下，可能会被赋予不同的价值。例如，在极端的生存环境下，水和食物对人类的价值是无可替代的；而在富足的社会中，人们可能更注重精神上的满足，如艺术品或精神文化活动的价值。此外，价值也是相对的，一个客体对不同的主体来说可能具有不同的价值。例如，对于一个饥饿的人来说，一碗简单的饭菜可能价值连城；但对于一个饱食的人来说，这碗饭菜可能只是普通的食物而已。因此，价值的相对性也体现了主体的主观性和多样性。

判断是否有价值及价值层次的高低、价值大小，就必须综合考虑三个要素，即客体属性、主体需求、主客体关联度。客体属性是指作为价值客体的人或物的能力或功能等。从客体属性能否满足主体需求及满足的程度、层次，可以判断该客体是否有价值及价值的大小、价值层次的高低等。主体需求是指作为价值主体的人在实现自我意识与生命发展过程的各种物质性和精神性需求。按照美国心理学家亚伯拉罕·马斯洛（Abraham H. Maslow）的“马斯洛需求层次理论”，人的需求从低到高共有五个层次，依次为生理需求、安全需求、归属与爱的需求、尊重需求和自我实现需求。根据主体需求能否被满足、所满足需求的层次和满足的程度，也可以判断客体是否有价值及其价值层次的高低、价值的大小等。主客体关联度是指客体属性与主体需求是否相联系及联系的程度等，从主客体关联度可以判断主客体是否存在价值关系及价值关系的直接与否。因此，价值是由客体属性、主体需求、主客体关联度共同决定的，它们不仅决定价值的有无，还决定价值层次的高低、价值的大小及价值关系的直接与否。

同样，非物质文化遗产的价值也是由非物质文化遗产的属性、人的需求、非物质文化遗产与人的关联度等共同决定的，不仅决定了价值的有无，价值层次的高低、价值的大小及价值关系的直接与否，还决定了非物质文化遗产价值是一个多元、多层的复杂系统。非物质文化遗产价值的复杂性不仅表现为非物质文化遗产自身因种类、民族、时空的不同而具有可以满足人类需求的复杂多样的属性和功能，也不仅表现为不同人种、民族、时空的人对非物质文化遗产有复杂多样、多层的需求，而且还表现为不同种类、民族、时空的非物质文化遗产与不同人种、民族、时空的人的复杂多样、多层的关联。

联合国教科文组织在有关非物质文化遗产的文件中，多次谈到非物质文化遗产的价值。例如，《宣布人类口头和非物质遗产代表作条例》中就指出，作为代表作的非物质文化遗产应对有关群体和文化多样性具有"特殊价值"。这种"特殊价值"具体表现为两个方面：一是具有特殊价值的非物质文化遗产的高度集中；二是从历史、艺术、人种学、社会学、人类学、语言学或文学角度有特殊价值的民间和传统文化表现形式。"非物质文化遗产世代相传，在各社区和群体适应周围环境以及与自然和历史的互动中，被不断地再创作，为这些社区和群体提供认同感和持续感，从而增强对文化多样性和人类创造力的尊重。在本公约中，只考虑符合现有的国际人权文件，各社区、群体和个人之间相互尊重的需要和顺应可持续发展的非物质文化遗产。"① 前者所讲的"特殊价值"是就非物质文化遗产代表作而言的，是就某些非物质文化遗产对人类群体普遍的文化需求而言的，也就是说，强调的是非物质文化遗产对人类的普遍价值。后者则一方面强调"符合现有的国际人权文件，各社区、群体和个人之间相互尊重的需要和顺应可持续发展"的非物质文化遗产是有价值的，即非物质文化遗产对人类的普遍价值；另一方面也强调让特定社区、群体和个人尊重其文化遗产，使他们在传承、创新这些遗产的过程中有一种认同感和持续感的非物质文化遗产是有价值的，即对特定社区、群体和个人的特殊价值。联合国教科文组织已经意识到了非物质文化遗产具有的普遍价值，同时也意识到了其特殊价值，不过，联合国教科文组织更强调的还是非物质文化遗产的普遍价值。这是因为非物质文化遗产不仅是特定社群和民族的文化遗产，更是全人类共同的文化遗产，承载着人类共同的文化记忆和智慧。因此，保护和传承非物质文化遗产不仅仅是对特定社群和民族的责任，更是对整个人类社会的责任。

不同民族、国家或地区的非物质文化遗产对同一个人或群体而言，其价值是不同的。

① 张玮玲、崔娜：《公共文化服务理论与实务》，宁夏人民出版社 2014 年版，第 31 页。

同样，同一非物质文化遗产对不同民族、国家或地区的个人或群体而言，其价值也是不同的，这是非物质文化遗产价值的特殊性表现。但是，不同民族、国家或地区的非物质文化遗产的属性、功能可以超越民族、国家或地区的差异性而满足人类共同的文化需求；不同民族、国家或地区的人也能超越自身局限而对其他民族、国家或地区的非物质文化遗产产生相同或相似的价值诉求，这是非物质文化遗产的价值具有普遍性的表现。

非物质文化遗产的普遍价值有记忆价值、传承价值、审美价值、基因价值、学术价值和经济价值等。

一、记忆价值

记忆是人类的重要认知能力之一，它不仅影响个体的生活和判断，而且对民族和国家的文化和社会发展具有重要影响。对于个体而言，记忆是构建自我身份和个人历史的基石。失去记忆意味着失去对过去经历和学习的认知，个体经历的重要信息无法被保留和利用。在这样的情况下，人会感到恐慌和无所适从，因为人无法正确评价和把握自己的现状和未来。记忆也是我们学习和成长的基础，它帮助我们识别和避免重复过去的错误，指导我们做出明智的决策。在民族和国家层面，记忆与历史紧密相连，是保持社会凝聚力和身份认同的重要因素。历史作为民族和国家的记忆，记录着民族和国家的起源、发展和文化传承。失去历史和记忆，一个民族或国家将失去对自身价值和存在意义的认知，陷入恐慌和无所适从的境地。历史的回顾和记忆有助于我们从过去的经验中汲取教训，为未来制定规划和决策提供参考。因此，无论是个体还是民族、国家，我们都离不开记忆和历史。它们是我们理解自我、评价现状、把握未来的重要基石，也是保持个体和社会发展的重要纽带和指引。

在漫长的历史长河中，人类经历了无数事件和变迁，留下了丰富多彩的文化遗产和历史记忆。为了更好地保存和研究这些记忆，人类便产生了历史这一学科。

人类记忆历史的方式可以大致分为文字记载和口传心授两种。首先，文字记载作为人类记忆历史的重要方式，通常由统治者、精英阶层或权力机构掌控。这种正式的文字记录被称为“正史”，主要包括编年史、官修史、典籍等，其以客观、系统的方式记录了国家的政治、经济、文化等方面的历史事件。不过，正史往往反映的是社会强势群体的视角和利益诉求，是官方历史观的主要表达方式。例如，我国的《史记》《资治通鉴》等史书，记录了中国历史上重要的政治事件和统治者的事迹，是我国历史研究的重要资料之一。与文字记载相对应的是口传心授的记忆历史方式，这种方式更多地由普通民众、弱势群体所保存和传承。口传心授往往以民间传说、民间故事、歌谣、谚语等形式存在，又被称为“野史”或“底层历史”，是一种非正式的历史记忆。这些传说和故事可能并不被正史所记录，但它们反映了普通民众的生活经验、信仰观念、文化习俗等，是民间文化的重要组成部分。例如，中国民间的传说故事，虽然在正史中并未出现，但在民间却广为流传，深深影响了中国人民的价值观和审美情趣。虽然文字记载和口传心授是两种不同的人类记忆历史的方式，但对于理解一个民族、国家的真实历史来说，二者都具有重要的意义。

首先，史诗是人类珍贵的文化遗产，代表着各个民族和国家的独特文化象征和历史丰碑。作为非物质文化遗产的一种，史诗不仅是文学艺术的杰作，还是民族精神的集中体现。例如，古希腊的《奥德赛》和《伊利亚特》，讲述了希腊人的传奇故事和英雄史诗；古印度的《摩诃婆罗多》描绘了印度古代的传奇神话和历史传说。这些史诗作为民族文化的代表，深深植根于民族的历史和生活中，成为民族文化的重要符号和象征。其次，史诗还是民族精神和道德观念的传承者。史诗中塑造的英雄形象和伦理价值观在很大程度上影响着后代人的行为和思想。不仅如此，史诗还是文化创作的源泉，为后代人提供了丰富的文化资源和创作灵感。

我国少数民族的三大英雄史诗——《格萨尔》（也称《格斯尔》）、《江格尔》和《玛纳斯》，是藏族、蒙古族和柯尔克孜族的民族历史记忆。其中，《格萨尔》涵盖了丰富多彩的故事情节，涉及神话传说、历史事件和英雄壮举，构建了一个宏大而丰富的史诗世界。《格萨尔》是世界上篇幅最长的史诗。据统计，它共有 200 多部，100 多万诗行，2000 多万字，篇幅远远超过了世界上几大著名史诗的总和。整部史诗分为三个部分，即降生、征战、返回天界，通过讲述民族英雄格萨尔凭借自己非凡的才能和天神的保护，降妖伏魔、锄强扶弱，给人间带来幸福与安宁的传奇故事，为我们描绘了一个复杂而多元的古代政治体系，使人们可以窥见古代藏族社会的政治结构和制度运行方式。此外，《格萨尔》还展现了古代藏族社会的经济生活和社会结构。在史诗中，不仅有关于放牧、农耕等生产活动的描写，还有关于贸易、商业往来等经济活动的描述，这为我们呈现了古代藏族社会的经济状况和发展轨迹。同时，《格萨尔》还承载了丰富的宗教信仰和文化传统。史诗中融合了大量的神话传说、宗教仪式、信仰习俗等元素，展现了藏族人民对自然、神灵、生命等的崇敬和敬畏之情。这不仅为我们提供了了解古代藏族宗教信仰和文化传统的重要线索，而且为我们了解古代藏族社会的精神世界提供了有力支撑。

在传说、史诗之外大量存在的非物质文化遗产，如传统音乐、传统戏曲、传统舞蹈、曲艺、杂技与竞技、传统手工技艺、民间美术、传统医药、民俗等都是人类的记忆，它们共同构成了丰富多样的人类记忆宝库。其中，有通过音乐、戏曲、舞蹈、美术、曲艺等形式展示的人类认识美、创造美的历史记忆，有通过杂技与竞技、传统手工技艺、传统医术等形式展示的人类技巧、技艺、医术发展的历史记忆，还有通过民间信仰、传统节日、传统仪式等形式展示的人类群体性、仪式性心灵活动的历史记忆；有家族的历史记忆，有族群的历史记忆，有地区的历史记忆，也有国家的历史记忆。

无论是文字记录的历史、物质文化遗产，还是非物质文化遗产，都是人类记忆历史的重要方式。虽然文字和物质文化遗产在历史记录中扮演着重要的角色，但非物质文化遗产同样具有不可替代的价值和意义，而且非物质文化遗产的历史记录更加直观、真实。相比于文字记录的历史，非物质文化遗产是通过生动的表演、传统技艺等形式直接呈现出来的，因此，其更容易让人产生身临其境的感觉。例如，口头传统中的民间故事、传说，表演艺术中的舞蹈、音乐，都能够直观地反映出当时社会的风貌和人们的生活状态，为后人提供了更加真实的历史印记。此外，非物质文化遗产的历史记录更加全面、生动。在非物质文化遗产中，人们通过表演、实践等方式将生活中的方方面面传承下来，包括但不限于社会习俗、传统技艺、宗教仪式、节庆活动等。这些传统活动和习俗不仅仅是静态的文字或物品，更是动态的生活方式和社会实践，能够真实地展现出当时的社会生活和文化风貌，使历史记录更加全面、丰富、生动。

二、传承价值

非物质文化遗产作为人类活的代际文化，不仅保存了人类过去的文化足迹，是人类追忆过去、缅怀历史的载体，而且展示了人类文化发生、发展与演变的历程，是人类继承并发展文化传统的对象与媒介。

非物质文化遗产与物质文化遗产之间的最大区别在于它们的文化实践过程，非物质文化遗产是一种代际传承的、正在进行的活的文化实践过程，而物质文化遗产则是一种过去完成的死的文化实践结果。这种区别直接决定了二者在文化传承方式与内容上的不同。与物质文化遗产主要通过继承人类祖先的“遗留物”来感知和传递文化不同，非物质文化遗产的传承则是通过人们不断重复参与祖先的某种精神实践来实现的。由于参与相似的文化实践可以让人们体会到祖先的感受和心情，建立亲近感和认同感，因此非物质文化遗产能够更直接、更生动、更有效地传承人类文化。这种精神传承不仅可以加强个体与文化的联系，还可以增强群体、民族和国家的凝聚力，促进社会的稳定和文化的繁荣。

大量关于村落、社区、民族、地区和国家非物质文化遗产传承的个案考察，都表明了非物质文化遗产的文化传承价值。非物质文化遗产的文化传承价值具有多元性，不仅因地区、民族的不同而不同，呈现出地域性、民族性等特点，而且因非物质文化遗产表现形式的不同而不同，既表现为民族心理、民族习惯、信仰思想等观念的传承，又表现为音乐、舞蹈、美术、曲艺、戏剧等艺术观念和能力的传承，还表现为体育竞技、杂技、手工技艺、中医药知识和技能等应用性知识和技能的传承。

几乎每个民族都有祭祀神灵或纪念祖先的非物质文化遗产活动。对于土家族而言，这种活动就是茅古斯，土家语称为“古司拨铺”，汉语多称为“茅古斯”或“毛猎舞”。茅古斯融合了舞蹈和戏剧元素，是一种独特的舞蹈戏剧风格。在表演中，演员通过身体的舞动和面部表情的变化，生动地展现了土家族祖先在荒野开拓、捕鱼狩猎等场景中的英勇形象，将观众带入了一个充满神秘感的文化世界。同时，茅古斯还运用了近似戏曲写意、虚拟、假定等技术手法，通过简单的道具和服饰，勾勒出丰富的场景和情节，使整个表演更加生动有趣、富有戏剧性，给人以视觉和心灵上的强烈震撼。茅古斯这种非物质文化遗产实践的传承价值是多方面的：其一，祭祀、纪念祖先，传承祖先的开拓精神；其二，展示传统的渔猎、农耕等生产过程，传承生产和生活的知识与技能；其三，采用舞蹈、道白等方式模拟远古先民劳动和生活的情况，传承艺术观念和技能。对于藏族人民而言，传颂民族史诗《格萨尔》就是传承其民族精神。民族精神作为民族生存和发展的精神支柱，不仅是民族的文化底蕴和智慧结晶，更是民族文明程度和精神品质的体现。民族精神包含了对生活、自然、社会的理解和态度，反映了民族对共同价值和信仰的坚守，是民族共同理想和思维方式的凝聚。民族精神的核心是自尊、自立、自强。一个民族若缺乏自尊心，就难以维系自身的尊严；若缺乏自立精神，就难以在世界舞台上立足和发展；若缺乏自强意识，就难以应对外部挑战和困境，实现民族的繁荣和强盛。在当今世界，各民族正面临着前所未有的挑战和机遇。全球化的浪潮带来了文化的多样性，也加剧了民族文化的交流和融合。在这样的背景下，传承和弘扬民族精神显得尤为重要，只有坚持并发扬民族精神，才能够在文化多样性的大潮中保持自己的独特性和个性，推动民族文化的繁荣发展。

三、审美价值

考古发现证明，人类早在原始时代就有了审美意识和审美活动，许多非物质文化遗产都具有很高的审美价值。非物质文化遗产的审美价值总是和记忆价值、传承价值相联系，甚至依附于二者。

非物质文化遗产的审美价值是不断变化发展的。非物质文化遗产审美价值的被发现和被发展对非物质文化遗产曾经产生了两个方面的影响：一方面，它使一部分非物质文化遗产因脱离它的生存土壤而衰落或死亡；另一方面，它使一部分非物质文化遗产因为受到权力者的重视、保护而获得发展的条件和机遇。

审美是人类对美的感知、体验和评价，而在文化遗产中，无论是物质的还是非物质的，都承载着丰富的审美价值。不过，物质文化遗产和非物质文化遗产在审美上也呈现出了不同的特点。物质文化遗产的审美对象是物本身，其审美过程是审美者在静态的环境中，通过观察、品味和思考，感受和领悟其中蕴含的美学价值，审美者本身并不参与美的创造活动，而是被动地接受美的感染。反之，非物质文化遗产的审美对象是活动过程，其审美过程是审美者在参与互动中，通过身临其境的体验、情感共鸣和心灵交流，感受和创造美的过程。在这个过程中，审美者不仅是美的接受者，更是美的创造者和传承者，他们的参与使文化活动更加生动有趣。

联合国教科文组织认识到一个国家的有形文化是一个民族的标志，民间的非物质文化遗产（主要指活态文化遗产）同样也是识别一个国家和民族的标志，这些活态的文化遗产是一个民族向现代发展的生命源泉，是民族凝聚力和情感动力的源泉。例如，哈尼族对“梯田文化”的热爱是其他民族不能比拟的，从儿童的“梯田游戏”到成年人和梯田相关的礼俗十分丰富，并且很高级，也很现代。但农民是自发地传承文化，不是一种自觉的文化意识。

四、基因价值

生物的多样性是由生物基因的多样性决定的。每种生物都有自己特殊的基因，改变生物基因是改变生物品种的重要手段。例如，袁隆平院士通过对不育系水稻进行筛选和改良，培育出了具有优异杂交优势的不育系品种。同时，他通过选育适合不育系杂交的保持系和恢复系，构建了完整的三系育种体系。在这一体系的指导下，他成功地育成了中国第一个大面积推广的强优组合“南优二号”，极大地提高了水稻的产量和质量，为中国的粮食安全做出了重要贡献，被誉为“杂交水稻之父”。袁隆平的成功与其发现了野生水稻基因密不可分。由此可见，保持生物多样性是生物可持续发展也是人类社会可持续发展的条件。为此，人类制定了一系列的法规来保护生物基因的多样性存在。

同样，人类文化也存在可持续性发展的问题，而且这种发展对人类的影响更大，而要促进人类文化的可持续发展，就必须在文化基因多样性的保护上下功夫。

在文化面临全球化冲击的过程中，许多国家和地区纷纷发起“民族文化保护”运动。对于这些新问题，理论界并没有做好思想准备，还不能提出一个超前的理论去引导人们。

借鉴生物多样性保护的成果经验，人类感觉到了文化多样性保护的重要性。在所有人类文化中，既能体现多样性又具有活力的文化，就是非物质文化遗产。非物质文化遗产为人类提供了丰富的、可持续发展的文化基因。1993 年，德国英格玛乐队（Enigma）撷取我国台湾地区阿美人马兰社部落郭英男和夫人演唱的《老人饮酒歌》的原音创作了《返璞归真》（*Return to Innocence*），创造了惊人的数百万张销售数量，但没有人知道这美丽的旋律竟是来自我国台湾地区的郭英男夫妇。1996 年，亚特兰大奥运会使用《返璞归真》（*Return to Innocence*）为宣导片主题曲后，郭英男经由所属魔岩唱片公司向奥委会、美国 EMI 唱片公司提出控诉，涉及的被告包括英、法、美、德四国。这个文化侵权案充分说明，非物质文化遗产具有丰富的基因价值。

五、学术价值

联合国教科文组织指出，人类非物质文化遗产代表作应该在历史、艺术、人种学、社会学、人类学、语言学及文学方面有特殊价值，这实际上是在强调非物质文化遗产对相关学科的学术价值。

非物质文化遗产的学术价值表现在以下三个方面：第一，它是历史学、艺术学、人种学、社会学、语言学、文学、民俗学、建筑学、工程学、工艺学、医学、体育学、舞蹈学、音乐学等学科的研究对象；第二，它为各学科的研究提供了丰富的研究材料；第三，它为各门具体的科学研究提供了新的方法和思路。

非物质文化遗产的历史学价值在于对“正史”“书面历史”进行拾遗补阙，或者修正。是对人类口传、行为文化历史的关注，对人类史前文化的关注，对人类弱势文化的关注，对文化历史与当下关系的关注，是人类历史观的进步，是历史学研究实践的进步。

非物质文化遗产的艺术学价值在于对原始艺术、民间艺术，以及其与专业艺术关系的重视是空前的，这使艺术学研究的目光不再局限于专业艺术领域，而变得更为广阔，也使艺术学研究更加贴近艺术活动，更具有科学的意味。此外，民间创作依旧保留着原始艺术的混合性，这体现在其吸收多种元素和风格，融合了不同文化、传统和思想上。这种混合性使民间艺术具有了丰富的表现力和独特的魅力，反映了人类对世界的多元理解和审美追求。然而，在艺术生产发展中，这种混合性受到了明确和坚决的扼制，这种扼制可能源自对传统规范的坚守，也可能受到现代艺术市场、学术体系等因素的影响，但这使艺术创作从其他人类活动的形式中独立了出来，进而导致原本具有混合性的民间艺术在现代艺术生产中被划分为不同的样式、种类和体裁。

非物质文化遗产的人种学价值在于为人种差别与平等理论提供了丰富的证据材料，为人种、民族学的科学发展创造了条件。印第安人中有这样一个神话传说：

在远古时代，地球上没有人类，上帝便修筑了一个烘炉，捏了三个面人烘烤。过了一会儿，上帝从炉中取出第一个面人，因为火候不到，这个面人的颜色惨白，这就是现在白人的祖先；又过了一段时间，上帝从炉内取出第二个面人，这个面人火候正好，颜色微黄浅棕，这就是印第安人的祖先，上帝看了十分高兴，竟忘了炉内的第三个面人；待上帝想起炉内还有一个面人并取出来时，火候过了，这个面人的颜色便又黑又焦，这就是黑人的祖先。

这个神话传说对我们了解印第安人的人种观念具有重要的参考价值。

非物质文化遗产的社会学价值在于社会学所关注的制度文化、行为文化、民俗文化、原始社会等都是非物质文化遗产学所关注的范畴，非物质文化遗产特别关注的原始、民间文化及文化的集体、社会、阶层性都对社会学研究具有重要的研究和指导意义。

非物质文化遗产的语言学价值在于以下三个方面：一是语言多样性的价值，如濒危语言、稀有语言的科学价值；二是无文字语言的语言学价值和“口头”价值；三是不同语言所承载的不同民族文化的价值。根据国外学者统计，世界上已经查明的语言有 6800 种，有数以千计的语言处于濒危状态，包括 170 种北美印第安语言、280 种西非语言。非物质文化遗产对濒危语言的关注可以在一定程度上改善语言的存在处境。

非物质文化遗产的文学价值在于：第一，确定文学研究的新领域——非物质文学遗产研究；第二，开拓了文学研究的新思路——生态思维；第三，奠定了文学研究的新方向——研究与保护、传承紧密结合。把文学分为物质文学与非物质文学是非物质文化遗产概念对文学的一个重要启示，也是文学研究从偏重于书面的、文人的文学向口头的、民间的文学转换的一个标志。

非物质文化遗产的科学认识价值在于：许多非物质文化遗产在实践中融合了对自然规律和社会现象的观察和总结，体现了人们对世界的科学思考和理解。以中国的阴历为例，阴历中的二十四节气、月相变化等元素，都是古人对自然规律的科学总结，是古人对天文、气象等知识的应用和传承。中国古代农民就是根据阴历中的节气和月相变化，合理安排农事活动，选择适宜的时机进行播种、施肥等农业生产活动的，从而最大限度地提高农产品的产量和质量。可以说，阴历的制定和运用，既是对农业生产经验的总结和提炼，又是对自然规律的理解和应用，体现了古代农民对科学的认识和掌握。

六、经济价值

非物质文化概念的提出，本身是对片面强调物质文化的纠正，是对物质、经济价值取向的补充和调节。同时，人类物质经济的可持续发展最终要依赖于文化的发展。因此，非物质文化遗产不仅包含了巨大的文化价值，而且潜藏着巨大的经济价值，是非物质经济的重要力量。

非物质文化遗产的经济价值主要体现在：非物质文化遗产旅游经济；非物质文化遗产品牌广告经济；非物质文化遗产技术、技艺专利经济；非物质文化遗产的生态经济。

非物质文化遗产的经济价值是一种客观的存在，已经被政府、企业和文化学者普遍认可。已经有很多地方把非物质文化遗产作为当地文化产业的重要内容来开发。我国的非物质文化遗产生产性保护理论，在很大程度上是基于对非物质文化遗产经济价值的认识而提出的。

第二章

非物质文化遗产传承与保护概述

本章的主要内容为非物质文化遗产传承与保护，主要介绍了以下三个方面：非物质文化遗产传承与保护的研究现状综述、非物质文化遗产传承与保护的基本思路和非物质文化遗产传承与保护的标准体系与核心价值。

第一节　非物质文化遗产传承与保护的研究现状综述

一、我国保护非物质文化遗产的历史与现状综述

自中华人民共和国成立以来，我国在非物质文化遗产保护领域付出了大量的努力。20世纪中期，我国动员了众多文化工作者，深入调查与研究了众多传统文化遗产，从而成功保护了许多即将消失的非物质文化遗产。在那之后，部分著名学者提出并启动了十部“中国民族民间文艺集成志书”的图书编写项目，这一行动成功保留了众多宝贵的文化遗产。党和国家高度重视非物质文化遗产的保护工作，党的十六大报告阐明，扶持对重要文化遗产和优秀民间艺术的保护工作。除此之外，我国还在联合国的非物质文化遗产保护工作中发挥了积极作用。2000 年，联合国教科文组织开展了名为“人类口头和非物质遗产代表作”的项目。2001 年 5 月，昆曲被纳入世界首批“人类口头和非物质遗产代表作”，这表明中国非物质文化遗产的保护工作卓有成效，并获得了显著的发展。到 2003 年 10 月，《保护非物质文化遗产公约》正式被启用，我国在《保护非物质文化遗产公约》的制定过程中负责了一定的工作。2004 年 8 月，得到全国人大常委会的正式批准后，我国正式成为该公约的一员。除此之外，得益于社会各界的共同努力，我国已经构建了一个相对完整且具有中国特色的非物质文化遗产保护体系，这在很大程度上确保了我国那些即将消失但具有深厚的历史、文化背景和科学意义的非物质文化遗产被妥善地保存了下来，并可以在被继承的前提下继续发展壮大。

（一）我国保护非物质文化遗产的历史

1. 完善相关法律法规

自 1998 年起，原文化部会同全国人大教科文卫委员会为推进我国非物质文化遗产的保护工作开展了各方面的调查与研究，之后基于对国内外法律法规的深入研究，我国在

2003年正式完成了《民族民间传统文化保护法（草案）》的编制工作。为了展现《保护非物质文化遗产公约》的核心理念与精神，后续决定将该文件的名称进行修改，即现行的《非物质文化遗产法》。

为了更好地支持保护重要文化遗产和杰出的民间艺术，并肩负起我国签署的《保护非物质文化遗产公约》的相关责任，2005年3月，国务院办公厅印发了《关于加强我国非物质文化遗产保护工作的意见》。该文件强调了建立一个适用于非物质文化遗产代表作名录体系的重要性，并明确了“保护为主、抢救第一、合理利用、传承发展”的指导原则，以及“政府主导、社会参与、明确职责、形成合力、长远规划、分步实施、点面结合、讲求实效”的工作准则。同时，该文件明确表示，国家计划通过进行非物质文化遗产的全面普查和基础调查，构建代表性作品的名录体系，并进一步强化对非物质文化遗产的研究、鉴定、保护和发扬等工作。除此之外，还将构建一个科学的传承机制，以便建立起具有中国特色的关于非物质文化遗产保护的制度规范。该文件进一步强调了加强领导和责任落实的重要性，并要求政府担任主导角色。文化部（现为文化和旅游部）将负责建立中国非物质文化遗产保护工作的部际联席会议制度，以便顺利落实非物质文化遗产的保护工作。除此之外，文化部还积极邀请学术研究机构、高校、企业等相关的组织机构，有效推动我国非物质文化遗产的保护工作向前发展。总的来说，该文件的发布为我国非物质文化遗产的保护工作带来了显著的推动效果。

2006年11月，文化部发布了《国家级非物质文化遗产保护与管理暂行办法》，于2006年12月1日起实施。关于国家级非物质文化遗产的保护，实行“保护为主、抢救第一、合理利用、传承发展”的方针，坚持真实性和整体性的保护原则。国务院文化行政部门负责组织、协调和监督全国范围内国家级非物质文化遗产的保护工作。省级人民政府文化行政部门负责组织、协调和监督本行政区域内国家级非物质文化遗产的保护工作。国家级非物质文化遗产项目所在地的人民政府文化行政部门负责组织、监督该项目的具体保护工作。

2007年2月，商务部、文化部发布了《关于加强老字号非物质文化遗产保护工作的通知》。老字号作为我国传统商业文化遗产的重要载体，广泛分布在餐饮、零售、食品、医药、居民服务等行业，其拥有的专有品牌、传统技艺、经营理念和文化内涵，不仅是我国优秀商业文化的集中体现，也是非物质文化遗产的组成部分。

2011 年 2 月，我国通过公布了《非物质文化遗产法》，这部法律的出台，对加强我国的非物质文化遗产保护、保存工作，继承和弘扬中华优秀传统文化，产生了重大而深远的影响，在文化法治建设中具有里程碑的意义。这部法律突出了对不同的非物质文化遗产采取不同的措施，对非物质文化遗产采取认定、记录、建档等措施予以保存，对体现中华优秀传统文化，具有历史、文学、艺术、科学价值的非物质文化遗产采取传承、传播等措施予以保护。

鉴于社会上各界对非物质文化遗产所做的过度商业性开发，我国政府在探明其中存在的隐患后，有目的地支持充分利用非物质文化遗产资源的独特优势。在确保其得到合理保护的前提下，我们应积极利用非物质文化遗产，以便创新性地开发出能够展现地域、民族特色，并契合市场发展前景的文化产品和服务，在这一过程中，我国政府鼓励相关传承人参与其中，并对其中的各项实物及其存在的场所进行重点保护。县级及以上的地方人民政府有责任支持那些对非物质文化遗产进行合理开发和应用的单位，且这些单位能够在开发工作中依法获得国家所规定的税务减免。

2. 设立“文化遗产日”，积极推进中国非物质文化遗产保护

2005 年年底，国务院办公厅发布了 42 号文件，明确提出要设立我们国家的“文化遗产日”，并将“文化遗产日”定于每年 6 月的第二个星期六。2006 年 6 月 10 日是我国第一个文化遗产日，围绕文化遗产日举办了一系列的活动：举办了“和鸣——古琴艺术进大学”古琴雅集活动；创办了中国非物质文化遗产网；中国非物质文化遗产数字博物馆门户网站正式开通；举办了“中国戏曲剧种保护展”和“中国戏曲剧种保护与发展座谈会”。

2016 年 9 月，国务院批复住房和城乡建设部，同意自 2017 年起，将每年 6 月第二个星期六的“文化遗产日”调整设立为“文化和自然遗产日”。自 2009 年国家文物局创设主场城市活动机制以来，每年的文化和自然遗产日，国家文物局都会选取一座城市举办文化和自然遗产日主场城市活动。

3. 建立国家级非物质文化遗产名录体系

遵循国务院办公厅《关于加强我国非物质文化遗产保护工作的意见》的指导思想，自 2005 年起，我国政府启动了首批国家级非物质文化遗产代表性项目名录的资格提交和审核等工作。值得注意的是，创建国家级非物质文化遗产代表作名录能够在很大程度上有效推动省、市、县的代表性名录体系构建工作，进而一步一步建立起了能够展现中国特色的非物质文化遗产保护制度。建立国家非物质文化遗产代表性项目名录体系，能够促进我国

对非物质文化遗产的保护与传承，还能够进一步强化国民对中华文化的认同，进而更加方便各国实现彼此文化的交流，并积极开展各项合作，从而有效促进人类文化的多样性，并实现其可持续发展。

国务院在 2006 年 5 月对第一批国家级非物质文化遗产名录进行了批准。同年 10 月，文化部正式发布了《国家级非物质文化遗产保护与管理暂行办法》，其中明确了将基于省级名录进行第二批国家级非物质文化遗产名录的构建。2006 年 6 月 8 日，“中国非物质文化遗产”标识出台，该标识是通过线上征集、群众投票和数轮专家评议，最终选出的。标识图形古朴，富有稚拙感，一方面反映了非物质文化遗产的生存现状，另一方面彰显了中国政府和人民保护祖国非物质文化遗产的强烈责任心和使命感，表现出了中华民族团结、奋进的时代精神。

4. 实施民族民间文化保护工程

2003 年 1 月 20 日，“中国民族民间文化保护工程”（以下简称“保护工程”）启动，起主导作用的是文化部、财政部、国家民族事务委员会和中国文学艺术界联合会，总的来说，该工程属于由政府主导并得到社会广泛参与的文化项目。它基于已经拥有的民族民间文化保护成果，并结合新时代的具体情况，由政府负责组织和执行，旨在对中国境内有较大价值的民族民间文化资源进行全面和系统的保护，是一个规模宏大且涉及范围较广的系统性工程。该工程统筹规划并稳步推进中国民族民间文化的保护工作，力争使中国的民族民间文化基本得到科学、合理、有序的保护。

为了有效推进“保护工程”工作的开展，相关部门共同组织并建立了中国民族民间文化保护工程领导小组，其主要工作是对“保护工程”进行领导、组织等。在此背景下，我国逐渐筛选出了部分国家级的保护试点项目，各省级单位也逐步筛选出了相应的保护项目。在开展保护工作的过程中，各级政府制定了有实际应用价值的地方性法规，积极开展相应活动，培养文化传承的人才，大力支持对各类优秀的民族和民间文化进行传播与弘扬的活动。除此之外，还要求辖区内各学校在教学内容中积极融合优秀的民族和民间文化，以期更有效地进行非物质文化遗产的保护。

（二）我国非物质文化遗产保护的现状综述

1. 国家层面的保护现状

随着全球经济一体化的不断发展，非物质文化遗产的概念逐渐得到世界的认可，在此过程中，中国的经济也在积极进行转型，且中国的文化也在很大程度上受到了影响。总的来说，面对激烈的社会变革，保护中国传统文化的独特性并不断增强国家的文化软实力，已经变成了我们当前面临的首要任务。在我国向联合国提交了首批人类口头和非物质文化遗产代表项目的申请之后，经过二十多年的发展，世界范围内对非物质文化遗产有了更为深刻的关注和重视。并且，在联合国教科文组织中，也建立了一个名为“非物质文化遗产部门”的机构，各个国家纷纷模仿并设立了相应的管理职能部门。

2006 年 5 月 20 日，经过文化部确认并得到国务院的批准，我国正式面向社会公布了全国首批 518 项国家级非物质文化遗产名录，同时国务院发布了《关于加强文化遗产保护的通知》（以下简称《通知》）。《通知》明确指出关于非物质文化遗产的四级保护体制，即县、市、省、国家四个层次，各负其责，共同保护，这样做的初衷是把非物质文化遗产纳入国家政务管理行列，使其成为文化产业的一部分。

但是，非物质文化遗产的民间属性，无论是从性质上还是内容上都发生了改变，从人民群众的参与过渡到了社会、国家的公共属性上。尤其在经济全球化的今天，在我国的现代化进程、城市化进程不断推进及人口流动逐步加速的过程中，社会上逐渐出现了许多新奇的外来文化，这些文化的存在深深地影响着人们的思维。值得注意的是，若是全盘接纳这些涌入的“新文化”，并把承载着我国民族文化记忆的文化遗产视为糟粕而全部丢弃，将直接破坏本民族的存在基础。在当前的时代背景下，各地政府需制定相应的政策和法规，实施各种有效的影响措施，以收集和保护濒临消失的非物质文化遗产。总的来说，保护与传承中华民族的非物质文化遗产是现如今各级政府的共同任务。在这一过程中，政府将始终占据主导地位，并主要负责相关决策，但与此同时，关于非物质文化遗产的保护不得不开始依赖政府财政的支持。

政府之所以对非物质文化遗产进行保护，主要是为了在现代社会对其进行传承，只有在传承工作得以完美落实的时候，我们才能更好地实现对各类非物质文化遗产的保护。值得注意的是，在实际的非物质文化遗产的保护与传承工作中，不能将其束之高阁，不闻不问，而应当积极培养传承人进行传承。简单来说，若是非物质文化遗产能够继续保持其活跃性，并可以长时间存在，那么这些非物质文化遗产便可以说受到了妥善保护。与此相对的是，若非物质文化遗产最终只存在于记录性媒体、学术著作或博物馆的纪念物品中，那么对非物质文化遗产的保护就不尽如人意。在“社区”中存在，代表非物质文化遗产所需的民间特质，这是一项需要社区居民积极加入其中的立体复合式能动活动。一旦脱离这项活动，非物质文化的活力特质也将随之消失。政府的介入，特别是通过相关资金的支持，能够有效地促进非物质文化遗产的传承与弘扬，使民族传统文化能够为人熟知，进而充分强化公众的信心，提升其在社会中的地位。然而，作为非物质文化遗产的核心群体——民众，他们不只是文化的传承者和表演者，还需要逐渐承担起保护和支持的责任。

在我国，“有困难找政府”的做法逐步发展成了一种常态，我国民众也就开始认为保护非物质文化遗产应全权由政府负责，这反映了我国当前非物质文化遗产保护的实际情况。只有在政府的高度重视和大量资金注入的前提下，我国社会才会相应地增加对非物质文化遗产的关注。因此，为了有效提高我国民间对非物质文化遗产保护工作的关注度与投入度，就需要在坚持政府对相关工作进行统筹管理的基础上，积极推广与我国民族文化血脉相关的非物质文化遗产，并坚持激发社会各团体和民众的参与兴趣，使民间层面可以加大投入力度，确保非物质文化遗产的传承人、舞台表演形式和民众的支持能够彻底集合在一起。这不仅可以减轻政府的负担，还能更好地体现非物质文化遗产的民间属性。

2. 科研机构层面的保护现状

我国各地的科研机构拥有丰富的文化和人才资源，更拥有高水平的学术带头人和经验丰富、品格高尚的研究人员，而且通常情况下，他们进行的都是长期的、有明确方向的、系统化的研究与开发工作。这些科研机构为我国非物质文化遗产保护工作提供了坚实的智力支持，输送了大量的优质人才。相信在全国各地科研机构的大力支持下，我国非物质文化遗产的保护和传承工作会得到更好的保护。例如，中国艺术研究院，其机构内部明确划分了各个部门的职能；专门成立了中国非物质文化遗产保护中心、亚太地区非物质文化遗产国际培训中心、中国非物质文化遗产数字化保护中心；成立了戏曲、音乐、美术、舞蹈等多个专门研究机构，并多次举办以非物质文化遗产保护为主题的国际和国内学术研讨会，将非物质文化遗产保护工作与国际接轨，将保护工作与实际相结合，更好地用理论指导实践，从而进一步推动了我国的非物质文化遗产保护工作的开展。

3. 法律层面的保护现状

法律是维护各项事业蓬勃发展的强有力的武器。法律体现的是国家意志，具有很强的强制性和规范性，健全的法律机制是非物质文化遗产保护的根本保障。

首先是行政立法的保护。随着社会民众对非物质文化遗产保护意识的日渐增强，2011 年，我国出台了《非物质文化遗产法》，并沿用至今。这是迄今为止我国关于保护非物质文化遗产的最权威、意义最重大的法律条文。

其次是民事立法的保护。2008 年，国家发布《国家知识产权战略纲要》，该纲要对有关遗传资源、传统知识及民间文艺知识产权保护等内容进行了严格的规范。2008 年 12 月，我国相关部门在修正《专利法》时，专门将有关遗产资源等相关事宜纳入民事保护范围。对申请专利的非物质文化遗产的来源等问题进行了明确规定，这是《专利法》专门创设的一种特殊的民事权利，可以较为有效地保护非物质文化遗产的创作者或传承者的切身利益。

上述行政立法和民事立法的颁布实施，使我国非物质文化遗产保护工作有了一定的保障。但在具体实施过程中，法律保护还存在如下两个方面的问题。

第一，权利主体模糊。在法律体系中，如果缺乏明确的主体，其所规定的各项义务就无法得到妥善执行，相应的责任也很难被有效落实，这削减了法律所具备的实施效力。所以，我们必须明确非物质文化遗产的真正权益持有者，以便切实推动非物质文化遗产的进步。

第二，利益分配不平衡。绝大部分非物质文化遗产在经过精心的开发和处理后，都能产生显著的经济收益。然而，这些遗产的传承者往往缺乏足够的开发意识，这导致他们在与其他企业合作时往往处于被动状态，也因此很难获得足够的经济回报。这种不平衡的利益分配模式，限制了非物质文化遗产的进一步发展，并给传承者的权益带来了严重的负面影响。

4. 非物质文化遗产传承人方面的保护现状

非物质文化遗产依托人而存在，以声音、形象和技艺为表现手段，以身口相传的方式延续，是文化及其传统中最“活”也是最脆弱的部分。因此，对非物质文化遗产的传承来说，传承人的保护尤为重要，只有保护好传承人，才能保证他们掌握的非物质文化遗产得到持续发展。而长期以来，我国的民间技艺没有得到足够的重视，民间艺人没有得到足够的尊重，很多绝技、绝艺处于自生自灭的境况。

首先，非物质文化遗产的传承人培养出现了难以为继的情况。伴随着现代社会的发展，各种现代流行音乐文化的快速传播影响了传统文化的传承与发展，导致年轻人对优秀传统文化的关注日渐降低。鉴于绝大部分的民间传统技艺并不具有显著的经济价值，部分传统技艺的发展潜力有限，这也导致很少有人愿意去学习和继承它们。在当前科技飞速进步的背景下，传统的非物质文化遗产中的医药产品逐步被现代医疗设备取代，这进一步限制了传统技艺的发展。在新时代的大背景下，年轻人对快节奏的生活方式有着浓厚的兴趣，他们掌握的信息量也在不断增加，在此过程中，年轻人的视野逐渐拓宽，这导致他们对传统生活方式持有一种负面的认识，这种态度最终直接导致他们很难坚持传承传统民间工艺和文化艺术，从而使传承非物质文化遗产的人才培养难以为继，这也将严重限制非物质文化遗产的传承和发展。

其次，过分强调申报过程，而忽视了保护的重要性。目前，地方各级政府、科学研究机构及一些高校都高度重视非物质文化遗产项目的申报工作，却忽略了培养与保护非物质文化遗产传承人。一些研究工作者与相关管理者在对非物质文化遗产进行保护和传承的认识上存在较大的误差，他们的思想意识需要进一步提高。在成功地完成非物质文化遗产项目的申报工作后，由于相应的保护与传承支持政策并不能够得到有效落实，使得许多非物质文化遗产保护与传承的相关指标都未能达到预期。同时，在实际生活中，被纳入申报项目的传承人并没有获得相应的社会地位与经济收入。

5. 资金来源的筹措现状

资金不足是严重影响我国非物质文化遗产保护与发展的一个关键因素。值得注意的是，尽管我国极为关注非物质文化遗产保护工作和相应的创新传承与发展，并在中央财政方面进一步加大了资金投入力度。然而，从实际状况来看，中央财政的资金支持显然是不足的，与此同时，地方财政在非物质文化遗产的保护和利用方面的投入更为有限。总的来说，在这种投资状况下，想要充分开发和利用非物质文化遗产是不切实际的。

非物质文化遗产保护还存在专业管理人才匮乏的问题，许多非物质文化遗产遭到破坏多数是因为管理者缺乏专业知识，从业人员对非物质文化遗产没有感情和敬畏之心，无法担当起保护非物质文化遗产的重任。因此，保护非物质文化遗产的人才队伍也亟待建设。

总之，非物质文化遗产的保护工作具有很大的灵活性和不确定性。在保护非物质文化遗产的过程中，存在着很多的问题，要解决这些问题，必须建立起完整的法律保护体系，做到立法先行，依靠法律的普遍约束力和公正严肃性，明确非物质文化遗产的规划、传承、管理、投入，保护主体的权利和义务。做到在保护和传承的过程中有法可依、有法必依，为文化多样性和民族凝聚力保驾护航。

二、国外保护非物质文化遗产的历史与经验

（一）国外保护非物质文化遗产的举措

东西方在保护非物质文化遗产方面的做法有着明显的差异：在东方，尤其是日韩等国家，在非物质文化遗产保护中使用具有本国独特的、自成体系的工作办法。而在西方，特别是西欧国家，他们在非物质文化遗产保护工作方面更加强调统一性和整体性。同时，西方国家非常重视民俗民间文化的知识产权保护工作。所以，对国外在非物质文化遗产保护方面的成功实践和经验进行深入且细致的了解与分析，对我国在非物质文化遗产保护方面的工作有着一定的正面影响。

1. 设立保护非物质文化遗产相关法律

日本是世界上最早关注非物质文化遗产保护的国家，1950 年就颁布了《文化财保护法》，提出“无形文化财”概念，用法律形式规定了它的范畴和保护办法，将那些身怀绝技、造诣颇深的大师级工匠和艺人称为“人间国宝”。1955 年开始，日本政府在全国不定期地严格遴选确认“人间国宝”，这些人每年都能获得政府拨款的特别扶助金，这些资金支持旨在提高他们的技能水平并帮助他们更好地培育继承者。在日本，歌舞伎和文乐等都已经被纳入联合国的《人类口头和非物质文化遗产代表作名录》。同时，日本也在努力为非物质文化遗产的有效利用营造有利环境。日本东京的“国立剧场”是 20 世纪 60 年代修建的，旨在方便进行传统艺术的表演，这是一座极具现代化特色的艺术建筑。令人惊奇的是，其中的一些演出活动极为火爆，甚至需要提前预订才能观看。

2. 对更多项目进行申遗

在 1960 年之后，韩国开始专注于收集和整理其传统的民族民间文化，并在 1962 年颁布了适应韩国国情的《文化财保护法》。随着时间的推移，现如今的韩国已经连续宣布了超过 100 项的非物质文化遗产。根据韩国的《文化财保护法》，非物质文化遗产按照其价值进行了等级的分类，简单来说，不同的等级代表不同的资金支持，其中国家级的非物质文化遗产将获得国家 100% 的资金支持，而对于道、市级别的非物质文化遗产，国家将提供 50% 的资金支持，其余资金则由当地进行筹集。韩国政府已经建立了一个完善的文化遗产传承者体系，该体系呈现为金字塔的形状。在这个体系最顶层的人，将会获得政府颁发的“保有者”称号，现如今有近 200 人被授予此荣誉称号，他们是韩国在传统文化技能、民间文化技艺及传统工艺制作和加工等方面表现最出色的文化遗产传承者。国家为他们的公开演出、展览活动及技能和艺术能力的深入发展提供了全面的资金支持。除此之外，政府还为他们提供了每人每月 100 万韩元（大约相当于人民币 5 327 元）的生活补助与各项

医疗保障。韩国制定并发布的《文化财保护法》为保护民族文化的行为提供了法律支持，同时进一步强化了民众的文化保护观念。在 20 世纪末，韩国明确认定“文化产业”将成为自身在 21 世纪的经济核心产业，而申请世界遗产的目的是促进韩国文化在全球范围内的传播。韩国在非物质文化遗产的舆论监督方面建立了相对完善的体系，致力于确保各种制度能够得到公平和公正的落实。在韩国，为了更好地开展非物质文化遗产的保护工作，其政府建立了一个专门负责相关工作的委员会，其成员既包括相关领域的专职专家，也包括来自社会的 50 多名非专家。该委员会的主要工作就是对韩国的各项非物质文化遗产项目申请进行论证，在对相关项目进行调查、研究、分析后，出具详细的报告，并在审议通过后，决定其是否会被列入国家重点非物质文化遗产名录，若确定，那么这个名录将公示一年，其间将由社会各界进行监督，并及时接收不同领域的意见与建议，若是该项目未被人们认可，那么必须对这一项目进行新一轮的审查。

美国从 2000 年开始将遗产保护的重点转移到国内遗产名录。截至 2019 年，美国共计拥有 24 项世界遗产，包括自然遗产 12 项、文化遗产 11 项、文化与自然混合遗产 1 项，其中 2 项是与加拿大联合申报的，在遗产数量上与伊朗并列为世界第 10 位。

3. 首创“文化遗产日”

1840 年，法国正式面向社会发布了《历史性建筑法案》，这是全球首个专门针对文物保护的法律条款。在社会对文物保护的意识日益增强的今天，相关的保护措施也在不断更新，法国在中央一级的文化部下设文化遗产司，专门负责文化遗产的保护。法国还是非物质文化遗产普查工作中的典范，法国政府组织过几次大规模的文化遗产普查，最深入和影响深远的是 20 世纪 60 年代的大普查，有约 1.8 万个文化遗产民间社团组织提供咨询或参与其中。法国政府通过历史文化遗产保护区，为普通民众提供了深入了解本民族历史和文化的条件。

法国在文化遗产保护方面的举措，不仅使其国内的历史文化遗产得到了有效保护，还为全球文化遗产保护工作提供了宝贵的经验和借鉴。我国在借鉴法国的成功经验的基础上，也逐渐形成了具有中国特色的文化遗产保护体系。在法国，文化遗产保护不仅是一项政府工作，更是全社会共同参与的事业。目前，在法国，超过 1.8 万个文化组织致力于历史文化遗产的保护和展示，而在法国全境，存在的历史文化遗产保护区高达 91

个，值得注意的是，在其中有超过 4 万处历史文化遗产，并居住着众多居民。“文化遗产日”是法国人的首创。自法国人设定了“文化遗产日”以来，这一概念逐渐在全球范围内传播并得到了广泛的认可。每年，世界各地都会庆祝这个重要的日子，以唤起人们对文化遗产保护的意识，传承和弘扬各民族独特的历史文化。

在“文化遗产日”，法国各大博物馆都会向公众开放，其中许多公立博物馆可以免费入场，而私立博物馆的门票价格将会有所下调，这主要是因为降价可以使它们有资格享受税务减免的政策支持。由法国发起的“文化遗产日”活动在很大程度上推进了欧洲在非物质文化遗产保护方面的工作。为了更好地保护非物质文化遗产，我国可以参考在法国运行良好的非物质文化遗产垂直管理方法。

1972 年 11 月 16 日，联合国教科文组织大会第 17 届会议在巴黎通过了《保护世界文化和自然遗产公约》，该公约的标志设计体现了文化遗产与自然遗产的紧密联系。图案的中心是一个正方形，其代表了人类主观上创造出的形状，而圆圈则是大自然的象征，这两个元素紧密相连，呈现出一个完整的圆形标志，不仅代表了整个世界，还强调了保护的重要性。1972 年，联合国教科文组织正式提出了一项符合各国实际情况的遗产保护整体政策，也就是“要使文化和自然遗产在社会生活中发挥积极作用，要同时关注当代成就、昔日价值和自然之美”。毫无疑问，该项目致力于实现人与自然、传统与现代元素的和谐共存。

法国的“文化遗产日”，旨在唤起人们对文化遗产的关注和保护意识。这个开端具有重要意义，它对我国政府和社会各界更加重视文化遗产的保护工作有一定的促进作用，还使广大民众可以更深入了解和热爱祖国的文化遗产。在这个特殊的日子里，各级政府、文化遗产管理部门、文博单位、社会组织和志愿者纷纷行动起来，通过举办丰富多彩的活动，让公众深入了解文化遗产的价值和意义。在这些活动中，既有文物修复、考古发掘现场展示，也有非物质文化遗产传承人的技艺表演，让参与者亲身感受到祖国悠久的历史和文化。

法国“文化遗产日”的设定，还推动了文化遗产保护政策的完善。我国政府在此背景下，加大了对文化遗产保护的投入力度，制定了一系列政策措施，以确保文化遗产得到有效保护。同时，我国通过开展文化遗产普查、建立文化遗产数据库等工作，为文化遗产保护提供了有力支撑。

法国的“文化遗产日”还激发了公众参与文化遗产保护的热情。随着我国设立“文化和自然遗产日”，举办相关活动，越来越多的人开始关注身边的文物古迹，积极参与文化遗产保护行动，自发加入文化遗产志愿者队伍，为文化遗产保护贡献自己的力量。这种民间力量的崛起，进一步推动了我国文化遗产保护事业的发展。

值得一提的是，“文化遗产日”还强化了文化交流与合作。在这一天，各国驻华使节、国际组织代表及社会各界人士齐聚一堂，共同探讨文化遗产保护的理念与实践，分享彼此的成功经验，为我国文化遗产保护事业提供了国际视野和有益借鉴。

4. 开展“文化与遗产周”活动，抢救和保护非物质文化遗产

意大利不仅是古希腊的文化中心、古罗马文明的核心、天主教的中心和文艺复兴的发源地，还保存了无数的历史和文化遗产。自 1997 年起，意大利政府就坚持每年开展“文化与遗产周”活动。在全国范围内，许多通常不向公众开放的古迹，如国家博物馆、艺术画廊、考古博物馆等，都会全部免费向公众开放。

在意大利，对非物质文化遗产的保护与其对自然遗产的保护同等重要。为了在新的时代背景下使非物质文化遗产可以得到有效继承与发展，意大利政府正在逐步努力推动乡村生态旅游和美食文化旅游的发展。例如，联合国教科文组织已经确认意大利西西里岛的木偶戏为非物质文化遗产。西西里岛的木偶戏是在 19 世纪初期诞生的，其主要表演者是家族剧团，其中木偶戏的各项表演技艺在家族成员中一代代传承下来。艺人不仅会在表演中展示以历史为主题的史诗故事，还会从诗歌、流行歌剧和部分与日常生活紧密相关的故事中汲取灵感，使用木偶和道具进行即兴表演。在表演中，所有人物的对白都是艺人即兴创作的，这种类型的表演至今已存在 200 多年。在现代科技不断发展的过程中，人们能够接触到越来越丰富的娱乐活动，也能够通过电视、电脑了解世界，而这也直接导致木偶戏很难适应现代社会的发展，最终逐渐没落。为了改变这一情况，意大利政府为西西里岛的木偶戏提供了大量的救助和保护。现如今，在西西里岛的各类商铺和摊位上，木偶随处可见，它们已经变成了西西里岛的知名纪念品，使得众多的游客因此前来。联合国教科文组织的世界遗产委员会更是制定了一系列的保护措施，包括为年轻木偶艺术工作者设立培训学校、举办木偶主题的艺术节、组织展览等。

5. 发展创意产业和非物质文化遗产保护结合

英国在重大节日、传统手工艺和语言表演艺术方面都拥有十分丰富的非物质文化遗产，对非物质文化遗产的保护有自己的独特方式，主要有立法保护、政策支持和民间参与，即分散而有针对性的立法、多样化的资金支持、注重非物质文化遗产与地域的联系。充分发挥它们的作用，与发展创意产业相结合，扩大公众参与范围，这对我国有十分重要的借鉴意义。以莎士比亚为例，这位文坛巨匠创作了 37 部剧作及 150 多首十四行诗，

是世界级的戏剧大师，其作品横跨文学和戏剧两大类别，深刻地展现了英国人民的精神与心声，从而成为其骄傲与自信的源泉。在英国的各项政策和法律的保护下，英国中小学语文课开设了莎士比亚课程，其除了具有文学教育功能，还可以训练阅读能力、思维能力、写作表达能力，更深层的意义在于传承英国的优秀文学文化传统。英国的莎士比亚在全球范围内极具影响力，是英国的文化标志，而且逐渐发展成了现如今英国文化面向世界的一面鲜明的旗帜。值得注意的是，英国也在积极地对与莎士比亚相关的文物进行挖掘、保护，莎士比亚的出生地——英国沃里克郡斯特拉福镇，成为热门旅游景点，在这里有皇家莎士比亚剧院。伦敦南岸也建有莎士比亚环球剧院，在这里可以观看莎士比亚作品。莎士比亚戏剧作品之所以长演不衰，是因为该剧院完善的组织、充足的经费、顶级的演出水准，也被公认为是最具有权威的剧院。这种保护本国优秀传统文化的方式对我国是有借鉴意义的。

值得注意的是，若是想要在现代社会更好地保护传统文化，就不能简单地对其加以继承，更应该在对优秀传统文化进行合理保留的基础上进行创新。如果民族自身的传统文化没有进行适应时代发展的创新和改革，那么它就失去了活力，也就不能适应现代社会的发展需求。创新的核心目标是让传统文化重新焕发生机，并以创新的方式满足现代人们的审美期望，使其持续繁荣。

（二）国外保护非物质文化遗产的经验

1. 实施非物质文化遗产数字化保护

在国外，学者在研究非物质文化遗产理论的同时，也高度重视实际操作。在国外的非物质文化遗产保护工作中，现代化的先进信息技术也得到了广泛的应用，并进行了有针对性的转化，在此过程中，各类实践活动也数不胜数。

例如，日本奥兹大学开展的关于“狮子舞”的数字化项目，在世界范围内的非物质文化遗产数字化保护中拥有重要地位。该技术利用运动捕捉对“狮子舞”本身涉及的各项动作和所有的音频进行了数字化处理，之后为这一项目提供三维数字化保护。在日本，大佛数字化项目主要利用三维扫描技术来创建大佛的数字化模型，并对大佛主殿进行虚拟重建。在意大利，为了进一步强化不同的非物质文化遗产资源的信息交流，选择进行互联网文化遗产的建设，之后对国内的所有图书馆、档案馆的馆藏与各机构的数字文化资源进行整合，使得所有人都能够在网络中更为方便地获取自己所需的所有与非物质文化遗产相关的信息。

法国在通过数字化手段对非物质文化遗产进行保护的过程中，国家图书馆起到了至关重要的作用。20 世纪末期，法国的国家图书馆就已经开展了一个数字图书馆项目，叫作“加力卡”（Gallica）。最开始，该项目主要侧重于馆藏文献的数字化和计算机检索。到了

2003年，该项目已经收录了关于查理五世（Charles V）的，包括14世纪法国古籍在内的许多图片与文字信息，还收录了从中世纪到第一次世界大战时期的众多文献资料、静态影像等。之后，法国国家图书馆与美国谷歌公司（Google Inc.）携手对Gallica进行了升级，并推出了Gallica2，在其中增添了众多新的功能选项。并在此过程中，对20世纪已经退出市场但受到版权保护的50万本图书进行了数字化处理。法国还对非物质文化遗产的开发模式进行了一定程度上的创新，并构建了一套交互式统一的数字平台，促进了非物质文化遗产的数字化保护工作的开展。随着时间的推移，Gallica2逐渐积累了大量的数字化资源，这些日益增多的非物质文化遗产数字资源涵盖了世界上诸多国家的文化遗产信息，构建了一个独特的国际非物质文化遗产资源库。

美国在使用数字化技术手段对非物质文化遗产开展保护和传承工作时，进行了诸多有价值的尝试，在这些尝试中，最具代表性的一个就是“故事团”（StoryCorps）口述史项目，我国可以研究并借鉴这些项目中运用的手段与获得的经验。值得注意的是，在这一项目中，工作人员对于各种谈话内容的记录主要依靠移动车辆或固定的录音屋，通常为40分钟。只有在获得录音信息提供者的同意之后，所有有价值的谈话内容才会被美国国会图书馆的“美国民俗中心”收录，通过录音记录历史的方式，后人能够更为全面地了解各种历史信息。在2014年之前，StoryCorps想要收录各种信息，大多数情况下会使用线下录音车和录音屋，这种方式不但效率不高，而且运营压力也比较大。2014年，该项目的创始人荣获了高达百万美元的大奖，他的关注群体也开始显著增加。因此，他们开始利用移动端应用程序（App）来提供在线录音服务。2015年，StoryCorps应用被正式推出，允许用户根据自己的需求在任何时间和地点记录分享的内容，并根据需要生成对应的文件，以便用户能够方便地进行存储。StoryCorps的移动端使其业务实现了迅速的增长，仅仅在几年的时间里，它已经能够为美国的50个州提供相应的服务，并且支持超过80种不同的语言。StoryCorps在应用上极为简便，涵盖了项目概述与使用技巧、访谈创建及编辑共享等部分。对于使用者来说，不仅能够在注册账号之后使用，也能够直接作为游客登录，登录之后就能够在指引下进行录音操作，并在处理完成后完成作品的提交与分享。StoryCorps在对非物质文化遗产进行保护的过程中，采用了一种新颖的传承方式，它利用声音来记录历史，这不仅为后代留下了宝贵的精神遗产，还为非物质文化遗产的数字化保护和传承提供了有效支持，这种方法也十分契合现如今的时代发展需求。

2. 关注立法

在 1950 年，日本制定了《文化财保护法》，这是世界上首次有国家提出无形文化财（非物质文化遗产）这一概念。值得注意的是，这部法律的主要内容是全面而系统地保护文化遗产。1966 年发布了《国立剧场法》，1974 年推出了《传统工艺品产业振兴法》，1992 年发布了《关于利用地域传统艺能等资源、实施各种活动以振兴观光产业及特定地域工商业之法律》，2001 年发布了《文化艺术振兴基本法》，在一定程度上有效地扩大了非物质文化遗产的利用范围，在 2006 年又发布了《观光立国推进基本法》等。值得注意的是，以上所列举与未曾列举的诸多法律法规在很大程度上有效地制定了关于利用非物质文化遗产的相对合理的制度框架，之后又逐渐构建出了一套较为全面的文化法律和政策体系。

1962 年，韩国正式发布了《文化财保护法》。这部法律主要针对有形和无形的文化财，以及各类纪念物与民俗遗产等进行了全面的保护，并加以合理的规范，这一法律的落地标志着韩国文化遗产保护工作的正式启动。随着时间的推移，韩国关于非物质文化遗产的相关保护措施也开始建立起成熟的体系。

法国是全球首个为历史文化遗产保护立法的国家，这部法律叫作《历史性建筑法案》，深刻彰显了法国在文化遗产法律保护方面的显著进步。

3. 重视传承主体

日本率先提出了“人间国宝”的概念，旨在保护非物质文化遗产的传承者，并基于对这些传承者的持续保护来确保非物质文化遗产的完整性不被破坏。一般而言，在对非物质文化遗产的传承者进行判定时，主要会通过三种手段，分别为“个别认定”“综合认定”和“团体认定”。对于相关传承者来说，被日本政府正式认定为“人间国宝”之后，国家会专门拨出资金来资助这些人学习相关技术、培育传承者，并提高他们的生活质量和改善工作条件。日本的“人间国宝”制度在很大程度上推动了其传统文化的继承和发展。

1964 年，韩国启动了“人间国宝”项目，为传承者授予“人间国宝”的荣誉称号，在每年专门设立资金来加强培养这些传承者的专业技能，并对这些传承者应当承担的责任加以明确。为了有效促进该项目的良性运转，韩国政府将利用指派的手段，更好地吸引和接纳传承者，简单来说，就是为这些人提供“编制”，政府还将提供资金支持，以为传承者营造一个更优质的传承环境。

在法国，对于非物质文化遗产的传承者，主要的管理策略是为他们减免税务，并给予他们相应的经济补助或其他形式的奖励。

4. 重视民间运动和民间团体

以本国民众为中心的社会行动让日本的每一个公民都有了保护非物质文化遗产的意识，这也在很大程度上有效强化了日本公民对自己国家的非物质文化遗产的尊重与实际的保护措施。日本曾经在农村地区发起了一项名为“一村一品运动”（造乡运动）的活动，该活动的目的旨在全方位地挖掘、保护和发展民间手工艺文化。日本通过开展造乡运动，成功地保留了其乡土文化独特的艺术吸引力和人文内涵。在此过程中，众多的小镇开始了一场由当地居民参与的街道建设活动，其主要目的是保护城市的环境，包括对历史街区的保护和维护，以及对地方的文化历史和街区景观进行保护。在此活动的推动下，多个区域逐渐展现出优质的景观，变成了一个备受欢迎的观光地。20 世纪末期，对于传统文化的保护已经得到了众多日本民众的认可，各类进行非物质文化遗产保护和传承的组织层出不穷，总的来说，日本社区居民已经开始自觉地对各种文化遗产进行保护。

意大利成立了如目录和档案材料中央学会、图书修补中央学会等机构，以实现非物质文化遗产信息的广泛共享。

5. 产业化经营方式：提高传播力和影响力

韩国在保护非物质文化遗产方面，高度依赖于商业宣传和旅游业。无论是面具、戏服、玩偶，还是文化财或无形文化财，相关的书籍和刊物在很多地方都可以被销售。另外，无论是韩国地铁站的广告牌、外国游客服务中心，还是韩国香烟的包装盒，广泛存在关于韩国非物质文化遗产的宣传。韩国关于非物质文化遗产的表演常常会出现在各大宾馆中，主要是为外国游客提供表演。除此之外，韩国境内的各种文化财和无形文化财的传承人常常会在电视上进行表演，并且他们会有相应的出场费。还需要注意的是，韩国为了进一步推动旅游业的发展，会高度关注开发非物质文化遗产，并对其加以利用，在此过程中，也常常会利用现代化观光旅游的手段来进一步推动非物质文化遗产保护工作的开展，这便是韩国旅游文化产业发展的核心目标。丰富多彩的物质文化遗产和非物质文化遗产构成了吸引游客的关键旅游资产。韩国高度重视旅游目的地的挑选，首先，韩国人成功地将民俗村的各种活动组织得生动有趣，从而让民俗村变成了一个广受赞誉的旅游胜地。例如，在首尔南部有一个古老的民俗村落，当旅游者走进这个民俗村，就会在村子的入口处看到用韩、中、英、日四种语言编写的介绍信息。当游客走进这个村子，会目睹朝鲜王朝时代人们的日常生活与祭祀活动，也可以欣赏各类建筑。韩国已经将宗庙的祭祀仪式列为第五十五号重要无形文化财；在祭祀活动中所表演的音乐被韩国认定为第一号重要无形文化财。韩国民俗村的组织者及旅游部门的负责人常常会在每年的春天和秋天采取各种手段来吸引外国游客来此参观，还会邀请韩国的国家级表演团队展示韩国的传统文化，以便激发游客的游览兴趣。

韩国对非物质文化遗产的开发和应用不仅推动了韩国的经济增长，还显著促进了非物质文化遗产的传播，并扩大了其影响力，但过度和盲目的商业开发将会使非物质文化遗产的质量出现下降的趋势，进而扭曲其真正的内涵和价值。实际上，韩国非物质文化遗产的商业化进程已经激起了公众的担忧，这种商品化导致非物质文化遗产逐渐规模化和模式化，同时表演艺术也被商品化，使之逐渐丧失了其传统文化的深层含义。对于韩国的众多国家级文化遗产的表演者来说，为了确保游客能够被吸引，每天都要在有需要的时候忙碌于不同的演出，如韩国的农乐乐团在一天内甚至会隔一个小时进行一次演出。随着时间的推移，韩国的非物质文化遗产演出逐渐变成了纯粹的商业表演，韩国人十分担忧，韩国的传统文化演出可能会丧失其固有的文化价值和根本意义。

6. 重视宣传教育

以日本文化为例进行介绍。首先，日本常常会利用其丰富的民俗庆典活动来推广和保护非物质文化遗产。日本的各个地区都有其独特的民俗庆典活动，这些活动会在一年中的不同时间举办，其主要目的是让传统文化得到公众的关注。其次，日本的学校教育十分关注民族传统文化的教学，最终构建了一个由政策导向、全民关注、学校教育和儿童主动参与组成的立体式教育模式，其中对少年儿童的培养是最为关键的内容，而儿童的参与也被特别强调和重视。除此之外，日本也高度重视传统媒体和新媒体在文化遗产宣传方面的作用，其目的是让更多的人能够通过多种方式对日本的传统文化有一个深入认识与理解，从而在大众中营造出浓厚的文化氛围。

第二节　非物质文化遗产传承与保护的基本思路

在 21 世纪初的非物质文化遗产保护热潮中，不单是民俗学面临着思路与出路问题，整个非物质文化遗产事业的推进同样面临着思路与出路问题。思路决定出路，有什么样的思路，就会找到什么样的出路，而要开创一条充满生机和活力的出路，就需要以独具一格、与时俱进的保护理念和思路做引领。

非物质文化遗产的保护和传承是一项全面而系统的任务。为了更有效地传播和发展非物质文化遗产，使有效促进非物质文化遗产的整体效果和作用得到一定程度的增强，我们需要基于科学的保护原则，进一步完善与优化保护工作，从各个方面提高保护效果。需要注意的是，只有严格基于科学合理的思路开展非物质文化遗产的保护和传承工作，我们才可以更有效地强化其保护效果。

一、政府主导、社会参与

一般而言，对非物质文化遗产进行保护和传承工作属于一个长期且系统性的任务，在此过程中，应当做到全方位实施和相关指令的高效执行，由此我们才可以真正提高非物质文化遗产的传播成效，并进一步提高其发展水平。总的来说，要想全方位地提高非物质文化遗产的保护和传承效果，政府相关部门需要加强对其的保护措施，特别是在实际操作的过程中，必须确保政府部门能够扮演主导角色。保护和传承非物质文化遗产是一个系统性工程，需要确保各项工作始终坚持科学合理的原则，除了依赖政府部门的核心支持，还需要整合社会各方的参与力量，以成功构建一个全面的、系统的社会参与环境，从而更有效地确保社会参与的全面性。

二、明确职责、形成合力

在对非物质文化遗产进行保护和传承时，要想更有效地提高保护效果，我们应该对管理职责进行一定程度的优化，最终形成管理合力，从而确保非物质文化遗产能够获得更好的保护和传承。我们需要明确的一点是，保护和传承非物质文化遗产是一个系统性、全面性的任务，它需要多方面的合作，并在合作的基础上建立一个综合性的管理体系，由此我们才可以进一步增强管理效果。所以说，在保护非物质文化遗产的过程中，我们需要整合不同的参与部门，明确他们各自的工作内容，对各项资源进行统筹规划与管理分配，以期最大化地提高管理工作效率。在此过程中，我们还需要从多个角度共同努力，逐步形成管理合力，从而确保资源不被无谓地浪费或无法得到合理使用。

三、长远规划、分步实施

在实际操作中，我们需要基于长期发展的视角，努力寻求更为丰硕的发展成果。因此，我们需要从长期发展的角度出发，深入而全面地对非物质文化遗产的保护工作进行策略规划，整合资源，以便制定出明确的保护和传承策略，使保护和传承工作能科学合理且全面地实施。另外，需要注意的是，我们在保护非物质文化遗产之前，需要制订清晰的保护计划，并对各个操作步骤进行细致的规划，这样才能充分增强保护工作的效果。

四、点面结合，讲求实效

要想更为有效地对非物质文化遗产的保护和传承工作进行整体效果的强化，我们应该采取点面结合的保护策略，确保保护和传承效果得到显著增强。值得注意的是，点面结合意味着在开展非物质文化遗产的保护和传承工作时，我们不仅要对其进行深入探索与合理开发，还需要重点关注其时代特征的展现。除此之外，我们还需要努力营造一个科学的文化氛围，构建一个高效的工作环境，从而增强非物质文化遗产的保护和传承效果。

五、普查与保护同步推进

主动完善工作机制，加大培训力度，加强基层普查队伍建设。地方政府可以尝试每年定期举办非物质文化遗产普查、保护工作培训班，以基层文化干部专业技术继续教育培训班为平台，邀请省、市级专家授课并进行非物质文化遗产普查工作培训，培养一批非物质文化遗产基层专业工作人员和骨干；充分发挥乡镇文化站人员和“三老”（老干部、老教师、老艺人）的作用，按照“三不漏”（不漏线索、不漏村镇、不漏门类）的要求，各县（区）及乡镇可以成立普查工作领导小组，建立县、乡镇级普查网络，聘请老干部、老教师、老艺人等担任义务普查员，走村串户进行访问调查，收集第一手普查资料并建立比较完善的非物质文化遗产资源和项目档案。

六、加强对传承人的保护与培养

传承人是实现非物质文化遗产传播的核心，他们是各种传统与文化形式的象征。许多传承人年纪较大或社交能力有限，他们往往位于社会的底层，因此在非物质文化遗产的文化传承中，他们经常是最易受到伤害和最需要保护的。我们可以采取政府津贴或补贴的方式资助传承人，以命名的方式吸引传承人，以完善的政策措施保护传承人。可以采取的措施包括：第一，采用多渠道、多形式、多途径的立体化人才培养架构，拓宽人才培养渠道。充分发挥社区、中小学、高等院校的主渠道作用，注重专业人才的培养。积极与高校合作，开设非物质文化遗产必修课或选修课，将民间艺术列入大学综合素质课程；在中小学各个学段开设有关非物质文化遗产内容的课程。第二，培养孩子对民族文化的认同感，努力培养和造就新一代非物质文化遗产传承人，促使他们健康成长，确保优秀的非物质文化遗产在祖国现代化建设中发挥应有的作用。第三，举办非物质文化遗产培训班等，传承民间手工技艺，免费向群众开放非物质文化遗产展览厅及剪纸展室等场所，这样做既能扩大非物质文化遗产的宣传范围，又能提高人们保护民族民间文化的意识。

七、加入当代设计元素，焕发生机和活力

身为民间艺术的实践者和传承者，要想有效促进非物质文化遗产顺应时代的发展，并长时间保有活力，我们需要勇敢地将流行的元素与古老的非物质文化遗产进行融合，使其重新焕发生机。

云锦作为南京独有的文化，代表了中国织造技艺的最高水平，也是中国的非物质文化遗产之一（见图 2-1）。南京云锦信息可视化设计主要采用南京云锦的织造技术作为信息框架，并以可视化的图形信息作为主要的展示方式，详细介绍了南京云锦文化各个方面的信息；以南京云锦的主要织造工具——大花楼提花机为出发点，首先介绍了其各个部分的基本工作原理和织造流程，其次进一步探讨了其他相关的细节内容，旨在探索将云锦的传统织造技术以最易于被大众理解的视觉信息图形的形式展现出来。值得注意的是，虽然让传统的非物质文化遗产重新焕发活力具有一定的挑战性，但只要能够确保非物质文化遗产的保护工作始终向前推进，使更多珍贵的非物质文化遗产能够重新被大众认识，并激发人们的关注热情，是完全可行的。

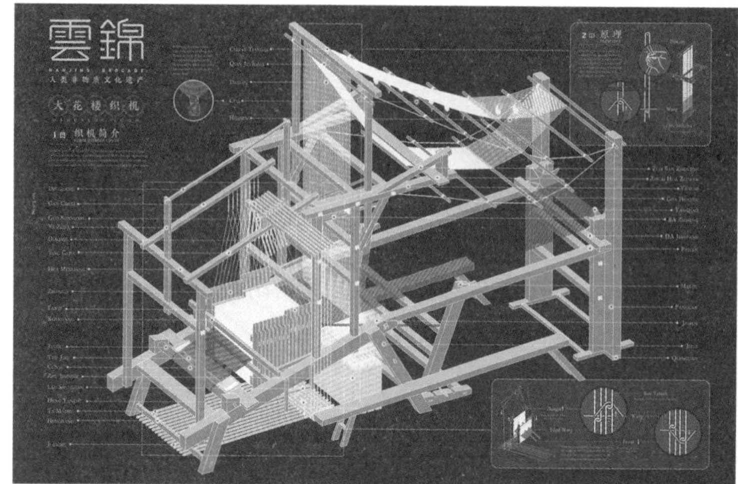

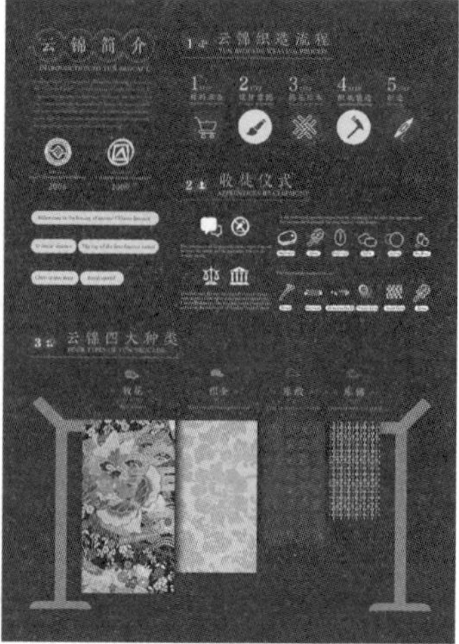

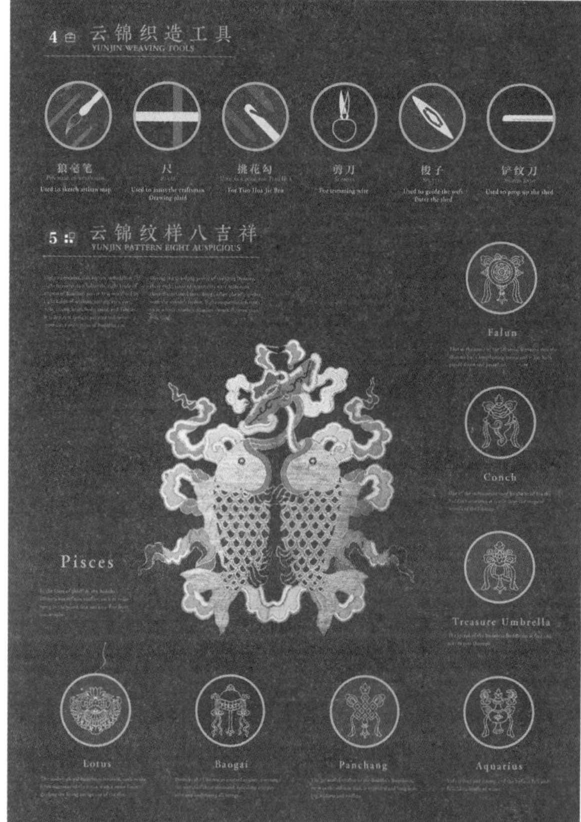

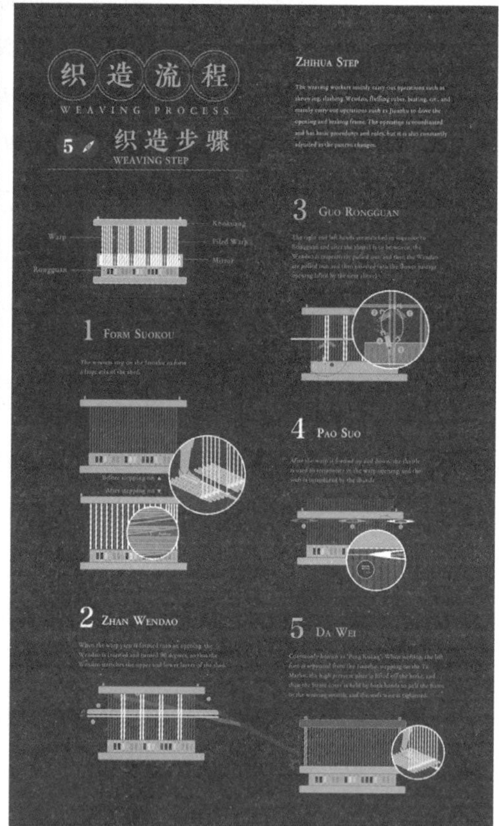

图 2-1　南京云锦信息可视化设计 -Infographic Design of Nanjing Brocade
（图片来源：https://www.behance.net/gallery/84601663/-Nanjing-Brocade）

南京云锦织造技艺是世界级非物质文化遗产，至今已有 1500 多年历史。陈之佛先生在传统工艺图案与现代图案设计中汲取新知识，为云锦的抢救、保护和发展作出了巨大贡献。作品《骼缎》（见图 2-2）从陈之佛图案骨式的研究出发，探究骨骼生成法则，采用图

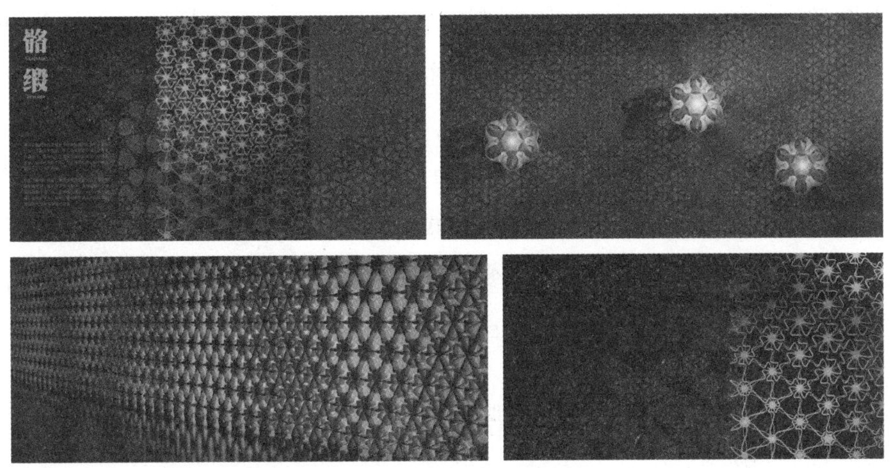

图 2-2 非遗数字化作品《骼缎》

（图片来源：https://www.xiaohongshu.com/user/profile/5eb659a900000000010078f5）

案单元变体、重组建构、参数化设计等手段，将云锦艺术立体化，开展以屏风、隔断、壁纸和灯具为产品载体的系列现代空间陈设设计实验。

八、突出地域特色，打造品牌

在实施具有明确主题和多种形式的非物质文化遗产的普查和保护宣传工作后，我们能够创造出一个鼓励全社会积极参与普查的环境。例如，合肥市以“文化和自然遗产日”为契机，每年都在明教寺、包公祠、李府、三国新城遗址等旅游景点安排一系列图文声像的宣传活动；同时，为了动态地加强对非物质文化遗产的保护，合肥市通过各种方式和途径展示非物质文化遗产项目，积极推荐传承人到各地表演，如选送国家级非物质文化遗产项目“纸笺加工技艺”传承人刘靖、“火笔画”传承人刘凯赴澳门地区参加“浓墨艳彩展风华——安徽省、河北省春节习俗展”，将当地最具地域特色和代表性的非物质文化遗产项目通过现场技艺展示的方式，向澳门地区的民众展现。

各个地区能够根据自身的实际情况，建设可以深刻体现本地特色的非物质文化遗产生态环境，以及生态空间与保护区，从而更好地宣传当地的特色。下面笔者以河北省的吴桥县为例进行介绍，吴桥县因杂技表演而声名远播，因此当地政府充分发挥这一优势，开始宣传当地为“中国杂技之乡”，并成功举办了规模庞大的中国吴桥国际杂技艺术节。值得注意的是，这一活动始于 1987 年，每隔两年举办一次，经过 30 多年的沉淀与发展，久负盛名。吴桥县政府已经将吴桥县视为一个充满非物质文化遗产魅力的地方，该县的杂技文化已经深刻地与当地居民的日常生活和城市规划进行了有机结合，如当地的各种交通标志和基础设施中都存在杂技的元素。但更为突出的是，当地的旅游服务业因此取得了巨大的成功，整个县都充满了杂技的魅力。中国吴桥国际杂技艺术节、法国巴黎“明日与未来”国际马戏节和摩纳哥蒙特卡洛国际马戏节一同被誉为全球三大杂技竞技赛场。目前，杂技作为一种非物质文化遗产，彻底变成了吴桥县最引人瞩目的标识，同时也是世界范围内的重要标志。

九、重视硬件建设，搭建信息传播平台

研究数字化的保护策略，突破非物质文化遗产保护的时间和空间束缚。非物质文化遗产代表了一种充满活力的文化，它蕴含了原始的文化基因。借助信息的互动交流，我们可以深入挖掘非物质文化遗产资源的文化含义，并分析其文化价值，满足非物质文化遗产更加深入的开发需求。通过数字化展示的手段，大众可以更深刻地认识到非物质文化遗产所代表的该民族独特的历史文化进程，这有助于拓宽人们的视野并丰富其知识储备。

第三节　非物质文化遗产传承与保护的标准体系与核心价值

一、非物质文化遗产传承与保护的标准

非物质文化遗产能够直接反映一个国家和人民对自身的认同及被世界认同的程度，但是想要更好地将对非物质文化遗产的保护变为现实，并且产生良好的效果，绝不是可以轻易实现的。如果在发展过程中不能采取科学且有规划的可持续保护措施，反而会导致非物质文化遗产的保护出现问题，甚至损坏我国千百年来的文化瑰宝，因此在保护非物质文化遗产的过程中，需要遵循一些科学的标准原则。

（一）整体性保护

对非物质文化遗产进行维护和应用是一项综合性的工作，这项工作涉及范围广泛、工作难度较高且影响较大，并且其中的规划与应用尤为关键，如果盲目地对非物质文化遗产进行保护，很容易造成不良后果。因此，为了能够更好地保护非物质文化遗产，需要坚持整体性的原则。

需要明确的一点是，世界中存在的所有事物必须基于特定的环境条件生成，非物质文化遗产也不例外，若是与实际的环境保护措施脱节，那么它们将失去其存在的意义。因此，各个地区应根据其独特的地理分布情况制定合适的保护策略，并确定自己的保护目标，从而构建一个充分结合点与面的非物质文化遗产保护体系。同时，建立一个保护机制，遵循整体性和系统性的原则，利用持续的渗透和合理的布局对管理进行充分强化，最终制定出有着具体应用价值的保护策略，并解决因盲目和局限性造成的非物质文化遗产保护难题。

（二）政府主导，多方参与

政府需要在非物质文化遗产保护方面扮演主导性的角色。与此同时，在这一过程中，社会各领域都需要发挥自身作用，以有效促进非物质文化遗产的保护工作发展。

1. 非物质文化遗产保护的主导力量——政府

对非物质文化遗产加以重点保护是文化领域的核心工作，政府机关需要始终坚持明智的决策。对于政府而言，行政权力具有一定的约束力与强制性，由此能够在非物质文化遗产的保护过程中充分发挥作用，从而构建出健全且能够得到落实的政策法律，确保相关保护工作可以顺利开展。

非物质文化遗产的保护和传承工作，虽然主体是大众，但是政府的意志会给大众造成巨大的影响，这种影响能够符合人们自身的意识及民俗文化的发展，也可能不完全符合甚至相反，如果符合是通过正向有效的管理而产生催化作用，反之就会造成一些负面影响。

2. 非物质文化遗产保护的理论载体——学术界

在保护非物质文化遗产的过程中，学术界并没有直接参与，而是通过文字及其他方式，对文化传承作出贡献。学术界细致入微的研究能够从理论的方面告诉我们，如何对非物质文化遗产进行保护。在大部分时间，由于多种复杂因素的影响，历史悠久的非物质文化遗产正处于消失的边缘，在这一背景下，大部分人并没有正确认识到非物质文化遗产的真正价值，学术界的影响力也因此显得尤为突出。

3. 非物质文化遗产保护的重要传播载体——新闻媒体

在社会不断发展的过程中，新闻媒体在各类信息的传递中发挥了不可或缺的作用。特别是在互联网迅猛发展的背景下，互联网所带来的影响正在稳步增长。通过对国内外对非物质文化遗产保护的实践情况进行细致分析，我们可以确定的是，唯有借助新闻媒体的广泛传播，非物质文化遗产的保护才可以更深刻地触动人们的心灵。然而，若新闻媒体在对非物质文化遗产保护进行宣传时没有细致了解非物质文化遗产，可能会出现报道错误或是过度宣传等问题，最终使得民众对非物质文化遗产保护产生厌恶情绪，进而影响保护工作的顺利开展。所以对于新闻媒体来说，明确如何积极发挥自身作用极为关键。

4. 拓宽非物质文化遗产保护的资金来源

不论是哪种类型的工作，要想顺利推进都离不开资金，同样地，保护非物质文化遗产这项工作也十分依赖政府持续性的资金支持。然而，鉴于我国拥有大量的非物质文化遗产，仅仅依赖政府的财政支持进行工作并不现实。由此，我国有必要进一步拓宽投资渠道，以使各领域的民间资本都能够参与非物质文化遗产的保护工作。

从投资视角来看，政府的投资和民间的投资存在明显的差异。政府在进行投资时，通常更多地关注社会进步和可持续发展，而不是追求利润。民间资本的投资更多是为了盈利。为了鼓励民间资本积极参与保护非物质文化遗产工作，需要确保民间资本在政策、税收等方面都能享受到相应的优惠措施，这样才可以有效地激发民间资本的投资热情。

（三）以人为本

在进行非物质文化遗产保护时，必须始终坚持以人为中心，这样才可以充分展现我国优秀的民族文化，进而确保其得到妥善保护。

1. 满足民众的各种物质文化需求

在保护非物质文化遗产时，我们必须坚守“以人为本”的核心理念，并保证广大人民群众的物质和文化需求都能够得到满足，这样做能够激发人们在保护非物质文化遗产方面的热情。与此同时，我们还需要积极调研并分析公众对非物质文化遗产保护的反馈，确保各方的利益都得到妥善考虑。在此过程中，只有在社会中营造出一个具有正向影响力的保护氛围，使人们切实感知非物质文化遗产所具备的价值，以及非物质文化遗产是与他们的日常生活紧密相连的，才能确保人们自发开展保护活动。

2. 对非物质文化遗产传承人实施全方位保护

值得注意的是，非物质文化遗产最显著的特征是其非物质性质。这种遗产通常以技术和知识的方式被传承人掌握。所以，我们有必要重点保护非物质文化遗产的传承人，使其能够确保非物质文化遗产的存在与传承。另外，我们还需要持续地激励文化传承人积极收徒并教授其技艺，以确保非物质文化遗产能得到有序传承和创新发展，从而确保非物质文化遗产不会因为时代的发展而逐渐消失。总的来说，在保护非物质文化遗产的过程中，最为关键的任务便是确保传承人得到有效保护。

（四）濒危遗产优先重点保护

国家对非物质文化遗产进行保护，其本质上是对自身在漫长的发展历程中所留存的，有着一定的历史和艺术价值的文化进行保护。需要格外关注的一点是，因为我国拥有众多的非物质文化遗产，而且其传承状况各不相同，所以需要根据其重要性和紧迫性有序地进行保护。需要对那些处于濒危状态的非物质文化遗产进行及时的保护与传承，以防止其消失。

我们在进行非物质文化遗产的保护时，需要坚守濒危性这一核心原则。对于传承人身体情况堪忧、传承难度大的非物质文化遗产要特别关注和保护。

（五）逐步规划，循序渐进

我国幅员辽阔，非物质文化遗产在我国的许多地方都有分布。在进行非物质文化遗产的长期保护时，我们常常会面临众多挑战，其中包括内容复杂、需要大量的资金支持、覆盖范围大等问题。所以，我们要树立长远目标，一步一个脚印地有序推进非物质文化遗产的保护工作。

保护非物质文化遗产不仅是为了子孙后代的福祉，也是为了推动社会持续发展，而这就要求我们必须持续努力。为了确保长期和短期工作在目标上的一致性，我们应制定详细的规划，并逐步推进。在实践过程中，我们需要将设定的长期目标划分成不同阶段的短期目标，按部就班地实现各短期目标之后，逐步完成保护非物质文化遗产的最终目标。

（六）具体问题具体分析

在非物质文化遗产保护工作席卷全球的过程中，许多本已经消失于人们视野的非物质文化遗产又开始焕发生机。因此，多个国家和地区都在积极推进非物质文化遗产的保护工作。鉴于我国的非物质文化遗产在形态与风格上较为多样化，因此我们在保护非物质文化遗产时，必须深入分析遇到的具体问题，确保保护措施具有针对性。

1. 根据本地区的政治经济发展状况开展保护工作

非物质文化遗产呈现出明显的地域性特点，因此在制定非物质文化遗产的保护措施时，应根据该地区的具体政治和经济发展状况来作出决策，而不是仅仅依赖其他国家或地区的经验来制订保护方案。在进行项目规划时，也需要考虑到当地的经济状况，以科学的方式开展保护，避免对项目进行无具体目的的开发和应用。

2. 根据不同地区、不同民族文化开展保护工作

非物质文化遗产的内在性质使其成功展现出了一个显著的特点，即多元化。对于人类来说，非物质文化遗产是自身发展历程中不断积累的精神财富，它深刻展现了因地域、环境的不同以及有着民族文化差异的人们的信仰及其演变历程。因此，为了更好保护各种非物质文化遗产，就需要提前了解当地的各方面情况，并基于实际情况，详细分析具体的问题并制定相应的措施，以便进行合理开发和保护。

二、非物质文化遗产的核心价值

非物质文化遗产是人类在发展过程中逐渐创造出的美，并且是人类生存的必需品，人们的生活离不开非物质文化遗产，但是实际上，人们对它的了解仍存在局限性。在人类的认知中，非物质文化遗产具有不可忽视的价值和意义。

（一）社会和谐价值

非物质文化遗产不仅蕴含着深厚的历史意义，还在一定程度上为文化价值注入了新的活力，这正是其所展现出的最核心的价值。非物质文化遗产深刻展现了一个民族的文化特征，并进一步揭示了该民族文化的具体演变历程，这能够使后人更深入地认识本民族的历史文化。在时代的发展过程中，人与人之间建立了更为密切的交流，进而使不同的文化观念进行了一定程度上的融合。非物质文化遗产具有显著的文化价值，其中社会和谐价值是非物质文化遗产价值的一种体现。非物质文化遗产的社会和谐价值主要体现在以下三个方面。

首先，人类是一种群居的社会化生物，为了融入社会，每个人都需要进行社会化训练。在此过程中，人类个体需要不断学习并接受族群文化，充分认同社会的实际价值。由此可以确保充满生机与活力的非物质文化遗产能够得到社会的广泛接受，并持续推动社会的进步，也能够进一步强化各民族之间的团结和相互的认同。

其次，在当前社会环境下，人们对个人价值和利益的追求越来越极端，导致人们对于道德修养重视程度降低，破坏了社会的和谐。我们有必要积极地弘扬传统的道德价值观，同时也要激励人们培养优良的道德品质。非物质文化遗产中蕴含了大量的道德伦理，所以在对非物质文化遗产进行保护和传承的过程中，我们有必要重视道德伦理观念的培养，以便有效地弘扬传统道德观。

最后，国际的文化交流有助于文化的持续进步与多样化发展，这对非物质文化遗产也同样适用。我们有必要持续强化非物质文化遗产在国际交流中的作用，在与相关机构进行合作的过程中更好地保护非物质文化遗产，同时也要坚持推动非物质文化遗产的持续发展和地区的和谐稳定。

（二）经济价值

在市场经济背景下，经济开发不仅是对非物质文化遗产价值的具体展现，同时也是对非物质文化遗产的实际应用。非物质文化遗产主要的经济价值通过以下两个方面进行具体展现。

首先，经济开发可以促进非物质文化遗产所在地的经济增长，从而增加其财政收入。在资金充裕的前提下，当地能够进一步加强对非物质文化遗产的保护，也能够进一步改善传承人的生活条件，方便其坚持对非物质文化遗产的保护与传承。

其次，丰富的民族文化遗产和传统文化资源有助于推动非物质文化遗产发展为我国文化优势。例如，在非物质文化遗产中，某些民间文化元素被视为非常宝贵的旅游资产。以我国裕固族女性的服装为例，在合理地开发其服装资源之后，不仅更加方便其文化的传承，同时也能带来较大的经济收益。其一，让不同年龄的裕固族服装模特穿着民族服饰，以展示民族服饰的魅力。其二，把这些具有民族服饰特征的服装及装饰品做成工艺品和小饰品出售，能够有效地促进当地的经济发展。更重要的是，这种方式能够有效地推动当地的传统文化发扬光大，这个是一个通过对非物质文化遗产进行开发，使非物质文化遗产带来经济效益，从而得到了推广和传承的成功案例。总之，在对非物质文化遗产的原生态进行保护的过程中，还要具有一定的经济意识，以发展的眼光去看待文化内容。对有自身特色且有发展经济化切入点的传统民族文化内容要不断开发，拓展市场，利用具有优势的文化资源使其不断发展。

我国是一个历史悠久的统一的多民族国家，因此各个地区需要根据自身的实际情况，对一些非物质文化遗产加以利用，大力开发旅游业，促进旅游业的发展，最终实现社会效益与经济效益双重发展。例如，近些年来，我国十分流行西藏游、新疆游等，这些旅游项目的成功不仅依赖于人们对该地区的期待，还得益于当地独有的非物质文化遗产，这些遗产都是吸引游客的重要因素。此外，一些只属于少数民族的节日，如傣族泼水节和彝族火把节等，在当地媒体的积极推广和旅游业的不断壮大下，已经变成了大众非常熟知的传统节日，吸引了越来越多的人去当地旅游探访。通过将非物质文化遗产和当地的旅游业相结合，能够有效地提升当地的非物质文化遗产的经济价值，并且能够帮助当地的旅游业更好地发展，促进当地整体综合实力不断提升。

（三）历史传承价值

对于非物质文化遗产而言，其本身所蕴含的最为关键的价值是历史传承价值。对过去的灿烂历史进行传承的非物质文化遗产是人类历史文化的结晶，具有十分重要的历史价值，能够帮助人们更好地认识、了解历史。非物质文化遗产在历史传承方面的价值主要体现在以下两个方面。

首先，从根本上说，非物质文化遗产是一个个体或者群体创造出来的，面向社会不断流传下来的瑰宝，并且反映出了某一时期人们的期望，是对某一时期的社会形态及人们思想的表达。因此，非物质文化遗产能够较好地反映出人们的集体生活，并且能够使现代人掌握前人的文化成果，所以具有无法替代的历史价值。更重要的是，非物质文化遗产是对活态历史文化价值的体现，能够对“正史”中的不足或者遗漏问题进行补充，帮助人们更加全面地接近历史文化、认识历史文化。

现今社会，正面临着多元文化不断侵入。例如，20 世纪 70 年代，世界上的通用语言有 8000 多种，现今只存有 6000 多种，一些民族语言文化正随着当前互联网的高速发展而逐步消失。这也进一步强调了，我们需要重视非物质文化遗产的历史传承价值，积极促进文化多样性发展。

其次，非物质文化遗产所蕴含的民族精神，是在人们长时间的生产、生活实践中逐渐确立的民族精神。这些精神是我国的民族文化精华，涵盖了文化观念、民族价值观等方面，它们是我国民族发展的关键因素。我们要不断确保民族特征及精神能够一代代传承下去，这是每一个民族面临的不可避免的问题。而我们想要更好地对非物质文化遗产进行保护，便要运用各种载体使民族精神能够传播到每一个人的心中，不断加深人们对民族精神的认知，最终造就出一个具有崇高民族精神的伟大民族。

如果从历史的视角来看，非物质文化遗产代表了我国历史进程中各个时期的精髓，并完整地展现了特定地区的文化。通过对非物质文化遗产的继承和深入研究，我们能够对历史文化有一个更为真实的完整认识。

（四）审美价值

非物质文化遗产广泛地存在于各种艺术表演和手工制品中，它们不仅具有一定的美学和艺术价值，也能够更方便人们进行艺术审美的研究。在对非物质文化遗产进行深入研究的过程中，我们可以更好地了解一个特定地区或民族的真实状况，同时也可以深入了解其艺术创造能力，这对于美学研究有着重要的意义。一般而言，非物质文化遗产的价值体系所展现的实际价值取向将会被艺术审美的价值影响。非物质文化遗产的审美价值主要体现在以下两个方面。

首先，在非物质文化遗产中，存在着众多令人震撼的艺术形式，尤其是那些独一无二的艺术手法和表现形式。通过对这些非物质文化遗产的深入了解，我们能够对历史有更全面的认识，同时也能够深入了解当时人们在思想、情感和艺术创作等方面的独特表现。例如，广西壮族自治区河池市宜州区被认为是歌仙刘三姐这一形象的诞生地，当地人民至今还在以歌唱形式开展艺术活动，无论是老人还是小孩，每个人都会唱歌并且唱的歌曲还十分具有意境美。他们世代传唱的歌曲是对身边人或者事物的描述，也是对社会变迁及时代特征的表达，在他们的歌声中，我们可以深切地体验到新时代的人文风情和当前非物质文化遗产的存在意义。现阶段这一地区开始发展旅游业，游客可以学习唱山歌，一路边歌唱边旅游。

其次，非物质文化遗产蕴含了丰富的文化艺术创作素材，有效促进了当前文化创作的创新，催生了许多杰出的文艺作品。当今，众多新颖的文艺创作形式都在很大程度上重新塑造了非物质文化遗产。这些作品不仅在口头文学、民间文学等方面展现了其审美价值，在民间的风俗、文化和服饰等方面也有一定的体现。

（五）科学认识价值

非物质文化遗产本身所蕴含的科学认识价值主要体现在以下两个方面。

首先，非物质文化遗产是随着历史的发展而产生的，它可以在一定程度上直接展现历史上各阶段的具体发展情况及当时人们的创造能力与认知水平等。尽管各民族的非物质文化遗产中可能包含一些与现代价值观相悖的元素，但因为这些遗产保留了当时人们的思维情况、社会的发展水平等，所以如今仍然能够展现出一定的科学认识价值。

其次，在非物质文化遗产中，科学认识价值也涵盖了其本身所拥有的各类科学元素。例如，在我国的内蒙古地区，存在着一系列传承至今的非物质文化遗产，包括神话故事、民歌及民间医药等。这些非物质文化遗产不仅展示了当地人民的科技和生产力水平，还具有较高的科学研究价值。正骨术就是蒙古族人民与大自然和疾病长时间斗争后所发展起来的独特的医学手段。

非物质文化遗产的数量众多，种类繁多，蕴含了丰富的信息，通过深入了解非物质文化遗产的核心价值，人们可以建立文化自信，并主动构建一个可持续发展的和谐体系。并且，对非物质文化遗产的深入了解也有助于其传承和创新。

第三章 非物质文化遗产的数字化技术体系

1995年，美国麻省理工学院（MIT）媒体实验室的创办人兼执行总监尼古拉斯·尼葛洛庞帝（Nicholas Negroponte）的著作《数字化生存》（*Being Digital*）问世，迅速在全球引起了轰动。这本被称为"数字革命传教士"的书籍被翻译成30多种语言文字，成了"数字化经典"，在中国更是广为流传。自此，"数字化"逐渐成为现代汉语中不可或缺的重要词汇。在非物质文化遗产相关领域，数字化技术也展现出了强大的影响力。本章为非物质文化遗产的数字化技术体系，主要介绍了以下四个方面：数字化技术的发展进程、非物质文化遗产数字化的基本特征与关键优势、非物质文化遗产数字化资源库的建设和非物质文化遗产数字化文化产品的开发。

第一节　数字化技术的发展进程

"数字化"一词进入中国时间不长，但数字化概念本身在国际上经历了相当长的发展历程。数字化最初起源于计算机科学和信息技术领域，随着电子技术的迅猛发展和互联网的普及，数字化逐渐成为一种全球性的趋势和理念。早期的数字化主要涉及数据的电子化和信息的网络化，使信息可以以数字形式进行存储、传输和处理。随着数字技术的不断发展，数字化的应用范围逐渐扩大到了各个领域，包括文化、教育、医疗、娱乐、制造等，数字化已经成为现代社会发展的重要驱动力之一。在国际上，数字化已经成为跨学科、跨行业的研究领域，涉及计算机科学、信息技术、传媒学、文化研究、经济学等学科领域。

一、20世纪50年代：英文、数字符号时代

从1950年约翰·冯·诺依曼（John Von Neumann）设计的EDVAC计算机问世，到1954年TRADIC计算机首次使用晶体管，再到1958年IBM 1401计算机的出现，数字化的重要性日益凸显，人类逐渐进入了数字化时代。

在当时，数字化语言开始使用英文字母和数字符号的组合，并采用ASC Ⅱ技术码，也就是美国信息交换标准代码，其中要求使用8个"比特"来表示各类信息，随着该技术

的诞生，人类正式进入了数字计算的新纪元，各行各业都能够借助计算机进行大体量的数字计算工作，也能够利用此类技术完成声音、色彩等内容的记录。

这个阶段的数字化计算机开始在美国和英国的大学研究机构中逐渐得到普及。值得注意的是，数字化技术的实际应用主要集中在科技领域，仅有极少数位于技术前沿的科研人员才有机会接触。

二、20 世纪 60 至 70 年代：图形时代

1963 年，I.E. 萨瑟兰（Ivan Edward Sutherland）发表了名为《画板：人机图形通信系统》的论文，数字技术在图形学领域开启了一个新的时代。之后，他又通过《终极显示》一文阐述了自身对数字化虚拟世界的预测，并为该技术的实施论述了基础方案。1966 年，“头盔显示器”诞生，其中存在能够对使用者进行力与触觉反馈的设置，加强了使用者对虚拟世界的体验。1968 年，萨瑟兰发布了名为“三维头盔显示器”的产品，这标志着数字化技术的创新发展。

美国一家名为洛克希德的公司，在 20 世纪下半叶为飞机研发了一套名为 CADAM 的交互式数字图形处理系统。该系统具备绘制工程图、进行分析及生成数控加工纸带的能力，因此在多个国家得到了大规模使用。随着时间的推移，越来越多更为先进的图形系统被陆续推出，推动了数字图形技术的发展。

三、20 世纪 80 年代至 90 年代中期：文字、多媒体时代

20 世纪 80 年代至 90 年代中期，人类进入了文字、多媒体时代，这一时期的人们见证了数字化技术的高速发展。从 20 世纪 80 年代初开始，数字化技术开始应用于文字处理领域。计算机的功能不断完善壮大，使得人们能够利用计算机进行文字处理，这一技术革新加深了人们对计算机的认识，并为科研工作者的工作方式带来了革命性的变革。人们对自然的认识和改造方式也随之发生了变化。

20 世纪 90 年代初期，计算机已经开始广泛应用于人们的日常生活，对人们的生活、工作和娱乐等方面产生了巨大的影响。在这个时期，数字化技术的发展为人们提供了前所未有的便利和可能性。文字处理软件的普

及使文档编辑和传输变得更加高效便捷，多媒体技术的兴起丰富了人们的视听体验，使信息传播更加丰富。计算机的普及和网络的发展也促进了信息的快速传播与交流，改变了人们的沟通方式和社交模式。

总的来说，20 世纪 80 年代至 90 年代初期是数字化技术迅猛发展的阶段，这一时期的技术进步为人类社会带来了巨大的变革，从文字处理到多媒体应用，数字化技术的应用范围不断扩大，为人类的生活、工作和娱乐带来了全新的体验和可能性。

四、20 世纪 90 年代中期至今：网络、虚拟化时代

在 20 世纪的尾声，网络逐渐在世界范围内得到普及，不同地域、国家、民族的人可以通过网络互相了解，进一步减少了人与人之间的隔阂。在网络上，信息以数字化的形式传输，利用“比特”数字化表示，这一数字化过程加速了信息的传播。随着更多人参与网络互动，数字化技术进一步普及和发展，这种参与推动了数字化技术的飞速发展，为信息传播和交流提供了更广阔的平台。在这一时期，数字化技术成了社会各个领域的基础，并在网络时代发挥着至关重要的作用。

20 世纪 90 年代中期至今，人类进入了网络、虚拟化时代，这一时期的非物质文化遗产也随之经历了数字化传播的重大变革。非物质文化遗产开始以全新的方式进行传播。数字化媒体的出现使传统的非物质文化遗产，如民间手工艺、音乐、舞蹈、戏剧等，在网络上得到保存、传播和共享。网络平台上的社交媒体、视频分享网站、在线文化资源库等，为非物质文化遗产的数字化传播提供了广阔的空间。通过数字化传播，非物质文化遗产不再受限于空间和时间，可以跨越国界，实现更广泛传播和共享。通过数字化技术，我们可以将非物质文化遗产转化为数字档案，实现长期保存和保护。同时，数字化技术还可以利用虚拟现实等技术手段，对非物质文化遗产进行数字化展示，使人们能够以全新的方式感知和体验传统文化。

非物质文化遗产的数字化技术体系可以分为狭义和广义两种。狭义上的非物质文化遗产的数字化技术体系是借助各类先进的信息技术，通过视频、图片等形式对非物质文化遗产进行数字化存储。广义上的非物质文化遗产的数字化技术体系是涵盖了非物质文化遗产的数字化资源收集、存储、管理、生产、传播和消费等全数字化开发与保护生命周期的数字化分享和服务平台。通过这个数字化平台，非物质文化遗产可以被转化、恢复和再现。在数字技术不断变革的当下，非物质文化遗产的数字化处理方式也有着显著的发展，从简单的文字和图片采集逐渐转变为更高精度和立体化的采集；数字化资源库的构建方式逐步实现了共建共享；数字化产品的开发形态越来越重视多媒体和交互性。

第二节　非物质文化遗产数字化的基本特征与关键优势

当前，数字化已经被运用到人们生活中的方方面面，并且社会已经进入了数字化时代，人们在数字化时代，能够通过信息技术对数字化的指令进行发布，并且享用着数字化的产品，开展数字化交流。

一、非物质文化遗产数字化的基本特征

（一）跨越时空性

人类头脑中产生的精神思想和文化遗址遗存不仅能够跨越历史，通常还被当作见证历史的遗产，但是它们很难实现空间的跨越。在现实中只能跨国展览那些可以移动的文物，或者根据需要改变它们的储存空间，无法做到改变那些不可移动文物如历史遗址的空间。但是借助数字化技术，可以让所有文物通过网络改变其所在的空间；而且数字化也具有储存功能，可以对所有文物的真实记录进行超越时间的保留。

可以看出，数字化技术有助于非物质文化遗产的保护和传承。数字化技术可以使非物质文化遗产以电子形式保存，通过互联网平台进行广泛传播与共享。非物质文化遗产可以打破时空的限制，在不同的时代和地域中得以保护和传承，这为人类文化的多样性和丰富性提供了重要的保障和支持。

（二）虚拟现实性

数字化世界虽然是虚拟的，但是可以通过先进的数字技术将非物质文化遗产用更艺术化的方式呈现。数字化的虚拟是基于真实的非物质文化遗

产进行的模拟，它不是凭空捏造的，所以可以带来实际效果。以数字化为基础的现代技术可以完全模拟出现实世界，这种虚拟现实技术为非物质文化遗产的保护和传承提供了一种全新的、立体化的技术手段。再加上“人机”交互感应，人们可以身临其境地感受和理解传统文化，这有利于非物质文化遗产的保护和传承。

（三）低成本可复制性

以传统的手法复制物品通常耗时耗力，而且很难达到与原件完全相同的效果。然而，通过应用数字化技术，我们不仅能够对现实原件进行复制，还不需要负担太多成本，就可以反复复制已经完成的、与原件相同的数字化复制品。在实际工作中借助数字化，能够降低各种成本，而且数字化资源可以在互联网上实现共享。场景越大，技术含量越高，得到的数字化效果就越明显。非物质文化遗产的数字化传承与保护的低成本可复制性是一种重要的策略，通过降低保护和传承过程中的经济成本和操作成本，更多的人和组织能够参与非物质文化遗产的保护工作，从而推动非物质文化遗产的传承与发展。

二、非物质文化遗产数字化的关键优势

随着数字化时代的到来、新媒体及网络技术的不断发展、网络用户主体性的不断提高，传播信息的方式越来越多、范围越来越广，信息开始呈指数增长。在这种新环境下，文化传承及创新的方式也在不断改进，如作为非物质文化遗产保护工程的重点项目，那些有很高历史、文化价值的非物质文化遗产通过先进的技术不但得到了全方位的保护与记录，而且其档案与相关数据库也已建成。当前，数字化的运用能够使非物质文化遗产的保护工作更加高效，并且能够使传承人更方便传承一些核心技术，以确保非物质文化遗产的保护工作得到补充。

（一）信息资源交互，扩大非物质文化遗产保护和传承范围

在信息交流的过程中，人们能够对非物质文化遗产的文化内涵和价值进行深入的挖掘和研究，有利于增强非物质文化遗产的生命力，同时使其原生态的文化基因得到更好传承。大众可以通过数字化技术对具有独特魅力的非物质文化遗产的历史演变进行深入学习，从而满足大众的精神文化需求并扩大非物质文化遗产保护和传承范围。

北京电子科技职业学院主持建设的国家级民族文化传承与创新专业教学资源库建设项目，是针对每种非物质文化遗产项目开发动画、电子读物、图文素材、音视频、教学案例、互动产品、微课程、专业课程等 12 种数字化教学资源的项目，能够满足各个年龄段的爱好者及专家学者的不同需求，是非物质文化遗产项目数字化保护应用和教育化传承创新中较为成功的案例。

（二）非物质文化遗产保护的科技化，使非物质文化遗产传承具有广泛性

非物质文化遗产的数字化保护，能够较好地运用一些技术方式，从而对社会的发展与协调具有重要的价值。借助数字化技术保护非物质文化遗产，对维系各民族之间的感情、传承各民族文化、增强我国的民族团结、促进国家的统一及加强社会的稳定性具有重要的作用。要借助先进技术不断创新保护非物质文化遗产的方式，从而使普通大众能够零距离接触非物质文化遗产，提高其文化素质，进而促进普通大众自觉主动地保护、传承非物质文化遗产。非物质文化遗产的数字化保护使古老的艺术形式得以用立体的多维度的方式进行记录，从而实现可持续的经济、文化的全面协调发展。我们应充分利用计算机技术、网络技术的便利，开设相关门户网站，建立海量数据库，以便全世界共享珍贵文献遗产。

民族文化传承与创新专业教学资源库建设项目结合不同层次的需求与接受习惯，通过信息技术、多媒体技术、网络技术与非物质文化遗产传统技艺相结合，为各个层次的用户量身定做了数字化的教学资源、个性化的学习路径和不同层次的目标，并多次面向高校、企业和社会进行推广，并面向国际传播，产生了较好的社会反响。同时，通过移动互联网向社会推广和传播中华传统文化。

（三）加强社会化服务，拓宽非物质文化遗产的应用领域

借助数字化技术可以对非物质文化遗产的经济价值进行开发，如重新设计当地的传统工艺品，可以将其打造成具有特色的旅游产品，也可以将非物质文化遗产中民俗文化及民间艺术的表演开发为地区性的旅游项目，这些都能带动当地旅游业的发展，促进当地经济的整体增长。同时，非物质文化遗产有很高的社会文化价值，在社会服务层面联合相关行业或企业在市场上大力推广非物质文化遗产，从而使其能更好地应用及服务于社会。非物质文化遗产也包含了非常丰富、珍贵的教育知识，如科学、艺术、历史等知识。运用多媒体技术，开发面向中小学生的传统文化体验产品，包括传统文化知识、作品赏析、体验制作模块等，潜移默化地让中小学生学习中华优秀传统文化，从而帮助他们从小就树立起文化自信心与文化自觉。

民族文化传承与创新专业教学资源库建设项目以国家级非物质文化遗

产项目为载体，构建民族文化传承创新资源建设、技艺传承、机制创新、成果转化、创业实践、教育传播、政校企行联动、市场开发等多个产、学、研、用一体化多元平台，形成民族文化传承创新的长效机制。按产业需要，聚焦应用，适应专业建设需要，建设专业创新研发中心，促进非物质文化遗产保护与传播。

非物质文化遗产是我国历史的见证者，也是十分珍贵的文化资源。对非物质文化遗产的数字化保护能够使一些民族中的记忆及活态的文化得以保存，从而不断地对民族精神进行传承，最大限度地保留中华民族特有的精神价值及思维方式，体现出中华民族的生命力与创造力。

第三节　非物质文化遗产数字化资源库的建设

非物质文化遗产数字化资源库的建设主要是按照一定的标准，对数字化采集的资源进行存储、管理和传播。

一、非物质文化遗产的数字化保存与存档

采集与保存非物质文化遗产是非物质文化遗产保护工作的基础。但是想要做好对形式多样、数量巨大及信息量超多的非物质文化遗产进行的采集、编码及长时间储存和系统重现的工作是很困难的。

数字化技术有利于非物质文化遗产保护中各种数据的采集和记录。在传统数字化采集过程中，会利用录像、录音、图文扫描、文字识别等技术对文字、音视频和二维图像等信息进行采集。但是因为非物质文化遗产具有形式多样和数量巨大的特点，所以利用传统的技术无法很好地对其进行采集和记录。例如，在传统舞蹈的采集和保存中，演员的动作多通过文字、照片、视频进行记录，但上述方式对表演的记录并不精确和全面，在没有指导的情况下难以进行完整重现，且无法进行修改和编辑。

随着科学技术的不断进步，目前在文化遗产保护领域发展出许多新技术。例如，地

理信息技术、虚拟现实、动作捕捉、全息拍摄和三维扫描等。三维技术在意大利佛罗伦萨大学马西米利亚诺·皮耶拉奇尼（Massimiliano Pieraccini）等人的推动下越来越成熟，已经广泛应用于文化遗产保护工作。

目前，国内已有专家学者对在泉州拍胸舞采集以及楚文化编钟乐舞数字化保护中应用动作捕捉技术进行了研究与探讨。这些现代数字信息获取与处理技术的保真效果要远远优于传统的保护方式，促进了非物质文化遗产保护工作的顺利开展。

数字化存储技术也是存储非物质文化遗产的强有力工具。将非物质文化遗产进行数字化处理后，可以以多种形式对其进行储存，如三维模型、文字、音频、图片、视频等，这些来源多样以及具有不同结构的非物质文化遗产数据所包含的信息量非常巨大，储存它时需要做到日后能对其进行方便的管理，也要能做到长时间的保留。在物理层面，新技术如磁盘阵列、分布式存储等突破了传统光盘、磁盘的小容量储存限制，实现了大容量储存，同时光纤和一系列网络协议使得人们可以对数据进行跨空间存取。在数据层面，非物质文化遗产数据在数据库技术、数据管理和检索技术的支持下实现了数据的结构化，所以开发与利用非物质文化遗产时，可以很方便地在数据库中检索到有序、多样的数据。而且数据压缩技术的发展，也推动了存储空间的压缩并降低了成本。

二、非物质文化遗产的数字化复原与重现

非物质文化遗产只有在其原有的文化生态环境中才能得到很好的传承，但许多高价值的非物质文化遗产受现代文明的冲击，已经失去了它们的完整形态。例如，有些传统舞蹈、传统音乐的部分技法已经消失，今天很难完整继承和学习了。在这一问题上，数字化技术为非物质文化遗产的形态复原提供了技术上的支持，同时也为非物质文化遗产的继承和发扬提供了支持。

当今，在非物质文化遗产保护中，对数字化修复与演变模拟技术的应用主要分为两类：一是在现场调研和保护修复等环节对图像处理、三维建模、人工智能、虚拟漫游等技术的应用；二是结合该领域的专业知识对艺术品进行虚拟复原和演变模拟。例如，根据专家的经验知识及保存较为完好的木雕花纹，综合利用图像处理、三维建模、人工智能等技术，修复变

形、脱落、损坏的木雕艺术品；利用专家知识、文献记载和已知技法，通过计算机模拟还原失传技法。

在重现非物质文化遗产的工作方面，借助虚拟现实技术、多媒体技术可以使非物质文化遗产获得完整、系统的重现。特别是利用虚拟现实技术，可以进行全方位的模拟，同时再配合使用动作捕捉、三维扫描等采集技术，可以让体验者获得置身于非物质文化遗产中的沉浸式体验。利用虚拟现实技术重建和模拟著名历史文化活动能使公众更为积极和深入地参与非物质文化遗产的保护。

三、非物质文化遗产的数字化传播与共享

在信息时代，借助于数字档案馆、数字图书馆及数字博物馆等数字资源展示与共享平台，非物质文化遗产也发展出了新的展示、传播和共享形式。这些数字资源展示与共享平台主要分为数据平台与体验平台，这两种平台各有各的侧重点，也可以进行有机的结合。

用户可以通过检索相关网站及其所连接的数据库，随时对非物质文化遗产资源进行查找、阅读与检索。用户还可以对部分线上博物馆的非物质文化遗产资源进行申报，也可以在线上博物馆提供的场所中参与保护非物质文化遗产的交流。例如，“中国非物质文化遗产网·中国非物质文化遗产数字博物馆”将中国和世界非物质文化遗产的专业知识进行了展示与传播，也设置了信息交流平台，这有利于大众参与非物质文化遗产的保护工作。在交互式程序设计与动态网站架设等技术的支持下，这些线上平台才得以成功建设用户的接口层；在元数据、语义网等设计的支持下，线上平台在逻辑和数据层保障了获取非物质文化遗产资源的便利性和实时性。

体验平台在博物馆的展示领域应用了数字化技术，丰富了展示内容，增加了展示的方法，使文化资源与大众的互动性得到较大提高，从而提高了大众对博物馆的关注度及对非物质文化遗产的兴趣。阅览者在数字博物馆中，只需进行简单的操作，就可以看到全面、清晰、情景式和交互式的展品。通过数字博物馆，我们可以相对系统地对那些难以在传统博物馆进行展示的珍贵戏曲、音乐、民俗、工艺流程进行模拟，使其得到更生动的展现，如深圳博物馆的“深圳民俗文化展”利用先进的多媒体展示和场景复原等数字化展示方式，生动、立体地介绍了深圳丰富的民俗文化。而且，阅览者还可以通过与展示平台的互动，如开展虚拟漫游，增强自身的体验感。在以上互动式展示的过程中，其技术基础是人机交互技术和虚拟现实技术；同时这些展示平台在相关协议、标准以及网络技术的支持下，可以不受博物馆实体的限制，独立进行网络展示。

目前，主要由传统的资源库建设单位集中对数字化资源库进行建设与管理，主要分为文化创意企业、科研院所、各级文化部门等多单位共建共享的双向建设和传播模式，以及

多单位根据需求共享的单向建设和传播模式两种。以 2002 年 4 月开始实施的全国文化信息资源共享工程为例，在共享工程建设初期，确立了三级服务网络体系，即国家中心、分中心、基层中心。对收集的资源及来自各分中心的资源统一进行入库处理是国家中心的主要任务，提供快捷、方便的网络资源服务是各分中心的主要任务。随着科技的发展，Web 3.0 等网络技术的水平越来越高，也出现了许多的基层中心，而且分中心也开始可以独当一面地进行资源建设。因此，在这种情况下，现有业务的发展推动着传统的资源库建设向分布式架构发展。一种新型的且分工明确的资源建设模式正在兴起，在这个模式中政府部门作为主导组织，资源提供方和资源使用方是科研院所、文化遗产保护部门、文化创意企业等，资源运营方是广电集团、通信服务商等。目前，各地主要运用这一模式对非物质文化遗产资源库进行建设。在这种设计思想的主导下，建立一套成熟的“政府有力监管、多方共享共建、集成开放服务”的传播与运营公共服务模式，用非物质文化遗产资源的双向互动传播模式取代原有的单向传播共享模式，将有利于非物质文化遗产资源库的建设、管理和传播。

第四节　非物质文化遗产数字化文化产品的开发

在非物质文化遗产保护层面，只有将当代精神融入非物质文化遗产，才能恢复其文化创造的生命力，将更为丰富的文化遗产传递给子孙后代；在产业发展层面，文化与经济的相互融合是我国经济发展的新趋势，而富有地方特色和民族特色的非物质文化遗产，是具有强大生命力的文化资源，对其进行创新，有利于促进区域文化经济的繁荣发展，也有利于满足民众的文化和美好生活需求。随着数字化技术的快速发展，其被应用于生活的方方面面，应用于保护和传承非物质文化遗产的数字化技术也在不断变化。非物质文化遗产数字资源开发根据开发方式的不同，可以分为主流的传统方式和快速发展的数字化方式两种。传统方式根据一定的结构对非物质文化遗产数字资源进行存储和组织，所形成的专业数据库具有海量的内容和多样的类型，也很方便对其进行检索，其包括非物质文化遗产资源库、网站等；数字化方式主要是通过对增强现实、3D 建模、数字影像、虚拟现实等数字技术的应用，对非物质文化遗产进行开发、利用和展示，体感交互游戏、虚拟现实电影都成功代表了非物质文化遗产数字化“内容 + 场景 + 体验”的深度融合。当代对非物质文化遗产进行的数字化开发，既要能够保护和传承传统，也要让人们日益增长的精神文化需求得到满足。为了提升民众的“幸福感”和“获得感”，非物质文化遗产数字化开发方式在当代应具有下列特征：第一，多元化。能够满足不同文化背景、不同年龄层次、不同群体的需求，具有适应性较强和明显的多元化特征，技术层面能够对多种多样的平台和技术进行利用，从而促进非物质文化遗产的数字化保护和传承。第二，交互性。交互性较强，能够让受众接触到不同的文化传承者，从而促进他们之间的沟通和交流。第三，沉浸性。能够让大众沉浸在非物质文化遗产的传播、展示过程中，提升大众对非物质文化遗产的兴趣，促使大众对非物质文化遗产进行深入了解。第四，创新性。能够利用数字技术对非物质文化遗产进行精致呈现，使其具有时代感，丰富非物质文化遗产的表现形式，增强非物质文化遗产的生命力。

利用数字化技术对非物质文化遗产进行开发，不仅有利于传统非物质文化遗产的保护和传承，还有助于将其融入现代生活中。非物质文化遗产借助数字化的方式，得以在当代社会中进行广泛展示和传播。而且，对非物质文化遗产进行数字化开发还可以提高其经济价值，获得经济收益，如在线上开办收费的非物质文化遗产展览，以及对其创新产品进行出售。受益于此，非物质文化遗产将获得更大的发展及更多的支持。同时，对非物质文化遗产进行数字化开发还可以提高其艺术价值，创新其表现形式，如与其他艺术形式相融合，从而创造出当代人喜闻乐见的、全新的且震撼的艺术形式。基于此，在当代艺术发展的大背景下，非物质文化遗产将得到更多支持和关注。总而言之，借助于具有多元化、交互性、沉浸性和创新性特征的数字化开发，可以更好地对非物质文化遗产进行保护和传承。

在现实生活中，可以通过多种途径对非物质文化遗产进行数字化开发。主要包括：第一，数字化展览。利用互联网和数字技术，让大众能够在互联网上对非物质文化遗产进行了解。第二，数字化培训。利用互联网和数字技术，对大众进行在线培训，促使其对非物质文化遗产进行学习。第三，数字化出版。利用互联网和数字技术，出版相关的视频教程、电子书等，将非物质文化遗产的学习资料主动提供给更多的受众群体。第四，数字化产品。利用互联网和数字技术，对数字化产品进行生产，如手机桌面壁纸、非物质文化遗产纪念品等，促进消费者对非物质文化遗产产品的消费。在当代社会中借助这些方式都可以促进非物质文化遗产的展示和传播，从而有助于非物质文化遗产的保护和传承。

随着 Web3.0、5G、人工智能、物联网等数字技术的迭代发展，社会加快进入数字时代，“元宇宙”的概念也被就此提出。以数字技术为基础的“数字化多模态集合体”是由两个核心基本要素构成的。第一，以 3D 数字化、增强现实和虚拟现实技术为依托的数字化身——虚拟数字人。第二，非同质化通证（NFT）。第一个核心要素即创建数字身份存在于虚拟世界中，第二个核心要素即创建“非同质化通证”用于虚拟世界中的商品流通。虽然发展初期的“元宇宙”所产生的虚拟数字人具有比较大的消费者基础，但是“元宇宙”的受众范围还是比较小的。目前，随着“元宇宙”的发展，越来越多的人开始接受“元宇宙”中的核心元素 NFT；当前许多爱好 NFT 的人，认为“元宇宙”就是各种在线虚拟世界的集合，并且可供操作与进行共享。在 NFT 中，主要是对原创数字内容作品进行流通，其流通成本由数字内容品质的级别决定。NFT 数字藏品与现实产品在交易方面并没有什么差别，而且在各类 NFT 平台上都能展开交易，数字产品的发展前景越来越好，所以非物质文化遗产可以借助 NFT 进行数字开发。

非物质文化遗产数字化传承与保护研究

Research on the Digital Inheritance and Protection of Intangible Cultural Heritage

第四章 非物质文化遗产的数字化保护机制及传承

本章为非物质文化遗产的数字化保护机制及传承，主要介绍了以下三个方面：非物质文化遗产数字化保护机制的构建、非物质文化遗产数字化保护机制的实现、非物质文化遗产的数字化传承和非物质文化遗产数字化场景的构建。

第一节　非物质文化遗产数字化保护机制的构建

一、非物质文化遗产数字化保护机制的构建原则

非物质文化遗产数字化保护机制的设计涉及两大要素，即机制的战略功能和机制的事务流程。其中，机制的战略功能是非物质文化遗产数字化保护机制在非物质文化遗产数字化保护体系中的总体规定和整体框架，而机制的事务流程则是对系统所处理的管理事务的具体规定。

就非物质文化遗产数字化保护体制而言，技术创新、人才创新、管理创新、制度创新和体制创新是领域内重要的创新影响因子，它们的发展、组合与运用方式将对非物质文化遗产数字化保护产生关键性的影响。非物质文化遗产数字化保护机制的构建原则包括以下四个方面。

（一）规范化保护原则

经过多年的摸索，我国已积累了大量包括文字、音频、视频等形式在内的非物质文化遗产数字化信息。但设备、标准和操作流程的多样性，导致数字信息相互不兼容，信息孤岛现象时有发生。为保证非物质文化遗产信息的原真性和非物质文化遗产资源的活态性，应引入元数据研究的有关成果，结合档案学的成熟方法，对非物质文化遗产数字化信息的收集、整理、鉴定、保管、编目和检索提出指导性意见。引导非物质文化遗产数字化信息从无序走向有序，减少人为主观因素对非物质文化遗产数字化保护的影响，实现非物质文化遗产信息的档案化管理和数字化应用，增强全国非物质文化遗产数字化保护的效果。

（二）平台化保护原则

我国非物质文化遗产数字化保护工作已经初具规模，它已具有系统性、科学性和规范

性的特征。但现有的保护体系偏重于具体项目，对影响保护成果推广应用的数据体系、保存方式、映射关系等关键要素尚未给予足够重视。为此，应在开放性、兼容性和普适性的前提下，建立和规范非物质文化遗产数字化保护标准，选择适当的保护方式和保护技术，构建与之相适应的融合保护平台，使之成为全国非物质文化遗产数字化保护机制的支撑要素，保障非物质文化遗产数字化保护机制各组成部分的顺利对接和有效运行。

（三）集成化保护原则

随着中国经济的快速发展，亟须新的保护理念和保护技术来应对非物质文化遗产数字化保护机制所面临的冲击与挑战。目前，现有的研究还局限于较为狭窄的本专业领域，对非物质文化遗产数字化应用的研究较为少见。为此，应以档案学的成熟理论为基础，将研究视野放大，构建非物质文化遗产的文化符号系统、文化结构系统和文化价值系统，结合全球数字化应用的发展趋势，选择并集成虚拟现实、数据管理与分发等高新技术，创新非物质文化遗产数字化保护机制的应用方式与实现途径，建立基于我国非物质文化遗产特性的集成技术标准和集成管理流程。

（四）社会化保护原则

随着人民群众对精神文化需求的日益增长，传统的非物质文化遗产数字化保护方式已不能完全满足社会需求，突破性地运用文化资源保护技术，加强非物质文化遗产生产性保护，实现非物质文化遗产的社会价值和经济价值已是当务之急。为此，应结合文物、民俗、宗教等各类典型非物质文化遗产的实际情况，针对非物质文化遗产向多样化、个性化发展的趋势，以构建符合社会需求的非物质文化遗产数字化保护机制集成示范项目为举措，促进人民群众通过文化馆、图书馆、博物馆等公共文化平台享受到非物质文化遗产数字化保护机制的各类成果。

二、非物质文化遗产数字化保护机制模型

非物质文化遗产数字化保护作为文化遗产学的一个重要组成部分，应从文化科技发展和顶层设计的战略高度，将技术创新、管理创新、制度创新和体制创新作为非物质文化遗产数字化的基础，采用较为成熟的创新集群理论，推动非物质文化遗产数字化保护机制、非物质文化遗产保障机制与数字化融合保护平台融合，以形成非物质文化遗产数字化保

护机制的结构模型（见图 4-1）。

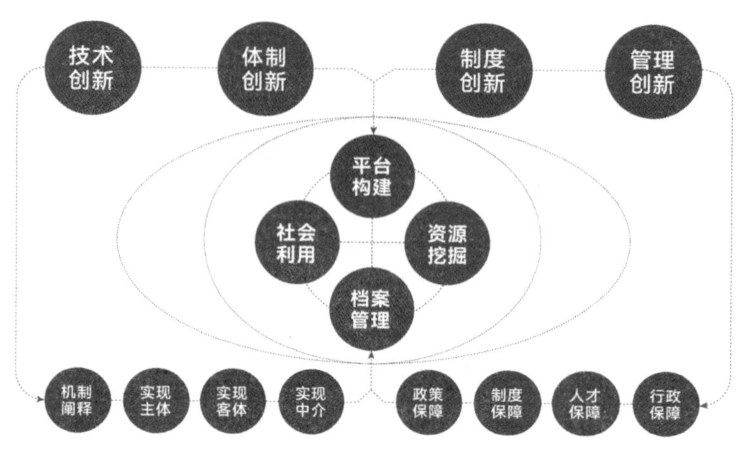

图 4-1　非物质文化遗产数字化保护机制的结构模型

（图片来源：作者自绘）

（一）技术创新是实现基础

非物质文化遗产数字化保护机制下的技术创新，是把科学研究过程中采用的科学技术，以及社会发展过程中积累的知识、经验和技能，根据非物质文化遗产数字化保护的需求进行引入、组合与更新的过程。非物质文化遗产数字化保护机制下的技术创新，应以我国非物质文化遗产的属性、所属类型和文化空间为基础，构建以保护为中心、以需求为驱动、以非物质文化遗产传承与发展为内容的开放性技术创新平台，实现非物质文化遗产数字化保护技术和保护创新应用的并驾齐驱，在最大限度不改变原生环境的条件下，力保非物质文化遗产在不受外界干扰的情况下得以传承和发展。

（二）管理创新是推进手段

非物质文化遗产数字化保护机制下的管理创新是运用计划、组织、领导等管理职能，创新各种管理技术和管理方法，对非物质文化遗产数字化保护机制中的人、财、物，以及信息和资源进行调配和整合，以推动非物质文化遗产数字化保护机制内的文化与科技融合。这种富有创造力的融合能够不断依托新的管理要素，实现组织结构、研究范式和人力资源的三方契合，将文化知识内化为创造性思想，并将其最终转化为非物质文化遗产档案的保护技术、保护方法和保护流程，以更加有效地实现非物质文化遗产数字化保护机制的社会价值和经济价值。

（三）制度创新是实践保障

非物质文化遗产数字化保护机制下的制度创新是支配创新行为和融合关系的规则变更，是非物质文化遗产数字化保护事业与其外部生态环境相互关系的变更。这种变更既包括努力创造优质、高效的研究环境，也包括进一步完善自主创新的综合服务体系，从而在执行好已出台的政策的基础上，制定和完善促进融合创新的政策措施，激发人们的创新活力，促使新技术、新资源不断被创造和合理配置，最终保障非物质文化遗产数字化保护事业均衡发展。

（四）体制创新是根本支撑

非物质文化遗产数字化保护机制下的体制创新是在文化与科技的融合下形成的决定因素，它不仅关乎非物质文化遗产保护在文化领域内的整合过程和保护成果，同时也是解决深层次问题、化解现实矛盾的重要基础。为此，体制创新需要在提升国家非物质文化遗产数字化保护实力的基础上，有效动员各界力量，在不断推动非物质文化遗产数字化保护的过程中，激发创新主体的活力，形成良好的政策体系、激励机制，营造出一个鼓励创新的社会氛围，使其成为我国加快建设创新型国家步伐的重要举措之一。

三、非物质文化遗产数字化保护机制的管理驱动体系

（一）以文化行政管理部门为主管

1. 内涵界定

以文化行政管理部门为主管，是指我国非物质文化遗产数字化保护工作必须在文化行政管理部门的管辖之下，依赖其较高的行政能力及行政权力，实现非物质文化遗产数字化保护事业在政治、经济、文化等方面的发展与进步，同时确保各种制度的顺利实施，进而有力地推动我国非物质文化遗产数字化保护事业的发展。文化行政管理部门主管的内容包括行政强度和行政能力两个部分。其中，行政强度是指文化行政管理部门的权力密度或组织强度，它包括行政逻辑和行政自主性两方面内容；行政能力是指基于社会机能和社会需求而发展出的一套完整体系，它通过经济、文化、习惯、规范等手段来对社会进行调整和管理，是一种综合机制的体现。在社会运行与管理方面，文化行政管理部门的作用体现在对非物质文化遗产进行整体管理上，从而实现其社会公共价值，在保证非物质文化遗产数字化保护正常进行的前提下，为非物质文化遗产数字化保护构筑适宜环境。

文化行政管理部门主管的方式主要体现在对非物质文化遗产数字化保护环境的治理手段上，即运用柔性手段或强制举措来实现管理目标，从

而促进非物质文化遗产数字化保护环境的不断优化。其一，采用柔性间接方式，即文化行政管理部门对社会公众的非物质文化遗产数字化保护需求加以引导，利用各种行政手段、经济手段来推动非物质文化遗产数字化保护向文化行政管理部门期望的方向发展。其二，采用强制直接方式，即文化行政管理部门根据自身的权力归属和职责划分，通过制定各项文化行政政策、组织动员各种社会力量，完成文化行政管理部门所辖职责，同时实现非物质文化遗产管理的整体目标。从施政理念上来看，强制直接方式是文化行政管理部门推动非物质文化遗产数字化保护政策长效实施、拓展我国非物质文化遗产数字化保护事业发展空间的重要举措。

2. 革新方向

改革开放以来，虽然我国的经济和文化事业都获得了长足发展，但对于现行的非物质文化遗产数字化保护机制而言，其改革力度却相对滞后，这集中体现在现有的非物质文化遗产数字化保护机制中的文化行政管理部门仍执行在计划经济基础上形成的条块分割体系。其体制性弊端具体表现为：机构设置冗余复杂，条块分割的行政机构导致工作效率低下；管理责权相互交叉，多头管理式的体制导致工作很难协调统一。

上述问题导致了我国文化行政管理部门在行业管理的微观层面消耗大量时间，而在行业管理的宏观层面则力度不足。同时，国有非物质文化遗产数字化保护机构的现行管理制度在一定程度上不利于调动从业人员的积极性；社会性非物质文化遗产数字化保护机构较少，造成非物质文化遗产数字化保护的投资渠道单一、资金匮乏等问题。文化行政管理部门在工作中如果要克服上述困难，需进行针对性改革，即要促进非物质文化遗产数字化保护机制的构建与实现，保证我国非物质文化遗产数字化保护事业不断发展与创新，不断推动行政体制的改革。具体举措如下。

（1）转变政府职能

我国现行的由文化部门和行政部门实施的管理方式，在一定程度上不利于对全国非物质文化遗产数字化保护工作进行统一管理和有效实施。应尽快通过改革来推动我国非物质文化遗产数字化保护与文化产业的融合发展。为此，政府应积极满足非物质文化遗产数字化保护的现实需求，尽快制定相关法律法规并形成体系，对于非物质文化遗产的管理部门，应在法律框架下进行规范，在保障非物质文化遗产传承人和各类非物质文化遗产数字化保护主体利益的同时，创新非物质文化遗产数字化保护方式，改变目前非物质文化遗产文化产业的状况。此外，非物质文化遗产数字化保护管理工作是检验政府文化执政能力的重要方面，转变政府工作职能、建设社会服务型政府的基础就是实现政务和事务分开、企业和政府分开，按照现代社会市场经济原则和政府治理原则来规范各主体的行为。

达到上述要求，首先应推动政企分开和文化事业改革，即文化行政管理部门和文化企事业单位脱钩，让文化行政管理部门专注于文化事业的管理，让文化企事业单位自负盈亏、向市场化发展，放弃从前“既是裁判员，又是运动员”的文化管理思路；其次要强化政府文化部门的管理职能，对现有的文化企事业单位的职责权利进行调整，将行政执法权和监督权同经营权分离，改变过去政企不分的状况；最后要转变工作方式，依靠现代技术手段和社会管理方法，采取行政引导、制度管理等一系列措施，重点帮扶具有先进水平和重要价值的非物质文化遗产文化企业，推动我国非物质文化遗产事业的发展。

（2）强化权力配置

文化行政管理部门主管的本质是运用权力配置资源。遵循市场规律、追求长远效益、实现可持续增长是权力配置资源的核心要素。在不断变化的社会环境中，文化行政管理部门受到获得的信息总量的约束，其若采用权力替代市场来进行管控，势必会用主观的个人意愿替代客观的市场需求，从而造成社会资源的低效配置和浪费。发挥市场在权力配置资源中的决定性作用，让市场成为推动非物质文化遗产数字化保护发展的发动机和指南针。遵循市场配置资源机制，改变过去的计划经济做法，通过市场机制推动非物质文化遗产相关利益主体的转型。

（二）以科技管理部门为主导

1. 内涵界定

纵观人类历史，社会生产力的发展主要取决于两大因素，即人类生产需求的不断增长和科学技术的进步。在我国科技管理部门的主导下，始于1985年的四次指导思想的拓新变革不断推动我国科技事业的发展和进步。在新时代，我国科技事业又进入了一个新的阶段。

通过对科技管理部门的历史成绩和工作内容的归纳可以得出，以科技管理部门为主导是指其综合运用经济、法律、行政等系统性方法，不断完善自身主导能力。鼓励非物质文化遗产科技的持续创新，营造良好的非物质文化遗产研究环境，进而调动社会各方的科技创新积极性，增强我国非物质文化遗产数字化保护科技创新的整体实力。

2. 主导的必然性

非物质文化遗产数字化保护具有明显的公共性特征，这一特征也昭示着在创新过程中可能出现研发失灵的状况。这一问题的存在直接导致了社会主体创新积极性的弱化，以及全社会科技资源配置的低效。可见，科技管理部门的主导作用对文化与科技背景下的非物质文化遗产数字化保护机制的发展有着重要影响。其主要内容体现在以下方面。

（1）公共产品性

根据公共经济学理论，公共产品是一种具有消费或使用上的非竞争性和受益上的非排他性的产品，如公共设施、科学教育、环境保护、国防、外交等。公共产品具有受益非排他性，即产品生产完成后，生产者无法完全决定其最终归宿和分配方式，这将导致社会公共产品的生产成本日益提高，即愿意提供公共产品的人会越来越少。由于非物质文化遗产的科技创新具有不同程度的公共产品性，加之其在研发、调试、实验等阶段均需要高额投入，在得不到充分补偿的情况下，潜在的非物质文化遗产创新主体可能通过技术引进而非自主创新来对现有的非物质文化遗产数字化保护科技水平进行提升，而当所有的非物质文化遗产创新主体都选择这种策略时，会导致非物质文化遗产科技创新的停滞和失灵。因此，在遇到上述创新扭曲的情况时，对于协调社会与非物质文化遗产创新主体之间的利益关系，科技管理部门的主导干预则非常必要。

（2）创新外部性

非物质文化遗产科技创新的外部性是指企业或个人向非物质文化遗产数字化保护科技研发之外的其他人强加的成本或利益。从经济学的角度来看，创新外部性独立于现代市场机制，不能简单地通过市场机制来弱化或消除，常常要借助行政管理来予以纠正和弥补。在文化与科技融合的背景下，非物质文化遗产科技创新所表现出来的外部性主要体现为溢出效应，即非物质文化遗产创新主体从事研究开发工作是为了获得非物质文化遗产科技创新成果并将其转化为生产力。但由于科技创新成果具有部分的公共产品性，因此科技创新成果并非由非物质文化遗产创新主体所独占，而产生了科技创新的溢出效应。正向的非物质文化遗产科技创新的外部性将会给全社会创造更高的边际收益。由于科技创新溢出效应的存在，获得非物质文化遗产科技创新的相关效应可以降低非物质文化遗产研发、创造和革新的总体费用，提高非物质文化遗产数字化保护的整体水平和社会化程度。从另一个角度来看，由于上述创新工作无法使非物质文化遗产创新主体获得经济效益和社会效益，随着时间的推移，非物质文化遗产创新主体从事非物质文化遗产科技创新的热情持续消退，从根本上抑制了创新主体的积极性，降低了整个社会的福利和效率。

因此，必须依赖科技管理部门对非物质文化遗产科技创新的负向外部效应进行修正，不断对非物质文化遗产创新主体施加正面引导和利益强化，使非物质文化遗产科技创新得以不断发展和进步，从而保证非物质文化遗产科技创新的可持续发展。

（3）创新不确定性

非物质文化遗产科技创新是一个曲折复杂的过程，其不确定性主要包括技术不确定性、市场不确定性、收益不确定性和环境不确定性。其中，技术不确定性是指由于存在非物质文化遗产创新技术开发失败的可能、保护工艺开发失败的可能及保护技术效果的不确定性，进而带来的非物质文化遗产科技创新结果的不可预知性；市场不确定性是指非物质文化遗产创新技术必须接受实践检验，同时要恰如其分地满足成本、效果和应用难度的需求，而非物质文化遗产创新主体对其创新内容的市场前景难以把握；收益不确定性是指由于溢出效应的影响，创新主体无法支配创新成果的全部收益和产权，对未来可能产生的情况也无法预测；环境不确定性是指由于非物质文化遗产创新技术的应用环境主要由政府行为和公众偏好所支配，而政府行为和公众偏好均存在一定的不确定性，使非物质文化遗产科技创新的速度和方向受到巨大的影响，进而给非物质文化遗产科技创新带来了不确定性。

非物质文化遗产科技创新的不确定性将导致非物质文化遗产科技创新生成高风险，严重影响非物质文化遗产创新主体，特别是私人机构独立承担非物质文化遗产科技创新的积极性，从而导致社会对非物质文化遗产科技创新资源配置失调，减缓了非物质文化遗产科技创新成果转化为现实生产力的速度。为此，需要科技管理部门从社会生产力整体发展的角度出发，构建有效的科技创新运行机制，采取各种各样的方式分担科技创新风险，促进科技创新活动的开展，进而刺激非物质文化遗产创新主体投资有风险的非物质文化遗产科技创新活动，不断缩短非物质文化遗产科技创新的时滞。

3. 主导的具体职能

在我国非物质文化遗产数字化保护发展的新时期，非物质文化遗产科技创新不仅关系到基于文化与科技融合的非物质文化遗产数字化保护机制的实现，还关系到创新型国家战略目标的实现。为了推动科技创新的全面开展，亟须建立一套行之有效的运行机制，在科技管理部门的主导下推动各种非物质文化遗产创新要素向非物质文化遗产创新主体集中，从而激发其科技创新的积极性，加速非物质文化遗产创新的步伐。为了达到上述目标，科技管理部门应综合采用市场经济和计划控制两种手段，在充分发挥前者优势的基础上，根据行政管理的原则和市场经济发展的方向和非物质文化遗产数字化保护的需求，找准科技引导的定位和方向，同时解决完全市场化带来的问题，防止过度行政管理阻碍非物质文化遗产创新的情况出现。可见，科技管理部门主导的具体职能是克服市场失灵和矫正政府失灵。

（1）克服市场失灵

综合来看，我国非物质文化遗产科技创新的市场失灵主要源于两个方面：一方面由于受到传统计划经济体制的影响，在这一体制下，市场机制无法有效发挥其在非物质文化遗产科技资源配置中应有的作用；另一方面由于市场本身存在缺陷，其难以解决非物质文化遗产科技创新的社会性和不确定性所导致的问题。为避免市场失灵对我国经济发展的不利影响，继续深化经济体制改革和服务型政府转型，应优先确保市场机制在非物质文化遗产科技资源中的合理配置。其中，克服市场失灵的具体举措如下。

第一，化解公共产品与私人产品之间的矛盾。在科技管理部门的主导下，对非物质文化遗产科技创新进行规划和安排。对于公共产品领域的非物质文化遗产科技创新，应由科技管理部门直接提供资金，保证社会供给；对于公共产品和私人产品之间的混合产品，应由科技管理部门鉴别其成果组成，并基于知识产权对综合利益进行保全；对于私人产品领域及其产生的私人价值，科技管理部门应创造良好的非物质文化遗产科技创新环境，维护市场秩序，使各非物质文化遗产创新主体在公平的环境下展开竞争。

第二，推动创新成果由外部性向内部性转化。首先，科技管理部门向非物质文化遗产创新主体提供知识产权保护，采用行政手段对非物质文化遗产创新成果的归属、利用和收益进行界定和规范，在保证创新主体获得收益的同时，兼顾非物质文化遗产科技创新的社会收益，逐步让社会成员享受到非物质文化遗产科技创新带来的好处，即通过法律法规的约束，将科技创新的溢出效应控制并内化在产权关系中。此外，科技管理部门可以通过各类行政手段，如财税激励、经济支持、政策引导等，以市场需求为导向来吸引外部投资者对非物质文化遗产科技创新注入资金，以吸收全社会各类资金为目标，强化非物质文化遗产创新企业的投、融资能力，提高其对资金的吸收广度与利用深度。研究机构、高等学校和企事业单位之间的通力合作，推广以共赢为基础、以优势资源互补为条件的合作模式，在运行过程中对目标、期限、规则等关键要素进行界定和规范，明确各方合作者在非物质文化遗产科技创新过程中的职责权利，实现科技创新由外部性向内部转化。

第三，逐步降低科技创新的风险。科技管理部门需结合国内外发展态势，在充分分析的基础上对非物质文化遗产科技创新的方向进行总体把握，同时鼓励民间投资向非物质文化遗产科技创新领域投入资金，将政府投资和民间投资相结合，整合各方资源，不断引导社会各方积极参与非物质文化遗产科技创新，从而降低非物质文化遗产科技创新的风险。

（2）矫正政府失灵

综合来看，矫正科技管理部门失灵可以从两个方面来考虑，即发挥市场机制配置资源的作用和建立健全的国家创新体系。就发挥市场机制配置资源的作用来看，科技管理部门失灵可以应用市场机制来克服，如科技管理部门在对非物质文化遗产科技创新的主导调节过程中，尽量减少行政干预，增强经济引导，将政策引导内化于财政政策、货币政策等经济手段中，运用市场机制或利益驱动机制实现政府的政策目标，从而实现科技管理部门从“直接干预”向“间接干预”的转变，从“干预行为”向“干预质量”的转变。此外，可以由社会企业或私人来承担公共产品类的非物质文化遗产科技创新工作，使科技管理部门从公共产品的唯一生产者，转变为公共产品的协调者和组织者。这一角色的转变，不仅可以使科技管理部门提升工作质量，同时还可以大幅降低政府对非物质文化遗产科技创新的投入总量。

国家创新体系是指社会、国家或组织机构内部相互关联、共同作用的以创新为目的的网络体系，这一体系的推动要素是经济发展和科技知识。这种创新体系的建立将有效推动全社会科技资源的合理配置与高效转化，有效防范和克服市场失灵和政府失灵。首先，这种创新体系通过强调市场主体在非物质文化遗产科技创新中的主体地位，减少科技管理部门的过度干预或错误干预对非物质文化遗产科技创新活动的干扰；其次，这种创新体系为科技管理部门干预非物质文化遗产科技创新提供了一套系统的行为原则和分析框架；最后，这种创新体系通过开展非物质文化遗产科技创新活动，将政府、大学、研究机构和企业等非物质文化遗产创新主体有机结合成一个非物质文化遗产创新链，在该创新链中，各非物质文化遗产创新主体为寻求一系列共同的目标而相互作用，从而最大限度地避免非物质文化遗产创新的外部性，有效推动非物质文化遗产科技创新的发展。

（三）以高新技术企业为主体

以企业为研发主体，以市场需求为研发导向，逐步建立集生产、学习、研究、开发和引进于一体的研发系统，推动各级各类企事业单位成为技术研究和技术收益的主体，让企业享受到科技研发和技术进步带来的超额效益。这一政策的提出标志着在构建、完善科学非物质文化遗产数字化保护机制过程中，重视高新技术企业在非物质文化遗产数字化保护机制中的重要作用，从根本上改变了研发与应用脱节、科技与保护分离的现象，对于我国非物质文化遗产数字化保护具有重要的作用。高新技术企业作为非物质文化遗产数字化保护机制的主体，其具体内涵表现在以下 4 个方面。

1. 非物质文化遗产数字化保护的实施主体

在非物质文化遗产数字化保护机制的实施过程中，各类非物质文化遗产的实施与实践主体都与非物质文化遗产保护活动相关。同时，各种社会组织和社会角色在这一过程中也会充当机制产生和发展的基础，政府、企业、协会、大专院校、机构等众多社会组织和社会角色，都从各自的社会角色、服务对象和社会职能的层面参与非物质文化遗产数字化保护机制的运行。根据机制内各要素的互生互动关系，高新技术企业的主攻方向是对非物质文化遗产数字化保护各环节进行分析和对比，找出最易攻坚和最易盈利的部分加以重点关注和投入，再融合人、财、物等生产要素，来满足非物质文化遗产数字化保护的各类需求，为非物质文化遗产数字化保护提供所需的各类专业化服务。

由此可见，高新技术企业应是非物质文化遗产数字化保护机制的实施主体。但由于非物质文化遗产数字化保护工作是一项创新性事业，其市场风险较高、投资力度较大，因此在一些关键性的基础研究中，文化行政管理部门需要牵头对其进行合理安排和调控，不能完全放手让市场来处理。高新技术企业因为受限于利润回报和人力资源，目前尚未完全成为基于文化与科技融合下的非物质文化遗产数字化保护机制的实施主体，现阶段该领域的实施主体依然是政府及其所属高等学校和科研机构。

在本书中，非物质文化遗产数字化保护机制的实施主体是指除某些重大基础性研究和社会公益性研究外的高新技术企业。高新技术企业成为非物质文化遗产数字化保护机制的实施主体，不仅是我国经济体制改革的必然结果，同时也是非物质文化遗产数字化保护的现实需求，更是高新技术企业应对市场环境的现实选择。同时，在文化与科技融合背景下的非物质文化遗产数字化保护事业的基础性研究和公益性研究，同样要坚持以非物质文化遗产数字化保护为需求基础、以行政管理为整体导向、以市场运作为实施方式，并通过行政引导和经济激励来积极争取企业的支持。

2. 体制改革的发展结果

从非物质文化遗产数字化保护的实施特征来看，非物质文化遗产数字化保护既是一种创新行为，同时也是一种社会行为，更是一种文化与科技一体化的典型社会活动。其中，非物质文化遗产数字化保护需求是其驱动源泉，经济效益和社会效益的共赢是其最终目标，非物质文化遗产数字化保护技术的成功转化则是其成功推动的标志。在现阶段，我国非物质文化遗产数字化保护的研究和实施主要依赖科研院所和大专院校，非物质文化遗产科技创新也遵循政府投入、政府管理和政府实施的思路来运作，各类企事业单位是纯粹的实施单元，即企业的非物质文化遗产保护活动和非物质文化遗产科技应用完全是在政府行政指令下被动地发生的。这种机制和主体的错位导致了我国非物质文化遗产数字化保护和非物质文化遗产研究出现脱节，非物质文化遗产数字化保护研究成果难以充分转化。在全面推进行政体制改革的大环境下，文化与科技融合战略正是解决上述症结的有效举措。该战略对非物质文化遗产数字化保护实施主体提出了新的要求：其一，非物质文化遗产数字化保护的实施主体应该对非物质文化遗产数字化保护需求保持敏感，能够根据市场原则确定融合方向，获取一定效益；其二，非物质文化遗产数字化保护的实施主体应该有一定的研发、生产、销售和服务能力，能够保证非物质文化遗产研发成果顺利转化和长期运行；其三，非物质文化遗产数字化保护的实施主体应该有一定的资金实力和金融能力，能在不完全依赖国家投入的前提下保证非物质文化遗产研发的投入，承担文化与科技融合过程中可能存在的风险。由此可见，高新技术企业作为天然的市场主体，在我国非物质文化遗产数字化保护过程中的地位将随着我国体制改革步伐的不断加快而日益提升。

3. 市场竞争的迫切需求

进入经济全球化时代以来，国际竞争已逐步由冷战时期的政治交锋转变为经济实力的竞争，而经济实力则源于市场经济的发展和科学技术的进步。因此，大力发展社会主义市场经济、加快完善体制结构、转变经济发展方式、推动科学技术的不断进步都是实现文化与科技融合的重要支撑。

通过对高新技术企业市场经济主体地位的阐述，我们可以看到创新与社会需求之间存在不断满足、不断推进的过程。但从我国高新技术企业的现状来看，其非物质文化遗产数字化保护产品的科技含量、技术水平和竞争实力均较国际先进水平有着一定差距，究其原因主要是我国高新技术企业的创新能力较弱，同文化产业的结合不紧密，其生产方式还未有效突破人口、资源和环境的整体制约，从而在产品上缺乏国际竞争力，无法获得竞争优势与主动权。可见，只有充分确立高新技术企业在非物质文化遗产数字化保护中的实施主体地位，充分发挥我国高新技术企业的本土优势，走文化与科技融合道路，才能在非物质文化遗产数字化保护领域获得竞争的主动权。

第二节　非物质文化遗产数字化保护机制的实现

非物质文化遗产数字化保护机制的驱动力源于以文化行政管理部门为主管、以科技管理部门为主导、以高新技术企业为主体的管理驱动体系，它将非物质文化遗产数字化保护中的行政管理、科技研发、市场需求与社会传承结合在一起，形成一个互生互动的有机整体，进而有效推动我国非物质文化遗产数字化保护事业的纵深发展。

一、非物质文化遗产数字化保护机制的实现平台

非物质文化遗产数字化保护平台是非物质文化遗产数字化保护机制的实现载体。通过采用元数据技术、地理信息系统等新兴技术，可以实现对现有非物质文化遗产数字化资源的长效保存和有效盘活，为推动我国非物质文化遗产数字化保护的整体管理、实现我国非物质文化遗产社会化保护和数字化传播起到良好的作用。

（一）非物质文化遗产信息化建设的背景与现状

数字博物馆技术的日益成熟，推动了非物质文化遗产信息化建设的发展，其中非物质文化遗产数字化保护手段受到广泛关注。通过实施非物质文化遗产数字化保护，我国非物质文化遗产数字化保护事业已从最初的以民间社团组织为主，转变为政府领导与民间力量相结合的全面保护，拉开了我国以国家行政手段对非物质文化遗产进行保护的序幕。党和国家对非物质文化遗产数字化保护工作的高度重视，非物质文化遗产数字化保护和研究团体的研究，共同推动了我国非物质文化遗产信息化建设的发展。非物质文化遗产信息化建设的发展，不仅体现了对非物质文化遗产档案进行信息化管理的必要性，还为非物质文化遗产信息化融合应用管理提供了宝贵的经验和数字化、信息化技术。

通过对全国非物质文化遗产网站建设情况、非物质文化遗产普查软件研发与使用情况、非物质文化遗产数据库建设情况三个方面进行的综合调查研究，笔者对我国非物质文化遗

产信息化建设的现状做了以下总结。

1. 非物质文化遗产网站建设初具规模

网站是了解非物质文化遗产信息化建设现状的重要窗口之一。截至目前，我国非物质文化遗产专业网站有“中国非物质文化遗产网·中国非物质文化遗产数字博物馆”和“中国民俗学网”。前者是由文化和旅游部主管的公益性非物质文化遗产数字化保护网站，旨在利用现代化网络平台推广传播中国和世界非物质文化遗产领域的相关知识与信息；后者是由中国民俗学会主办，旨在团结全国广大民俗学工作者调查、搜集、整理、研究我国各民族的民俗文化现象，组织开展学术交流，搜集发布学术信息，促进学术发展。此外，还有用于宣传非物质文化遗产数字化保护的综合性网站、中国非物质文化遗产数字化保护成果展览线上展馆。

2. 非物质文化遗产普查专用工具投入使用

我国在 2005 年开始开展全国的非物质文化遗产普查工作，并由中国艺术研究院组织相关专家编撰出版了《中国非物质文化遗产普查工作手册》，作为全国开展非物质文化遗产普查工作的指导文件。由于我国地域广、民族众多，非物质文化遗产璀璨丰富、数量巨大，因此文化和旅游部提出由中国艺术研究院非物质文化遗产数据库管理中心组织研发“非物质文化遗产普查子系统软件（测试版）”，以配合和辅助全国非物质文化遗产普查工作的开展。该软件中不仅包含了全国省、自治区、直辖市、地级市和区县的地区编码、项目一级分类编码、项目二级分类编码，还将《中国非物质文化遗产普查手册》中专家对普查工作的要求做成了表格，这不仅规范了普查数据、方便了普查记录操作，同时也便于各个地区乃至全国的数据存储、数据查询和数据分析等工作的开展。该软件一经研发成功，便提供给全国各地试用，并结合各地普查工作的实际使用情况进行了数次升级和修正。例如，在原普查软件的基础上又研发了“中国非物质文化遗产数据库管理软件（服务器版）”，除了拥有“普查管理”功能，还新增了“申报管理”“资源管理”“综合查询”等功能模块。非物质文化遗产普查软件在各地的推广为非物质文化遗产信息化建设的前期搜集工作有序、系统地开展提供了充分的支持。

随着普查软件的普及，有些省结合自身非物质文化遗产的分布、类型特征和非物质文化遗产保护工作的进展，开始自主开发本省范围内的专用普查软件。例如，山西省为加快形成五级非物质文化遗产数字化保护体系，实现对该省非物质文化遗产分层次、多方面、全方位的保护，已绘制出山西省非物质文化遗产分布图，已开发出非物质文化遗产普查软件；浙江省文化主管部门有关发文也指出，要扎实完成民间艺术普查任务，研究开发切合基层需要的数据库软件。

3. 非物质文化遗产数据库建设渐成体系

为了加强我国非物质文化遗产数据库的建设，国家采取了一系列措施。随后，文化和旅游部提出建设中国非物质文化遗产数据库电子管理系统的要求，并由中国艺术研究院在对全国非物质文化遗产保护工作实际情况的调研基础上，构建中国非物质文化遗产数据库。2008 年，由文化和旅游部主办、中国艺术研究院・中国非物质文化遗产保护中心和湖北省宜昌市文化局承办的“中国非物质文化遗产数据库建设培训班暨经验交流会”在宜昌市举行，上述举措逐步奠定了我国非物质文化遗产数据库建设的基础。

中国非物质文化遗产数据库的结构建设与规划已初步完成，数据库总体框架设有普查管理、名录申报管理等独立的功能模块。并且在数据库建成之后，可以根据保护和管理工作的需要，随时制作并添加新的功能模块，数据库整体功能也可以随着各独立工作模块的设计制作完成而扩展，且不影响工作的连续性，这体现了数据库架构的可拓展性。此外，数据库划分国家、省、地区 / 市、县四级，符合国家非物质文化遗产数字化保护工作四级管理体制的架构，建成后通过网络联机形成全国非物质文化遗产数据管理系统。联机数据管理系统可以按照行政规划进行选择性的数据传输与交互，实现全国非物质文化遗产信息资源的共享，同时还可以进行数据联机分析、全局联机检索及容灾备份，即如果某个节点系统发生故障，可以由上级或下级节点进行推送恢复。该数据库在技术设计上有许多创新之处，如 J2EE 三层架构使整个系统易于扩展和移植。服务器硬件设备可以随着信息处理和存储工作量的增加而增加。为确保系统的安全和规范运行，信息安全保障体系和标准规范及运行保障体系也在系统的设计之中。以中国非物质文化遗产名录数据库为例，该数据库收录了第一批和第二批国家级非物质文化遗产和国家名录申报指南，向使用者提供申报地区或单位和遗产类别两种检索途径。由福客技术支持的中国非物质文化遗产名录数据库系统，可以实现全国范围内的非物质文化遗产名录检索。从中国艺术研究院初步完成的中国非物质文化遗产数据库的结构建设与规划来看，我国非物质文化遗产数据库运用了目前较先进的数据库理念和技术。除了国家级总体非物质文化遗产数据库系统，各区域也根据本区域的特点研发建设了省、市级非物质文化遗产数据库系统。

早在 2000 年，中国社会科学院便主持立项中国少数民族文学研究资料库。该资料库收藏的资料包括口承资料（口承史诗、叙事诗、歌谣、神话传说、民间故事等）和书面资料（古代文献和现代少数民族作家作品及手稿）两类，以数码技术等现代手段对上述资料加以保存。目前，资料的输入、检索、借阅基本完成了电脑系统管理的基本流程。这其实算不上真正意义上的数据库，更多的是一种具备数据库思想的实体档案保管模式。如若进一步将其全部进行数字化，构建一个非物质文化遗产档案信息资源网络，采用数据库技术进行管理，则其将是一个十分实用和有意义的非物质文化遗产档案数据库。

2006 年，由河南省民协和教育部重点社科基地河南大学黄河文明与可持续发展研究中心联合打造的“中原民族民间文化资源数据库建设项目”正式启动。该项目旨在对河南民间文化遗产抢救工程成果进行分类、盘点、梳理、整合，形成电子文本，实现河南民间文化资源的社会共享，在三至五年内对全国范围内的民间文化进行全方位的考察、记录、整理、分类，并形成多媒体数字化文本。这将是非物质文化遗产档案保存和管理的一个重要方向。

早期非物质文化遗产的数字化已经启动。以文字或者声像形式记录的资料受传播方式所限，使用时只能到图书馆或资料室查找，或者使用所需的拷贝资料。为解决这一问题，需要利用数据库、数据压缩、高速扫描仪等技术手段对这些不同载体类型的档案进行数字化形式的再现。非物质文化遗产档案信息数字化网络建成后，使用者可通过网络访问档案信息库资源，除非情况特殊，否则不需要原件。这样不仅可以提高档案的利用率，还可以避免原档案因频繁使用而受损，从一定程度上延长了档案原件的使用寿命，特别是纸质档案的使用寿命。

（二）非物质文化遗产数字化融合保护平台的必要性

我国非物质文化遗产的基本现状为种类繁多、分布零散，包括民间文学、民间音乐、曲艺、杂技与竞技、民俗等，它们不均衡地分布在全国各省、市、自治区，分布现状决定了非物质文化遗产的管理、利用的分散性，且目前全国尚没有统一的非物质文化遗产建设标准对此进行规范，各行其是的管理和松散的体制必将给非物质文化遗产的传播和利用带来不便，进而为非物质文化遗产数字化保护工作带来难度。如何既能兼顾非物质文化遗产区域性和民族性的特性，又能实现统一管理，成为当前非物质文化遗产数字化保护工作的一个重点和难点。因此，可以将信息化管理的理念应用于非物质文化遗产数字化保护工作。信息化管理综合运用影像、数字、网络等先进信息技术和科学、系统的组织管理方法，能够在一定程度上解决现阶段我国非物质文化遗产信息分散、利用率低等问题，通过管理信息系统和虚拟网络平台，我们可以实现对我国非物质文化遗产档案统一、系统、有序的安全管理。其意义具体体现在以下 3 个方面。

1. 符合非物质文化遗产传承保护的根本宗旨

非物质文化遗产被誉为历史文化的“活化石”“民族记忆的背影”，它记录着人类社会生产生活方式、风俗人情、文化理念等重要特性，对国家和民族具有重要的价值和意义。非物质文化遗产记录着原始的文化信息，其地位和价值无可替代。长期以来，数字化和培养传承人一直是保护和传承非物质文化遗产的重要手段。在资源信息化的大背景下，非物质文化遗产作为宝贵的遗产资源，对其实施信息化管理不仅有利于非物质文化遗产的长期保存，同时也有利于传承人的培养。利用摄录设备可以使非物质文化遗产以影像的方式再现，目前很多博物馆和文化机构均保存了大量的非物质文化遗产录像带、磁带、光盘。这些数字化成品可以作为传承人学习的教材，也可以作为丰富人们生活的文化产品。

2. 奠定非物质文化遗产信息开发利用的坚实基础

首先，信息化管理可以有效实现非物质文化遗产信息的传播，有利于挖掘非物质文化遗产所蕴含的历史价值、文化价值，同时利用先进的信息传播技术和网络技术对非物质文化遗产进行宣传，将其打造为城市品牌或旅游亮点，从而创造出丰厚的经济效益；其次，直接将经信息化处理的非物质文化遗产存储到各种介质上，形成录像、录音等资料，进而生成光盘、磁带、出版物等产品，这是非物质文化遗产开发利用的方式之一；最后，系统、全面的信息化数据库便于查询、下载科研材料。

3. 满足社会信息资源共享的迫切需求

非物质文化遗产资源是社会信息资源中不可或缺的重要组成部分，非物质文化遗产的使用者可以是非物质文化遗产爱好者、科研学者，也可以是众多的普通百姓，非物质文化遗产信息的共享是社会信息资源共享的基础之一。通过建立覆盖全国的非物质文化遗产名录体系，我们可以将原本零散的非物质文化遗产统一收录到一个目录数据库中，依靠“中央—地方—基层”的层级管理体制不断完善全国非物质文化遗产目录数据库，形成纵横交错的网络体系，使用者可以方便地通过网络服务平台检索到任一非物质文化遗产的相关信息。因此，非物质文化遗产信息化管理也是在满足社会信息资源共享的迫切需求。

（三）非物质文化遗产数字化融合保护平台的构建框架

1. 非物质文化遗产数字化融合保护平台的含义

非物质文化遗产数字化融合保护平台是基于管理信息系统开发的一套非物质文化遗产

数字化保护应用系统，它集齐了多种数字化技术工具来实现系列功能。管理信息系统（MIS）主要内容有：强调锁定企业整体目标，对企业及其环境的信息进行收集、整理、存储、传递、加工和提供，以辅助和支持企业的管理和决策。经过几十年的发展，管理信息系统的环境已发生翻天覆地的变化，市场全球化、需求多元化、竞争激烈化等新的趋势促使管理信息系统向着更加智能化和人性化的方向发展。有学者从企业管理的角度对管理信息系统进行定义：管理信息系统是以人为核心主导，利用计算机信息技术和计算机软硬件组合，对各类信息进行处理和加工的过程。国际标准化组织将管理信息系统定义为由计算机技术、网络通信技术、信息处理技术、管理科学和人员所组成的一个综合系统，它能提供信息以支持一个组织机构的执行、管理和决策功能。由此可以将非物质文化遗产档案管理信息系统理解为充分利用现代计算机及网络通信技术，以提高非物质文化遗产档案管理工作的质量与效益为目的，围绕管理和研究业务开展建设的信息系统。

2. 非物质文化遗产数字化融合保护平台的功能

管理信息系统包括输入、存储、处理、输出、传输等基本功能。从使用者的角度看，非物质文化遗产档案管理信息系统的目标是为信息化管理服务和非物质文化遗产档案管理工作提供便利。非物质文化遗产档案管理信息系统目标的实现需要多种功能结构的支撑，即一个管理信息系统所具有的各子系统。

非物质文化遗产数字化融合保护平台的功能结构包括资源采集、资源处理、资源存储、资源转换、资源分析、管理支持和资源利用七个模块（见图 4-2）。资源采集模块负责收集非物质文化遗产信息资源；资源处理模块负责处理非物质文化遗产信息资源；资源存储模块负责将处理好的非物质文化遗产信息资源安全存储在恰当的位置；资源转换模块负责将非物质文化遗产信息资源按一定的标准和格式进行转换、压缩；资源分析模块负责根据工作需求对非物质文化遗产信息资源进行各种类型的统计分析；管理支持模块负责对非物质文化遗产数据库进行实时比对，为非物质文化遗产数字化保护行政管理部门提供保护建议；资源利用模块负责结合多种新兴科学技术，对非物质文化遗产信息资源进行数据挖掘和有效开发。

需要特别指出的是，国务院办公厅颁布的《国家级非物质文化遗产代

图 4-2 非物质文化遗产数字化融合保护平台的功能结构

（图片来源：作者自绘）

表作申报评定暂行办法》的第七条专门指出，申报项目须提出切实可行的十年保护计划，并承诺采取相应的具体措施，进行切实保护，保护措施包括建档，即通过搜集、记录、分类、编目等方式，为申报项目建立完整的档案。由于非物质文化遗产项目的归档是信息化管理的一个重要环节，项目的申报周期较长，申报的前期、中期、后期均会形成大量有价值的档案，因而在设计管理信息系统功能时，应添加建档模块，专门负责对正在申报的非物质文化遗产项目的相关材料进行及时地收集、整理、归档。

管理信息系统在文化遗产领域的应用已有较为成熟的案例。以故宫文物管理信息系统为例，故宫博物院从 20 世纪 90 年代开始进行信息化建设，故宫博物院文物管理信息系统经历了单机版、基于 C/S 结构、基于 B/S 结构三个发展阶段。“数字故宫”建设步伐的加快，对文物管理信息系统提出了更高的要求。2006 年，故宫博物院对该系统进行了功能和技术改造，改造后的文物管理信息系统包括文物账目信息管理、文物研究信息管理、数据导入、综合查询、系统统计、系统管理等功能模块。改造后的文物管理信息系统不仅满足了对多层次藏品管理的需求，同时还实现了对各类藏品总量、客户登录日志等数据的实时、高效统计，为宏观管理、领导决策提供了条件。管理信息系统在不可移动的文化遗产领域的应用，给非物质文化遗产带来了广泛的应用前景。

3. 非物质文化遗产数字化融合保护平台的建设原则

非物质文化遗产数字化融合保护平台的建设需要高瞻远瞩、立足全局，制定具有全局性、纲领性、长远性、协同性的方针政策和规划方案。归根结底，非物质文化遗产数字化融合保护平台的建设应符合以下 5 项基本原则。

（1）宏观性和微观性相结合原则

非物质文化遗产的管理是以文化和旅游部协调组织为主导，各省、市、县具体负责本辖区内的非物质文化遗产数字化保护和管理工作。非物质文化遗产的管理体制是从中央到地方的自上而下的纵向体系，不同的管理层级有不同的管理职能和具体业务，因此对非物质文化遗产信息的需求也不尽相同。系统建设应根据不同层级来确定系统功能和信息数据库，使微观信息与宏观信息既相对独立，又保持有机联系。

（2）标准统一、规范合理原则

标准统一是实现共享的前提和基础，因此自上而下的管理信息系统开发需要遵循标准统一、规范合理的原则，同时横向的各地区之间的系统建设也应统一标准。为了有效地落实这一原则，中央、省、市、县可以选择集中开发这种既能共享又节约成本的系统，而系统建设的关键技术由中央主管部门负责开发，然后将其作为推荐技术，要求地方和基层非物质文化遗产档案管理部门采用，从而为建成覆盖全国的非物质文化遗产数字化融合保护平台打下坚实的基础。

（3）兼顾技术先进性与兼容性原则

系统建设时选择先进的技术可以更为便利地操作，开发出更多的功能，但技术也并非越先进越好。首先，一般最新推出的技术，其稳定性都有待观察。其次，计算机技术种类繁多，很多同类型不同原理的技术不能互相兼容。例如，现今功能较全的集成化开发工具有 Power Builder、Visual Basic、Delphi、Inter-Dev 等，采用不同的开发工具建设的系统，其兼容程度各不相同；集成化开发工具和专用开发工具，如网页制作工具 Adobe Dreamweaver、网页动画设计软件 Flash 等，也存在兼容性的问题。

（4）兼顾功能完整性与实用性原则

在系统建设前应先进行系统规划及深入、细致的调研，了解各层级、各地区的非物质文化遗产的使用人群、使用情况和使用需求并收集相关信息，据此对管理信息系统的战略目标、开发方法、功能结构等进行分析，设计出适合各级非物质文化遗产管理部门最迫切需要的管理信息系统，确保系统界面符合使用人群的使用习惯，功能模块简单实用且能满足使用者的全部需求，并保证系统功能既完整又实用。

（5）兼具可扩展性与易维护性原则

现代科技日新月异，用户需求也在随之变化，对非物质文化遗产数字化融合保护平台的要求也会随着时间的推移而不断变化，在建设之初运行良好的系统在若干年后可能面临技术落后和功能衰退的问题。面对这种变化，需要随时对系统进行改进和补充，以满足新增的使用需求。因此，在系统的设计和实施阶段应采用先进的应用软件开发技术，保证其可扩展性。日常管理和维护也是系统正常运行的关键，为了降低管理和后期维护的成本和难度，系统在设计实施之初应遵循易维护性的原则。

4. 非物质文化遗产数字化融合保护平台的基本内容

非物质文化遗产数字化融合保护平台的内涵揭示了其平台化的目的：逐步实现非物质文化遗产数字化保护、管理、开发和利用的自动化、网络化。为了实现这一目的，需要开展以下 3 项工作，也就是当前需要进行的非物质文化遗产信息化管理的主要内容。

（1）非物质文化遗产数字化融合保护平台的基础建设

第一，对非物质文化遗产信息进行电子形式的档案管理。档案馆在非物质文化遗产保护工作中的任务是及时收集、归档、保管有价值的非物质文化遗产资源。具体地说，档案馆在信息化管理工作中应重视电子形式的非物质文化遗产档案，做到有规划、有步骤地收集、归档、保管这部分档案。

已归档的电子形式的非物质文化遗产档案，在信息化管理过程中应予以整理和编辑。档案馆根据电子形式的非物质文化遗产档案的种类、数量，按照统一要求确定整理方案，利用档案的著录信息形成机读目录。此外，在进行介质归档时，还应对电子形式的非物质文化遗产档案的载体进行简单整理，在载体或其包装盒表面贴上标签，注明编号、名称、密级、保管期限、软硬件环境等基本检索信息。整理完毕后，还应将档案形成单位、硬件环境、软件平台、应用软件、文件题名、形成时间、文件性质、类别、载体编号、保管期限等以表格的形式做好登记。编辑主要是对档案载体规格或档案存储格式进行调整，将其转换为统一的规格或格式。对电子形式的非物质文化遗产档案的管理还包括对档案载体和信息的保护，防止自然灾害和人为破坏对珍贵的非物质文化遗产档案造成损害。

第二，将传统形式的非物质文化遗产信息进行数字化档案处理，不仅是非物质文化遗产信息化管理的内容之一，也是非物质文化遗产信息资源建设的重要途径。例如，档案馆加强口述档案的建设，将以口述或动作形式流传的非物质文化遗产转化为录音、影像等形式的档案资源，这样既便于管理和利用，又丰富和优化了馆藏资源。将保存的非物质文化遗产信息进行数字化处理，包括纸质档案、照片底片档案、录音档案、视频档案和正在形成的非物质文化遗产档案，运用扫描、模拟转换等技术进行馆（室）藏档案资源数字化。

由于非物质文化遗产是一种活态的信息资源，因此对非物质文化遗产的信息化管理要凸显出非物质文化遗产的这一特点。在数字化处理过程中，除了运用常见的扫描仪、照相机、录音机等仪器设备进行一般转化，还要采用先进的可视化数字技术或逼真的三维动态技术。目前，对具体的非物质文化遗产数字化技术的研究已取得一些成果。例如，有学者提出要利用三维数字技术将非物质文化遗产的场景进行数字化再现，以便使用者查阅档案时能更直观地了解到非物质文化遗产的内容，并尽可能实现现场互动；还有学者指出，运用人类解剖学和计算机体层摄影（CT）的原理和技术，以数字化的方式将非物质文化遗产项目的碎片重新整合。

第三，对非物质文化遗产信息资源进行管理、开发和利用。传统的数字化管理平台仅就非物质文化遗产信息的流程进行管理，不能完全覆盖非物质文化遗产数字化保护的整体流程，同时也不能有效发掘现有的非物质文化遗产信息资源，从而导致传统的数字化管理平台的保护效果不好、利用效率不高。非物质文化遗产信息化管理，即实现非物质文化遗产管理的信息化。为此，不仅需要强调非物质文化遗产信息化过程的管理，更需要理解其信息化管理的最终目的是实现非物质文化遗产信息资源的开发和利用。实现非物质文化遗产的信息化管理，能够更好地保护非物质文化遗产，更便捷地利用非物质文化遗产，更利于非物质文化遗产资源的整合。

利用互联网建立非物质文化遗产线上博物馆，运行较为成熟的各级各类非物质文化遗产网站。利用网络平台将数字化的非物质文化遗产信息进行共享，不仅可以节省人力、物力、财力，还可以提高管理工作效率，达到绝佳的宣传利用效果。尤其是将音频、视频格式的声像档案进行在线展示，使人们可以直接点击浏览，实现与文化的零距离亲近，获得最直观的感受。利用传承图谱技术和虚拟现实技术，可以将非物质文化遗产的源流、脉络在人们面前实时展示出来；利用网络舆情监控技术并结合非物质文化遗产信息库，可以实现非物质文化遗产的远程监控和保护评估，为文化行政管理部门提供保护预警服务，并根据数据库与案例库的逻辑分析，提出相应的非物质文化遗产数字化保护建议。例如，浙江省非物质文化遗产网在首页上设置了在线视频链接，用户点击该链接可以观看永嘉昆剧、越剧，舟山渔民号子等非物质文化遗产的项目视频和关于非物质文化遗产数字化保护宣传工作的活动视频。除了利用网站，非物质文化遗产信息化管理还包括将档案馆保存的非物质文化遗产的各项指标进行分类、统计和分析，为整个非物质文化遗产管理工作指明方向。例如，利用管理信息系统的分析功能，快速、便捷地统计非物质文化遗产信息的收集量、利用率、损毁程度等综合衡量指标，这样不仅可以明确档案价值、确定档案编纂对象，还能够为档案馆制定管理规范和保护策略提供依据。

(2) 链接嵌入式地理信息系统

地理信息系统（GIS）是一种特定的重要的空间信息系统，它能够分析、处理在一定地理区域内分布的各种现象和过程，专题性地理信息系统更是广泛应用于资源管理、交通运输、行政管理等行业。以区域来划分非物质文化遗产，可以充分利用地理信息系统。中国艺术研究院初步完成的中国非物质文化遗产数据库系统中加入了地理信息系统，将全国普查采集的数据根据地区代码直接显示在地图上，这样能够提供直观、便捷的使用和查询服务。在非物质文化遗产管理信息系统中也可以加入嵌入式地理信息系统，其主要思路：将各地区的非物质文化遗产信息输入地区数据库系统（它是以某个地区为其研究和分析对象的系统，能清晰地了解各地区独有的非物质文化遗产），并加入内容添加、修改、提取、分析功能。嵌入式地理信息系统能够自动采集非物质文化遗产的地域信息，对某类非物质文化遗产的存在范围进行准确定位。

链接嵌入式地理信息系统主要使用地理信息技术，主要分为使用浏览器和使用服务器两种模式。它通过服务器生成非物质文化遗产地理信息数据，采用网络传输的形式用浏览器向用户提交结果。同时，基于地理信息内容和位置服务的计算机体系还可以采用 XML（可扩展标记语言）来实现信息下载和多次建模等功能。

（3）面向对象的数字化安全系统

使用非物质文化遗产数字化融合保护平台后，由于非物质文化遗产数字信息的不断汇集，保护平台数据的安全变得日益重要。为了防止数据被破坏和非法使用，保证数据完整、正确，特别要预防灾难性事故的发生，应采用双机热备份、定期备份等手段。同时，采用增量备份的方法，利用数据库备份工具实现集中备份。

5. 非物质文化遗产数字化融合保护平台的集成应用

集成是一种新的理念与方法，其本质是要素整合和优势互补。非物质文化遗产数字化融合保护平台集成是把全国范围内的非物质文化遗产的相关信息、档案管理信息系统组织协调起来，按各要素的功能规划构建一个有机的系统，从而提升集成体的整体性能，发挥各地非物质文化遗产管理信息系统的最优功能，整合构建全国统一的非物质文化遗产档案信息管理平台。

非物质文化遗产档案管理信息系统的集成应用具有非常重要的意义。它不仅是实现非物质文化遗产信息管理自动化的途径，更是非物质文化遗产资源开发利用的重要手段。首先，数字化融合保护平台便于对全国范围内的非物质文化遗产普查结果进行统计、分析，在全国层面上得到准确的结论，为党和政府对非物质文化遗产工作进行决策提供服务；其次，各分系统在突出自身特色的基础上，统一于共同的数字采集标准，为建立检索机制奠定了良好的基础，便于信息的传播和共享。

非物质文化遗产数字化融合保护平台的集成模式（见图 4-3），将各地非物质文化遗产档案管理信息系统和各类数据库资源链接到中心信息系统，建立统一的非物质文化遗产信

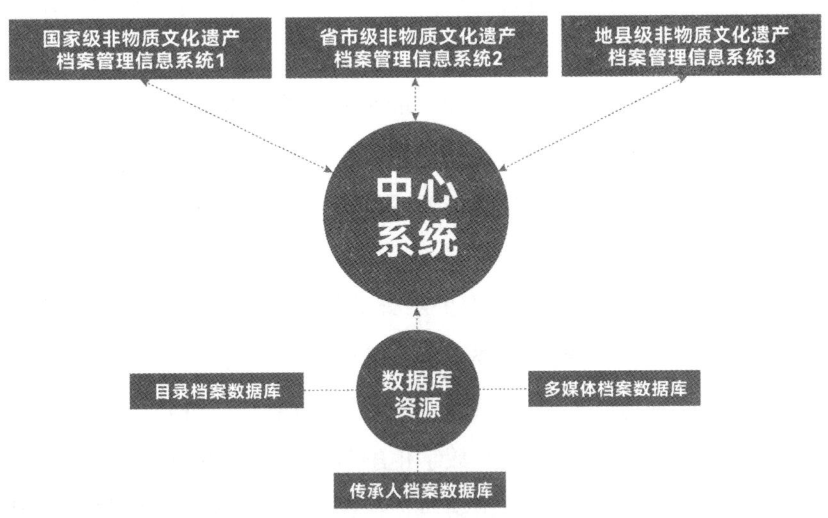

图 4-3　非物质文化遗产数字化融合保护平台的集成模式

（图片来源：作者自绘）

息资源管理平台，提供全国非物质文化遗产档案信息的共享服务。在具体实施时，非物质文化遗产档案管理信息系统的集成还应注意以下 3 项内容。

（1）应用平台系统分级集成的思想

由于全国范围内的非物质文化遗产资源分布零散、数量巨大，笼统地集成可能产生存储容量过大、数据冗余、资源重复等现象。例如，传统戏曲花鼓戏是我国首批国家级非物质文化遗产名录之一，其申报单位包括安徽省宿州市、淮北市、宣城市，湖南省岳阳市岳阳县、邵阳市、常德市，属安徽省、湖南省共有的非物质文化遗产，这两个省的非物质文化遗产档案管理信息系统必然都包含有花鼓戏的相关资源数据。当系统集成时，花鼓戏资源数据便会重复出现，造成存储空间的浪费。因此，非物质文化遗产档案管理信息系统的集成应充分遵循分级原则。根据非物质文化遗产的地域性、民族性特征，分级集成可以概括为既包括遗产所属地域上的级别（中央、省、市、县及以下）集成，也包括遗产本身的级别（世界级、国家级、省级、市级）和类型集成。另外，分级集成的思想也为非物质文化遗产档案资源数据库的建设设定了大致框架。

（2）采用分布式的数字信息资源系统结构

近年来，数字博物馆、数字图书馆通过互联网突破了实体馆所具有的空间和时间的限制，能够面对更多的用户，改善了博物馆、图书馆的访问条件。然而，同非物质文化遗产资源一样，博物馆、图书馆（主要指公共图书馆）的数字资源不仅仅是属于该馆或某一个文化机构所有的，而是民族的、国家的，也是全人类的。所以，非物质文化遗产档案信息管理必须考虑到信息共享的问题。要解决信息共享的问题，需要建立分布式的非物质文化遗产档案数字资源库群，对分散在全国各地的非物质文化遗产档案数字资源进行整合管理。

（3）建立统一的数字化保护系统

管理信息系统的集成需要准确、高效地管理与利用大量的、多维的数字信息，以建立统一的信息资源管理平台，从而实现归类保存、科学检索、多维分析、数据共享等管理要求。在统一的非物质文化遗产数字化融合保护平台的基础上，以构建数字博物馆或非物质文化遗产网站的形式提供使用服务。在设计数字博物馆和非物质文化遗产网站时，应兼顾功能应用和美化宣传，建成集管理、发布、使用于一体的形象窗口，且对全社会公众免费开放。此外，数字博物馆或非物质文化遗产网站还应将目录档案数据库、传承人档案数据库、多媒体档案数据库等各类数据库资源连接起来，形成一个中央到地方，省、市、县三级一体的非物质文化遗产信息使用网络（见图 4-4）。

在平台建设上，将现代新兴技术引入和内化我国非物质文化遗产数字化保护事业中，推动我国保护机制的不断健全与完善，构建以非物质文化遗产数字化融合保护平台为核心的数字化保护体系，可以为打通我国现有的非物质文化遗产数字化信息孤岛、实现全国非物质文化遗产数字化保护打下良好的基础。

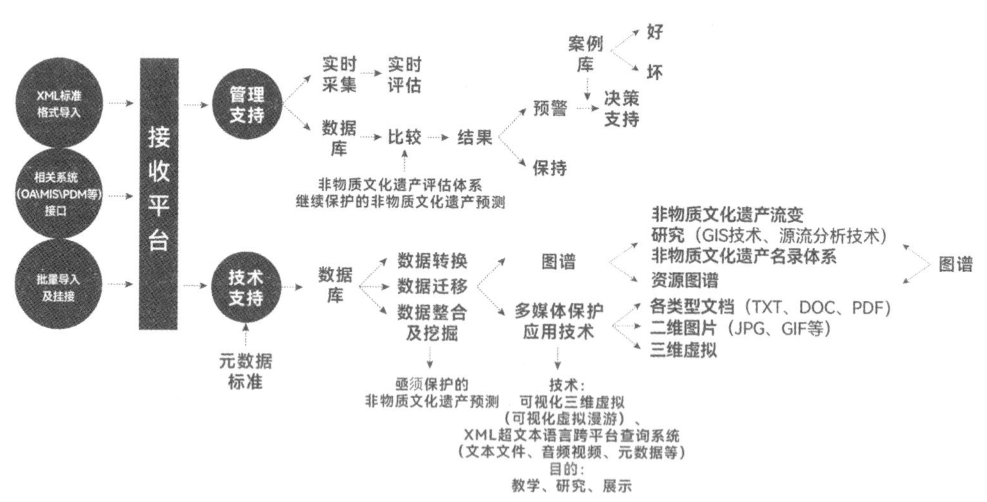

图 4-4　非物质文化遗产数字化融合保护平台的流程结构

（图片来源：作者自绘）

以上述内容为基础，首先需要理解非物质文化遗产数字化传承与保护的重要性。非物质文化遗产是人类创造的具有特定文化意义的传统表现形式，如口头传统、表演艺术、社会实践、仪式节庆等。数字化时代，许多非物质文化遗产面临着失传的危机，因此数字化传承与保护成为符合当下时代发展的必然趋势。数字化手段能够使非物质文化遗产得以记录、保存、传播，并更好地与现代数字社会相结合，从而实现其传承与保护的可持续发展。通过数字媒体技术，我们可以将非物质文化遗产进行数字化再创作和共享展示，通过数字网络平台、移动应用平台等媒介形式，使更多人了解和体验到传统文化的艺术魅力。同时，通过虚拟现实技术，我们可以让用户身临其境地感受非物质文化遗产的魅力，从而增强其吸引力和影响力。

综上，通过数字化传承与保护非物质文化遗产，并结合非物质文化遗产的实际情况进行创新实践，不仅可以为其提供更广泛的传播平台和传承路径，也可以促进其与当代社会的融合发展，进一步实现非物质文化遗产的可持续传承与保护。

二、文化与科技融合下的非物质文化遗产数字化保护机制的实现制度

合理有效的制度是保证非物质文化遗产数字化保护机制实现的基础。就现代管理学发展趋势来看，管理制度创新、体制创新和科技制度创新是机制构建的重要因素。下面围绕三大制度的创新内涵、实现路径和具体举措进行阐述。

（一）以管理制度创新为基础

1. 非物质文化遗产管理制度创新

1912 年，约瑟夫·熊彼特（Joseph Alois Schampeter）提出创新是一个经济范畴内的概念，并阐述了创新在社会经济发展中的重要作用。熊彼特所提出的创新理论是基于经济学领域，重点围绕企业经营的理论，此后，中外学者皆从各自的研究领域入手，对创新理论及其外延进行了多层面、多角度的阐释。其中，克里斯托夫·弗里曼（Christopher Freeman）提出了国家创新系统理论，他认为创新是一个涉及多部门、多领域、多行业、多层次的复杂集合和整体系统，同时论证了制度创新和

组织创新为社会活动提供信息、制定规则和激励发展的方式与作用；彼得·德鲁克（Peter Drucker）则基于管理学提出了对创新的界定，即创新是由技术创新和社会创新构成的，前者是新发明和新发现在社会领域中的应用，后者则是从管理角度出发，对结构、体制和制度等内容进行调整、优化和革新，从而追求效率的最大化和资源配置的最优化。

非物质文化遗产数字化保护机制的实现需要依靠政府管理部门，即文化行政管理部门的全程管理。在文化与科技融合的背景下，非物质文化遗产管理制度创新实质上就是各级文化行政管理部门的管理创新。由于文化行政管理部门隶属于政府，因此文化行政管理部门的管理制度创新也可以理解为政府管理制度创新在文化管理领域内的集中体现。现阶段，政府管理制度创新是一个新兴的研究领域，尚未有学者对文化行政管理部门管理制度创新进行界定，但学术界对政府管理制度创新已有一些探讨。

结合非物质文化遗产数字化保护机制的内涵，以及学者对政府管理制度创新的内容和形式的界定，笔者认为文化与科技融合背景下的非物质文化遗产管理制度创新，就是在非物质文化遗产数字化保护过程中，各级各类文化行政管理部门对文化部门的管理理念、文化行业的管理模式、文化产业的管理方式的创新改革。

2. 非物质文化遗产管理制度创新的原则

（1）规范性原则

在政府治理领域中，创造性和规范性是一对互生互动的概念，只有将二者结合起来，才能适应社会环境变化和政府职能转换的需要。可见，在制度框架内实施规范化管理是文化行政管理部门实施非物质文化遗产管理制度创新的基础，它将文化行政管理部门在非物质文化遗产管理制度创新过程中涉及的问题进行整合，并形成一个解决上述问题的标准和流程，使非物质文化遗产管理受到全程的监控和反馈，保证我国非物质文化遗产数字化保护机制的有效实施。

（2）系统性原则

就非物质文化遗产数字化保护机制而言，其规则是我国非物质文化遗产资源的决策制度、监督制度、人员制度等。从理念上来看，这些制度推动了管理制度创新思想的发展，其载体则是落实上述思想的具体方法和手段。但由于我国非物质文化遗产总量巨大、分布地域广泛、文化差异较大、所属区域经济发展不平衡，因此我国文化行政管理部门很难用一种模式对全国非物质文化遗产进行有效保护。文化行政管理部门作为一个点面相容的复杂系统，其内部的非物质文化遗产管理制度创新必须统筹兼顾，在因地制宜的基础上对全国非物质文化遗产数字化保护现状作出准确评估，避免因武断决策而产生不良后果。

（3）有效性原则

从文化行政管理部门的非物质文化遗产管理实践来看，其主导权力的合法性、管理职能的完善性、管理决策和管控行为的科学性、保护主体的多元性等，都是影响文化行政管理部门对非物质文化遗产数字化保护工作进行有效管理的重要因素。文化行政管理部门需要充分考虑非物质文化遗产数字化保护工作中投入与产出的逻辑关系，以提升非物质文化遗产数字化保护的有效性。

（4）先进性原则

在文化全球化的时代，我国文化行政管理部门只有凭借开放的心态，吸引多层次、多类型的社会力量参与，同时学习国内外先进的非物质文化遗产数字化保护、非物质文化遗产管理和利用的成功经验，将其因地制宜地纳入和内化我国非物质文化遗产数字化保护的实战之中，才能保证我国非物质文化遗产能够在不断变化的世界环境中得以延续和发展。

文化行政管理部门在非物质文化遗产管理制度创新过程中应坚持先进性原则，对国内外非物质文化遗产数字化保护事业的有关知识进行认真学习，这样可以降低试错成本，避免不必要的管理损失，充分提高管理效能。

3. 非物质文化遗产管理制度创新的实施举措

文化行政管理部门的管理制度创新是一个系统工程，涉及部门管理的各个领域、各个区域、各个层次，需要通盘考虑、整体设计、统筹兼顾、全面落实。从非物质文化遗产数字化保护机制的运行要求来看，我国文化行政管理部门对非物质文化遗产管理制度创新的实施举措主要集中在以下方面。

（1）依法管理

第一，明确行政管理主体。文化行政管理部门作为我国非物质文化遗产数字化保护事业的行政管理主体，是各类非物质文化遗产法律、法规、规章和规范性文件的执行者。由于这一地位的特殊性，文化行政管理部门应加强规范建设、实行依法行政。文化行政管理部门在对非物质文化遗产进行管理的过程中，需遵循国家法律法规，在非物质文化遗产管理的特定领域和特定场合行使自己的行政权力，而不是采用“凭经验、凭感觉、依惯例”的方式来进行管理。在具体工作中，要根据部门职责和法律条款，理顺自身的管理层次和责权归属，做到有法可依、执法必严、违法必究。同时，对各级各类文化行政管理机构的合法性、有效性进行甄别、判断和清理，并通过一定载体定期向社会公布。

第二，合理分解管理职权。由于我国非物质文化遗产数字化保护的对象繁杂且分布广泛，因此文化行政管理部门必须依照行政管理的能级原则，将非物质文化遗产管理工作逐层分解、逐级推进，这样才能在全国范围内保证非物质文化遗产管理权、非物质文化遗产监督权和非物质文化遗产执法权的实现。在文化与科技融合的背景下，我国文化行政管理部门执法权的分解需注意以下两个方面：其一，划定管理边界。明确的管理边界是各级文化行政管理部门依法行政的依据。为了避免边界不明、执法随意的问题，需按照现代社会“权力法定”的原则，根据我国非物质文化遗产数字化保护的现实需要，逐项列出文化行政管理部门的“权力清单”，让管理主体和管理对象均知晓相应的管理边界和权力限定，这样既增强了文化行政管理部门的管理意识，也有利于增强被监管方的监督意识，从而有利于我国非物质文化遗产数字化保护工作的更好开展。其二，确定管理跨度。在对文化行政权责进行分解的过程中，为提高我国非物质文化遗产数字化保护的监管效率，要尽可能减少行政管理层次，在兼顾管理幅度和协调配合的基础上，避免文化行政管理系统内部不同管理机构和管理岗位的责权交叉。为此，应充分发挥政府机构中直线职能制组织机构的优点，在保证统一指挥的前提下，开拓横向联合和职能综合，充分发挥管理组织的整体效能。同时，根据相关法律法规的要求，对部分管理部门之间存在的不合理的行政关系与隶属关系进行改革，通过管理制度创新来实现科学管理。

第三，规范行政管理行为。其一，防止行政不作为。从行政不作为的内容上来看，它包括具体行政不作为和抽象行政不作为两种情况。其中，具体行政不作为情况是指文化行政管理部门在授权委托的基础上，对非物质文化遗产进行行政管理，但未履行其应有的行政义务时的情况；抽象行政不作为情况是指我国各级各类文化行政管理部门在对非物质文化遗产施行行政管理的过程中，未对非物质文化遗产进行符合普遍意义和确定规则的管理，并未履行其行政义务的情况。

其二，规范裁量行为。由于在非物质文化遗产数字化保护过程中，各地保护环境、保护基础和社会经济条件具有不同的特点，因此在非物质文化遗产数字化保护工作中，需要文化行政管理部门对工作进行量体裁衣、管控裁量，这就要求对管理行为的自由度进行规范。首先，对非物质文化遗产保护工作需要有一个整体性的安排，并对自由裁量过程中可能出现的问题进行原则性规定；此外，各级各类文化行政管理部门应根据实际工作情况，建立一套较为完善的自由裁量基准管理制度，对自由裁量行为的指导标准进行完善和细化，使其更能因地制宜，符合非物质文化遗产数字化保护的时代要求。

其三，遵从法定程序。法定程序是指行政执法机关在执法过程中应遵循的步骤和方式，它是检验具体行政行为是否合法的标准之一。可见，文化行政管理部门对非物质文化遗产实施管辖权时，只有按照法定的要求、步骤和程序，将非物质文化遗产数字化保护工作落到实处，才能保证非物质文化遗产数字化保护得到圆满的效果。

（2）民主管理

第一，完善民主决策。非物质文化遗产数字化保护的民主决策是指为了规范非物质文化遗产数字化保护的决策行为而规定的程序、规则和方式。为此，文化行政主管部门可从以下三方面着手，推动民主决策工作的开展。其一，完善听证制度。随着我国非物质文化遗产数字化保护事业的不断发展，社会各界同非物质文化遗产之间的关系日益紧密，同时在非物质文化遗产数字化保护工作的开展过程中，社会公众也不仅是被管理的对象，同时更是文化行政管理部门行使行政权力的监督者。为保持社会公众对非物质文化遗产数字化保护的热情，文化行政管理部门应进一步扩大非物质文化遗产数字化保护听证制度的应用范围，推动听证制度的发展。其二，建立社会参与制度。非物质文化遗产社会化保护的内涵就是在公众参与和政策稳定的前提下，引导和依靠社会公众对非物质文化遗产进行保护的过程。而建立社会参与制度是社会公众参与非物质文化遗产社会化保护的规则和方法，它的有效建立将推动文化行政管理部门在保证社会各方利益的基础上，最终实现非物质文化遗产数字化保护决策的民主化、公开化、公正化和法治化。其三，建立民意调查制度。文化行政管理部门在对非物质文化遗产进行管理之前，可以对特定项目进行民意调查，这样做一方面可以获取社会公众的支持与理解，另一方面还可以达到宣传政策、掌握舆情的效果，从而增加社会公众对文化行政管理部门施政的理解与支持。

第二，加强民主监督。其一，确定监督要点。在非物质文化遗产数字化保护工作中，还存在大量需要自由裁量的管理个案。但不恰当的自由裁量又可能滋生行政管理不公的问题，使公众怀疑文化行政管理部门的公平性，同时不配合工作，进而导致违法事件和行为出现。因此，在给予行政管理人员自由裁量和管理权限的同时，要发挥民主监督职能，对非物质文化遗产数字化保护工作的关键环节和事件节点进行监督，并创建严格的违法责任追究制。其二，健全监督主体。要提高文化行政管理部门的管理效能，需深化管理公开和政务公开，建立健全、科学、规范的监督主体。就其内容来看，健全监督主体包括四个方面：一是加强党内监督，充分发挥党内纪检机关的职能作用，定期对行政管理工作展开检查；二是加强国家机关的监督工作，充分发挥制度赋予各级人大常委会的法律监督作用，以及发挥政协机关的民主监督作用；三是加强群众监督，通过主题开发日、网络媒体、广播电视等渠道，主动接受社会监督，提高社会公众的知晓率和满意度；四是加强新闻监督，充分发挥新闻媒体的公开性、及时性和群众性特点，坚持正确的舆论导向，充分发挥对文化行政管理部门的监督作用。

（二）以体制创新为重点

1. 非物质文化遗产体制创新

就非物质文化遗产数字化保护机制而言，体制是指我国非物质文化遗产的社会管理体制；单就体制的界定而言，它是制度、组织和领导权限的体系，以及上述内容的制度性整合；从管理学的角度看，它是指国家机关的组织和管理机构、企业和机构及相应的系统关系；从支撑上来看，它是联系生产力、生产关系和上层建筑的结合点和联系点，三者通过体制来相互作用；从社会管理体制包含的内容来看，社会管理体制包含公共服务、社会保障、社会组织建设和管理等十大体系。学术界也提出了多种不同的观点。例如，根据区划条件，有学者将社会管理体制分为社团管理体制、社会治安体制、社会服务体制等七种体制类型；根据社会学原理，有学者提出社会管理体制包括社会政策体制、社会控制体制和社会服务体制的观点。

从我国文化行政管理部门的非物质文化遗产体制创新来看，文化创新不等同于一般意义上的对传统的继承与延续，而是在思想、观念、内容和形式上的创新，是传统文化向现代文化、深刻内涵到外延传承的发展和更新。可见，非物质文化遗产体制创新是在遵循社会主义精神建设的特点和规律的基础上，满足我国非物质文化遗产数字化保护的发展和需要，建立起可以传承非物质文化遗产、繁荣文化事业、适应发展潮流的体制。该体制由一系列富有约束力的规则和程序构成，是关于社会管理的制度与法律法规体系、组织系统和管理机制的综合性内容，其目的在于整合社会资源，着力解决非物质文化遗产数字化保护和社会发展之间的矛盾。根据党的十七大报告中论及社会体制的内容，结合学术界对体制内容的阐释，笔者认为非物质文化遗产体制创新的内容主要包括非物质文化遗产公共服务体系、非物质文化遗产保障体系、非物质文化遗产社会组织建设和管理、非物质文化遗产基层管理体制等。

2. 非物质文化遗产体制创新的目标

非物质文化遗产体制创新的目标，就是要立足于文化发展与科技进步，在更新非物质文化遗产数字化保护与管理理念，构建新的非物质文化遗产融合管理模式的基础上，整合相关的社会资源，提高非物质文化遗产的管理水平，强化各级文化行政管理部门的管理与服务职能。

根据现代社会的结构变化，在利益协调和整合、利益表达和诉求、矛盾化解和调处、社会保障等方面构建科学化的体制，正确处理非物质文化遗产数字化保护与经济发展、社会稳定之间的关系。此外，在文化与科技融合的背景下的非物质文化遗产体制创新不仅体现在对非物质文化遗产的管理上，更体现在对非物质文化遗产的服务上，即“寓管理于服务、寓服务于管理”。要达到这一目标，就要求文化行政管理部门转变政府职能，改进行政方式，增强服务意识，规范管理标准，结合非物质文化遗产社会化保护的发展趋势，在服务中不断完善自身，发挥好社会管理的积极作用。

非物质文化遗产体制创新要结合我国文化与经济的特殊国情，在原有的文化行政管理体制的基础上，大胆创新，小心推进，以党中央文化与科技融合的思想为指引，充分发挥文化行政管理部门的主管作用和科技管理部门的主导作用，以实践为基础，先试先行，在实践中整合优势，积累经验。

3. 非物质文化遗产体制创新的实施举措

（1）推动非物质文化遗产文化创新体系建设

非物质文化遗产作为我国历史文化的载体和人文精神的结晶，是连接全国各族同胞的历史纽带和社会载体。推动我国非物质文化遗产文化创新体系建设，是非物质文化遗产体制创新的核心，也是应对文化冲突和文化更替的重要举措，更是构建我国文化安全环境的重要步骤。为此，推动非物质文化遗产文化创新体系的建设可以从以下两个方面着手。

第一，观念创新。观念是行动的先导。非物质文化遗产数字化保护观念的创新是非物质文化遗产文化创新体系构建的核心和前提，即要突破和摆脱陈旧过时、不切实际的观念和思维定式的束缚，敢于打破常规、解放思想、与时俱进，创造新的文化观念并顺应时代的发展和社会的实践。可见，构建非物质文化遗产文化创新体系要自觉地从不符合非物质文化遗产数字化保护和适度利用的观点、做法和制度的束缚中解脱出来，从构建和谐社会、满足人民群众对非物质文化遗产文化需求的要求出发，从提高非物质文化遗产文化感召力和吸引力上着手，推动非物质文化遗产保护和传承工作高质量发展，不断增强社会文化吸引力。

第二，内容创新。非物质文化遗产文化创新体系的构建也要根植于内容创新这一基本原则，从精神与物质两方面入手进行构建。其一，重视法治建设。形成与非物质文化遗产数字化保护相适应的自主、平等、法治的契约精神。同时，提倡和推崇中华民族传统美德，通过宣讲、奖励、德育等方式提高公众社会道德水平，从而将法治与德治相结合，以实现非物质文化遗产数字化保护体制。其二，弘扬民族精神。非物质文化遗产作为全国各族人民历史文化和人文精神的结晶，是体现新时代民族精神的最佳载体。面对全球各类思想文化的冲击，保护、传承和提炼非物质文化遗产，并根据文化发展的需要，在非物质文化遗产资源中不断挖掘平等精神、竞争精神、科学精神、民主精神等内涵。

（2）推动非物质文化遗产公共文化服务体系建设

非物质文化遗产公共文化服务体系是国家文化建设的重要组成部分，它的主体是非物质文化遗产资源，载体是文化服务体系。非物质文化遗产公共文化服务体系是文化行政管理部门提供的，是以满足全社会文化需求和非物质文化遗产现实保护需要为基础的服务与制度的总称。它不以营利为目的，而是以全社会提供的非物质文化遗产公共文化产品和服务为内容的文化服务领域，涵盖了广播电视、电影、报刊等形式的载体，与其他重要文化领域一起构成了我国文化建设的完整内容。推动我国非物质文化遗产公共文化服务体系建设的具体做法有以下三种。

第一，加强法治监管。现阶段，我国已逐步形成了一套行之有效的文化市场法治体系，构建了以宪法为核心，以各项文化行政法规为外围，以各部门各行业的相关文化规章制度为延展的法规体系。我国非物质文化遗产公共文化服务体系建设除了要遵照上述法律法规，还要遵守《中华人民共和国非物质文化遗产法》的规定，利用科技手段加强市场监督，强化非物质文化遗产立法工作和知识产权保护工作，为建立一个依法经营、诚实守信的非物质文化遗产文化市场提供法律保障。

第二，完善调控机制。非物质文化遗产资源的生产性保护是非物质文化遗产融入现代社会，推动非物质文化遗产传承、发展的首选方式，而非物质文化遗产文化市场的有效管理与调控是其健康发展的重要保障。可见，抓住文化与科技融合的历史契机，积极探索非物质文化遗产文化市场管理体制创新，逐步建立起一个体制健全、机制灵活、市场繁荣的非物质文化遗产文化市场体系是未来非物质文化遗产数字化保护事业的一项重要工作。为此，应不断扩大非物质文化遗产文化市场准入范围，积极支持民营资本投资文化市场，完善投、融资体制，形成以公有制为主体、多种所有制经济共同发展和建设的文化市场管理模式。同时，通过文化行政管理部门的宏观调控和积极引导，以建立现代非物质文化遗产文化市场营销体系为举措，充分发挥中介机构和行业协会的组织作用，采用财政税收信贷等金融调控手段，支持非物质文化遗产公共文化服务体系的长效运行。

第三，综合统筹保护。由于我国非物质文化遗产公共文化服务体系存在东西差距、城乡差距，特别是非物质文化遗产资源富集的农村地区的数字化保护水平不高，数字化保护效果较差。因此，应加强对经济不发达地区和农村地区的非物质文化遗产文化培训和政策引导，鼓励和支持资金、技术、信息、人才等要素向中西部倾斜，健全中、东、西部地区之间文化市场的协调机制，提升全国非物质文化遗产文化消费水平和消费能力。

（三）以科技制度创新为动力

1. 非物质文化遗产科技制度创新的理论阐释

从宏观上来讲，科技创新是科学技术创新的简称，是对科学领域的研究和知识范畴、技术领域的创新的综合概括。就现状而言，科技创新同知识创新和技术创新常被当作一个概念，在本书中三者有不同的适用意义和范畴，具有一定的差异性。本书中界定的非物质文化遗产科技制度创新既强调非物质文化遗产研究对创新的推动价值，也将注意力放在非物质文化遗产数字化保护新技术、新发明和新创造的突破与转换上。从涵盖的内容上来看，非物质文化遗产科技制度创新的内容包括技术创新和知识创新，它在范围上远大于技术创新；从创新主体上来看，非物质文化遗产科技制度创新的主体呈现多元化特征，包括政府机构、科研院所、大专院校和各级各类社会组织；从运行方式上来看，非物质文化遗产科技制度创新具有系统性的运行特点。在职能划分上，政府居于主导地位，文化行政管理部门起主管作用，科技管理部门起引导作用，企业、机构和各类社会组织同上述居于主导地位的政府进行合作，以实现跨部门、跨行业、跨领域研发。

2. 非物质文化遗产科技制度创新的突破举措

（1）制定非物质文化遗产科技制度创新的行政政策与行业标准

我国非物质文化遗产科技制度创新须依照国家相关文件的精神，有计划、有步骤地对分散、庞杂的非物质文化遗产资源进行科学、合理的调配，逐步使全国各类非物质文化遗产管理机构及相关企事业单位在政策框架和行业标准下形成一个整体。同时，以此为起点，在宏观上建立由文化行政管理部门牵头，包括各有关职能部门和主要科技部门负责人参加的，具有权威性的跨系统、跨地区的非物质文化遗产创新协调组织。从微观上采取总体规划、分步实施、分级控制的策略，本着广泛参与、渐进发展的思路，以及不断探索、不断充实、不断完善的可持续发展思想，既依靠政府及职能部门的支持与督导，又依赖各基层企事业单位的积极参与，坚持以效益为目标、以服务促发展的操作原则，渐进式地推进这一复杂系统工程的实现。此外，非物质文化遗产数字化保护的标准化是推动我国非物质文化遗产科技政策落实的举措，也是我国非物质文化遗产数字化保护内化国外技术、创新国内应用的基础，更是我国非物质文化遗产科技制度创新实现信息转换、信息交流、资源共享的必备条件。为此，必须从统一配备服务软件、统一标准和统一管理服务三个方面着手，围绕非物质文化遗产信息的采集、组织、分类、保存、发布与使用等环节来建立标准，通过确立和践行统一的信息资源标准，实现非物质文化遗产信息相关标准的互联、互通、互享。

（2）加大非物质文化遗产科技制度创新的资金投入力度

资金投入是加快非物质文化遗产科技制度创新的必要基础。企业筹措非物质文化遗产科研资金的途径有银行贷款、股市筹资、风险投资、利用自有资金等。但由于银行受制于稳健考虑、资本市场对研发项目限制较多等因素，银行贷款和股市筹资很少用于非物质文化遗产科技创新领域。此外，由于目前我国的风险投资业发展还不成熟，退出机制不够完善，因此我国非物质文化遗产科技创新企业获得风险投资的机会并不是很多。

由此可见，企业在积极创造条件、自觉拓宽外部筹资渠道的基础上，更要充分利用自有资金。此外，文化行政管理部门还要拓宽对非物质文化遗产数字化保护的投资渠道，建立各类非物质文化遗产基金、非物质文化遗产投资平台。同时，根据国家法律法规的要求，对非物质文化遗产数字化保护投入主体进行规范和鉴别，把好入口审核关，同步完善投资的退出机制。

（3）推进非物质文化遗产科技制度创新的人才培养

非物质文化遗产科技制度创新需要大批的优秀人才。为此，应根据各地非物质文化遗产数字化保护的实际情况，结合各自经济状况，因地制宜地采取师徒传承、学校教育、网媒传播等手段，进行非物质文化遗产数字化保护的各类人才培养，同步建立非物质文化遗产数字化保护人才库。同时，为了激励人才投身于非物质文化遗产数字化保护事业，还需形成良好的激励机制，吸引高素质的非物质文化遗产科技制度创新人才投入创新活动。

第三节　非物质文化遗产的数字化传承

一、非物质文化遗产数字化传承的关键要素

（一）传承主体

文化的传承以“人”为主体。非物质文化遗产传承主体是指某一项非物质文化遗产的优秀传承人或传承群体，即代表某项遗产深厚的民族民间文化传统，掌握着某项非物质文化遗产的知识、技艺、技术，并且具有最高水准，具有公认的代表性、权威性与影响力的个人或群体。在该定义中，传承主体是具有典型代表性、能作出突出贡献、为社会所公认的个人或群体，这些精英式的人物也是非物质文化遗产传承人保护政策中的重点保护对象。

非物质文化遗产是深深根植于民间沃土，由人民群众在生产活动中创造并在千百年间世代相传，人民群众既是非物质文化遗产的创造者，也是非物质文化遗产的守护者、传承者。《保护非物质文化遗产公约》中将社会中的人作为非物质文化遗产保护工作的主体，换句话说，每一个具有社会性的个体都有保护、传承、弘扬非物质文化遗产的重要责任，都是传承非物质文化遗产的后备力量。

（二）数字技术

数字技术是非物质文化遗产数字化传承的重要驱动力。在非物质文化遗产数字化这项具有系统性的工程中，选择何种数字技术来满足不同工作阶段的需求是关键。一般将非物质文化遗产数字技术分为基础性数字技术和新兴数字技术，基础性数字技术主要应用于非物质文化遗产的抢救性工作，多以图片、文字、影音等方式来对非物质文化遗产进行采集存储、编

排整理、记录展示；新兴数字技术主要应用于非物质文化遗产的展示和传播，如3D扫描与重建、虚拟现实、增强现实、动作捕捉等技术赋予了非物质文化遗产更多样化的展示形态。

网络技术的不断进步促进了非物质文化遗产资源的全面整合与共享，能够让非物质文化遗产更为迅速和广泛地传播。例如，基于网络传输技术的非物质文化遗产数据库建设、利用社交媒体平台的非物质文化遗产宣传推广等，有效提升了非物质文化遗产信息的保存度和曝光度。总之，在非物质文化遗产的传承中，数字技术的介入不仅在非物质文化遗产的抢救性保护工作中发挥了重要作用，同时也冲破了时间和空间的限制，促进了非物质文化遗产的多元展示传播和开发利用。

（三）文化内容

非物质文化遗产的文化内容是其传承的核心。《现代汉语词典》对“内容”的解释：事物内部所含的实质或存在的情况。“内容”又是一个哲学名词，包括形而上层面的意识形态内容和形而下层面的物质形态内容，前者是隐性的、内在的，后者是显性的、外在的，世界上任何客观事物都包含着一定的内容。非物质文化遗产作为文化的一部分，其内容是文化性的，这种文化性内容同样是由形而上和形而下两方面构成，即非物质文化遗产内在的技艺、经验、知识、内涵、价值、观念等意识形态的内容，以及非物质文化遗产所展现出来的内容，如各种材料、器具、工艺品等作为非物质文化遗产物质载体所呈现出的物质形态内容。

对非物质文化遗产的传承就是对其文化内容的传承，有着千百年历史积淀的非物质文化遗产项目随着社会的变化而发展，自然淘汰掉与社会秩序、日常生活相矛盾的内容，这个过程实际上就是对非物质文化遗产文化内容去芜存精的过程，同样也是非物质文化遗产传承中所要秉持的原则。例如，非物质文化遗产中夹杂着的愚昧迷信内容已不适应现代社会环境，一定要慎重对待和处理，以消除不良影响。除了对非物质文化遗产文化内容进行筛选，如何利用现代数字技术不断赋予其新时代的内涵和现代化的表达方式，使之焕发出新的活力，也是非物质文化遗产数字化传承需要重点考虑的问题。

二、非物质文化遗产数字化传承的路径

（一）传授和学习

传授和学习是人们直接参与非物质文化遗产传承的行为活动。非物质文化遗产在世代传习中得以保留和发展，对非物质文化遗产的传承实质上就是作为传承主体的“人”一代又一代参与非物质文化遗产的传授和学习。

传统的传承方式主要是通过师徒传授与家族式传承来传授和学习技艺，这种以传承人

为主导力量进行“口传心授”的传承方式经过不断演化，沿袭至今。然而，绝大多数非物质文化遗产都诞生于农村，受限于相对闭塞的交通环境，其传播程度并不高，只能在本地小范围地传习，一旦无新人接力，则会面临消亡。例如，流行于黑龙江省赫哲族聚居区的曲艺类非物质文化遗产赫哲族伊玛堪，仍是在部落和家庭内部以师徒传承的方式进行训练，受环境和语言的限制，赫哲族伊玛堪的传承状况逐渐恶化，截至 2011 年，仅有 5 位年长的说唱者能够表演一些曲目的片段，随着老说唱艺人相继去世，赫哲族伊玛堪面临着后继无人的困境，2011 年赫哲族伊玛堪被列入《急需保护的非物质文化遗产名录》。

数字技术介入非物质文化遗产的传授和学习，打破了传统模式下时间和空间的阻碍。其中，智能交互技术的应用是关键，智能交互技术具有对情感、位置、身体等方面的多感知功能，以及对动作、语言等方面的多互动功能，在现代非物质文化遗产的传授和学习过程中起着至关重要的作用。例如，利用动作捕捉技术可以全方位采集传承人的动作信息并进行完美的复制，通过三维建模实现精确再现，学习者可以 360 度观看虚拟传承人的动作，整个过程无须传承人和学习者面对面交流互动，却可以达到媲美真实环境的学习效果，摆脱了非物质文化遗产传承过分依赖于传承人的困境，提升了非物质文化遗产传授和学习的效率。

（二）采集和存储

采集和存储是针对非物质文化遗产本身实施的保护措施。运用数字技术对非物质文化遗产信息进行收集记录和统筹管理，是非物质文化遗产数字化保护的首要任务和基础性工作，为非物质文化遗产的传承和发展提供了主要依据和资料参考。

从服务对象来看，非物质文化遗产数字化采集和存储主要包括对与非物质文化遗产相关的文献、图像、影音等实物资料的数字化转化、存储；对非物质文化遗产活动的发生场所、使用器具等的数字化记录、存储；对非物质文化遗产实践过程动态化、立体化的记录、存储。以非物质文化遗产技艺数字化采集为例，一般要通过实地拍摄、访谈、记录、收集等方式对传统技艺的基本信息、地理分布、历史渊源、传承信息、主要特征、重要价值等信息内容进行图片、视频、文本等形式的采集并存储于数据库。

从技术层面来看，相较于可能面临失真和损坏的文本、录音、摄像等传统保护手段，以数字化采集技术如全息拍摄、动作捕捉、3D 扫描、数字建模等技术记录非物质文化遗产信息，配合数字磁盘收录、数据库搭建等数字化存储技术对非物质文化遗产信息进行整合编排，能够实现对非物质文化遗产更为真实完整的记录、安全长久的保存和便捷高效的管理。

（三）展示和传播

展示和传播是面向公众的非物质文化遗产文化内容的共享传递。随着数字化时代的到来，依托新技术、新媒介展示和传播非物质文化遗产在非物质文化遗产保护工作中的作用越发凸显，加大了传承和弘扬非物质文化遗产的力度。

传统的非物质文化遗产展示和传播媒介主要是非物质文化遗产原生地、博物馆、艺术馆、旅游地等实体公共空间，这种以线下场所为主的传统媒介为人们提供了近距离接触、参观非物质文化遗产的平台，但受到的外部环境制约较多，不利于非物质文化遗产在更大范围推广传播。非物质文化遗产数字化展示和传播主要包括：基于 PC 网络平台的数字化展示和传播，如非物质文化遗产网站、非物质文化遗产网络游戏等；基于移动智能设备的数字化展示和传播，如非物质文化遗产 App、H5、小程序等；基于社交媒体平台的数字化展示和传播，如在微信、微博等平台；基于公共文化平台的数字化展示和传播，如非物质文化遗产数字博物馆、非物质文化遗产互动体验空间等。数字媒介的介入达到了传统媒介所不能达到的传播效果，为非物质文化遗产搭建了更为广阔的平台。

总结非物质文化遗产数字化展示和传播的形式，可以将其概括为两大方向：一是对非物质文化遗产内容的真实再现，如非物质文化遗产数字博物馆、非物质文化遗产数据库展示和传播；二是对非物质文化遗产内容的创新展示和传播，如非物质文化遗产动画、非物质文化遗产游戏、非物质文化遗产互动装置、非物质文化遗产自媒体运营等以非物质文化遗产为素材的创新展示和传播。前者注重真实客观性，后者注重生动趣味性。在非物质文化遗产数字化展示和传播中，“再现”和“再创”并不是完全割裂的，要注重二者的平衡，既要提升非物质文化遗产内容的吸引力，也要最大限度地保证非物质文化遗产内容的真实性。

三、面向主体受众的非物质文化遗产数字化传承策略

（一）转变主体受众对非物质文化遗产的固有认知

在非物质文化遗产的数字化设计过程中，首先要思考如何通过设计将晦涩难懂、操作复杂的非物质文化遗产以通俗易懂的形式呈现在受众的视野中，转变人们对非物质文化遗产“老旧难懂”的刻板印象，提升非物质文化遗产的亲切感。具体而言，可以通过流行文

图 4-5　甲骨萌表情

化语言和故事化叙事的方式对非物质文化遗产加以诠释，从而增强主体受众对非物质文化遗产的理解力和认知力。

1. 对主体受众流行文化语言的征用

成长于互联网时代的年轻群体有着专属于他们的文化趣味和话语表达。网络语境下颜文字、表情包、弹幕、火星文等用语，以及自嘲、调侃、恶搞等类型的表达方式是他们所热衷的，而这些表达方式和用语之所以能流行起来也正是因为其能够彰显群体身份、塑造性格特征。因此，在非物质文化遗产的数字化传承中，可以将非物质文化遗产自然地融入他们的话语体系，实现与年轻群体的轻松“对话”。

例如，陈楠工作室设计的甲骨文系列表情包，将几何化的甲骨文与年轻群体热衷的话语表达相结合，创作出了甲骨文重构的“甲骨表情虎”、属于上班族的“甲骨文上班族”、甲骨文与十二生肖结合的“生肖甲骨文”、斗图必备的“甲骨萌表情”等 11 套趣味生动的文字图形表情包（见图 4-5）。这些表情包从甲骨文本身的图案意义出发，以动态的形式，搭配鲜亮的色彩或是局部小表情的点缀，选取人们使用的高频词并配合汉字释义，如“单身狗”“醉了”“冒个泡”等网络热词来进行形象诠释，将距今三千多年契刻在龟甲、兽骨上的古老文字以全新的面貌融入了主体受众的日常聊天对话中。

2. 以故事化叙事增强非物质文化遗产的触达力

人类天生就是一个故事体，爱听故事是人的天性。正如尤瓦尔·诺亚·赫拉利（Yuval Noah Harari）在其著作《人类简史：从动物到上帝》中的表述：人类之所以成为地球的主宰，就在于人类能创造并且相信“虚构的故事”[①]。“故事”由情节、人物、环境构成，一个具有吸引力和感染力的故事应做到情节生动、人物鲜活、环境独特。“故事化”是一种动态过程，强调对事件的主动加工处理，使其具有故事的特征。故事化叙事是一种叙事策略，依据事件创作生动有趣、引人入胜的故事，提高事件的故事性和影响力是故事化叙事的主要目标。非物质文化遗产诞生于民间，本身就具有较强的故事性，为故事创作提供了丰富素材。在非物质文化遗产的故事化叙事中，用年轻群体喜闻乐见的形式讲述非物质文化遗产故事能有效引起受众的关注，加深其对非物质文化遗产内容的理解与思考。例如，为了让参观者更加直观清晰地了解崇明的非物质文化遗产文化，上海市崇明区文化和旅游局推出了《图说崇明非物质文化遗产》漫画故事图册。全书分为上下两册，围绕崇明甜包瓜制作技艺、调狮子、灶花、牡丹亭等非物质文化遗产项目共绘制了 18 个篇章，每个篇章都设计了相应的故事情节和环境，并由固定的角色形象对非物质文化遗产技艺进行解说，全书以漫画故事的形式将崇明非物质文化遗产活灵活现、通俗易懂地呈现给受众。此外，还有很多优秀的作品，如《哪吒之魔童降世》《西游记之大圣归来》等影视、漫画、小说作品都是取材于非物质文化遗产故事，经过故事再创作将古老的非物质文化遗产以更符合现代审美的形式呈现给受众，实现了对非物质文化遗产更充分的表达及更广泛的传播。

（二）增强非物质文化遗产与主体受众间的互动性

参与互动维度关注的是在达到主体受众对非物质文化遗产“不排斥”的效果之后，如何提升受众各方面的体验，让他们更乐于接受和分享。这一维度主要围绕受众在交互过程中的感官体验和社交圈层的互动交流两方面来考虑。

1. 运用数字技术营造全新交互体验

数字化技术和智能化环境拓宽了人们的文化感知空间，使人们的体验方式由原来的扁平化、单一化逐渐过渡到立体式、互动式，传统的展示方式和被动的文化灌输模式已不再适应人们的多元需求，基于感官和情感的互动体验能够提高人们的参与感，让他们更深刻地感知文化。然而，非物质文化遗产门类丰富、技艺精巧，选取何种展示方式和技术手段才能将非物质文化遗产博大精深的内涵直观地呈现给受众，带给受众良好的互动体验，是数字化展示非物质文化遗产过程中需要思考的关键问题。其中，传统表演艺术类非物质文化遗产应注重视听体验的设计，如传统曲艺可以以方言为亮点进行数字化衍生展示；传统

① 沈文婷：《了不起的学习者》，中国科学技术出版社 2023 年版，第 119 页。

图 4-6 “逐花异色”云锦配色小游戏

工艺技艺类非物质文化遗产应注重交互体验设计，如手工艺的虚拟教程与实物制作体验；传统节庆仪式类非物质文化遗产应注重场景与氛围，如民间祭灶神、年俗节庆的数字化情景模拟和展示。

以传统工艺技艺类非物质文化遗产的交互体验设计为例，由南京大学艺术学院研究团队研发的非物质文化遗产虚拟展示平台“ZHI 艺”，是针对云锦、金箔、绒花三项非物质文化遗产工艺打造而成的线上博物馆。除了运用数字化采集手段和数字化呈现方式对这些非物质文化遗产项目进行图文、视频的展示，“ZHI 艺”平台还开发了小游戏让受众体验非物质文化遗产的制作流程。例如，“逐花异色”云锦配色小游戏（见图 4-6），可以选择“接莲富贵”或“幸蝠如意”作为底纹，之后在组合好的配色中任意挑选，轻触即可上色，像玩涂色书一样轻松完成自己搭配设计的云锦纹样，最后还可以将完成的纹样分享转发或是定制成专属于自己的文创产品。这款小游戏以简易的操作模式模拟云锦配色，降低了云锦艺术工作者对不同配色的试验打样成本，也让受众在娱乐互动体验中感受到云锦的色彩魅力。

2. 抓住受众共鸣点提高话题讨论度

文化传播的关键在于共鸣点，只有具备共鸣点才能引发传播，换言之，凡是能够传播的文化都有文化共鸣点。共鸣点是在生活中能够触动人们心灵、引起人们注意的事物或场景。在实际的传播活动中，相对于单向、灌输式的传播方式，能够唤起受众情感的共鸣式传播更具有煽动性、扩散性和转化性。非物质文化遗产能够流传到现在，必然有文化“共鸣点”，而如何让古老的非物质文化遗产更好地融入现代生活，与更多年轻人产生共鸣是当下非物质文化遗产发展的要点。要将非物质文化遗产与主体受众的生活方式和态度紧密关联，捕捉他们的内心情感，选取能够产生共鸣的情感触发点，制造情感共鸣，调动受众讨论的积极性，引发他们的自主扩散，从而实现非物质文化遗产传播效果最大化。

例如，以德云社为典型代表的曲艺相声已成为主体受众常选择的一种娱乐方式，德云社相声之所以受到年轻群体的追捧也正是因为引起了他们的共鸣。首先，德云社的相声演员整体较为年轻，吸引了大量的年轻观众。其次，德云社的相声题材新颖，紧贴时事和生活，如内卷形势下具有自我调侃意味的《我还行不行》、讽刺就医流程复杂的《来自病房的你》、表达对爱慕虚荣的圆谎者不齿的《扒马褂》等作品，所设置的共鸣点也都是贴近受众生活且具有一定争议的，这些作品在欢声笑语中蕴含着对现实的思考，极易触动受众并能够引发广泛关注和讨论。

（三）提升主体受众对非物质文化遗产的文化认同感

基于前期的资源累积，后续要维系和持续提升非物质文化遗产与主体受众的关联度，让非物质文化遗产潜移默化地融入人们生活的方方面面，发挥其更大的价值，提升年轻一代的文化认同感，推动非物质文化遗产的持久发展。

1. 深入挖掘文化内涵、创作优质内容

在“内容为王”的时代，唯有优质内容才能获得人们的认同，实现长久发展。所谓优质内容是指易被人们接受且有价值的内容，即内容具有吸引力、教育力。围绕某个主题创作内容首先是引起受众关注，其次是引起受众的思考，要深入挖掘主题中所蕴含的深刻价值，赋予其鲜明的意义。非物质文化遗产是丰富的文化资源宝库，不仅承载着文明的进程、展现着文化的多样性，更滋养着当代人们的生活，为各行业的内容创作者提供了取之不尽的灵感源泉。在进行非物质文化遗产内容创作的过程中，除了要思考有趣的引入方式，还要善于挖掘非物质文化遗产的内在价值，注重传达非物质文化遗产的文化内涵。通过趣味性和知识性的有效结合，创作者可以让人们深切感受到非物质文化遗产的魅力，提升他们对非物质文化遗产的认同感。

例如，《梦幻西游》作为一款以西游文化为背景的游戏，除了为玩家提供更好的游戏服务体验，如何将传统文化的精神内核传递给广大玩家也是《梦幻西游》团队一直在努力探索的方向。2016 年，《梦幻西游》与央视《舌尖上的中国一》制作团队合作，精心打造

了游戏纪录片《指尖上的梦幻》，围绕游戏背景和非物质文化遗产项目为观众展示了皮影戏、榫卯建筑、活字印刷术、昆曲、秦淮灯彩等非物质文化遗产的过去、现在和将来。截至 2021 年，《指尖上的梦幻》纪录片已上线 6 部，该系列纪录片深受广大玩家和观众的喜爱。而在《梦幻西游》的游戏制作中，美术、程序、影音、品牌策划等板块的负责团队也都在寻找文化与游戏的融合之道，他们如同非物质文化遗产传承人一般，用同样的工匠精神，为《梦幻西游》这款游戏赋予了深厚的文化内涵和独特的艺术气息。

2. 注重社交媒体运营，持续获取流量

当前，人们活跃在各大社交媒体平台上，其中，以抖音、小红书、微博、微信、哔哩哔哩等为代表的社交媒体平台在年轻群体中的影响力越来越大，已成为年轻一代获取信息、休闲娱乐、沟通交流的重要渠道。社交媒体平台凭借其信息传播速度快、范围广的特点聚集了大量年轻人，吸引了各领域各行业争相入驻。为了提升非物质文化遗产的传播力和影响力，应充分利用好社交媒体平台。一方面，要依据不同平台的特点创作内容，如抖音以短视频为主、微信公众号以文字为主、小红书以图文为主等，针对平台属性和用户属性创作内容，以达到更好的传播效果。另一方面，要运营好平台账号，坚持输出内容并通过不断地发布内容测试调整创作方向。持续的运营不仅能够及时获得反馈、把握创作动向，还有利于塑造自身形象、吸引流量。

例如，故宫博物院在年轻群体中的“出圈”很大程度上取决于其新媒体运营策略的成功。故宫博物院在微博、抖音、微信公众号、哔哩哔哩等社交媒体平台建立了官方账号，不同平台及其同一平台面向不同目标群体的运营策略有所不同。以微博运营为例，“故宫博物院”账号面向的受众年龄跨度较大，内容风格以大方沉稳为主，发布话题包括固定早安、晚安问候，展览宣传，故宫高清美图，文化知识科普等较为官方的话题。而“故宫淘宝”“故宫博物院官方旗舰店”账号侧重于推销店铺文创产品，针对年轻目标群体发布的内容也更加有趣味性，打造出“反差萌”的形象。

3. 跨界融合促进非物质文化遗产资源价值再生

大 IP 时代下，“IP”成为文化产业领域的热词。当代语境下的 IP 不仅指代知识产权（Intellectual Property）这一概念，更多情况下是指在

创意产业中经过了市场验证的用户情感载体，可以是受众喜欢的角色人物或故事，也可以是综艺节目、游戏、电影，甚至是一个理念，只要能够持续获得吸引力和流量的文化消费品，就可以称为 IP。当下，越来越多的品牌走向了打造 IP 或是与其他品牌 IP 跨界合作的道路，以求吸引来新的消费群体。在非物质文化遗产的传承中，要充分发掘非物质文化遗产的价值，努力打造非物质文化遗产 IP，并积极拓展非物质文化遗产发展空间，探索非物质文化遗产与电子竞技、动漫、综艺、电商等跨界融合的新路径，创建多种维度的接触点，非物质文化遗产的文化价值和商业价值的协同共进，为非物质文化遗产与受众建立了不可分割的关系。

例如，腾讯视频 VIP9 周年致敬中国非物质文化遗产，从平台电视剧、综艺、动漫、纪录片等频道中挑选出 19 部年轻人熟知的经典 IP 作品，特邀来自不同领域的非物质文化遗产手工艺人进行跨界创作，推出了与这些经典 IP 主题相匹配的竹编、苏绣、陶瓷、绒花、皮影等 19 种非物质文化遗产典藏珍礼。作品以剧情为导向，以工艺为内容，是非物质文化遗产与现代元素的跨界创新融合，为非物质文化遗产手工艺找到了“卖点”，有不少网友表达了对这些作品的喜爱，纷纷纳入自己的礼物清单。腾讯视频借助影视剧 IP 在年轻群体中的热度和号召力，联合非物质文化遗产手工艺人进行跨界合作设计，将非物质文化遗产从“作坊”带进年轻人视野，拓展了非物质文化遗产发展空间，创造了新的价值，达到了“双赢”效果。

第四节　非物质文化遗产数字化场景的构建

一、非物质文化遗产数字化保护与传承场景

保护与传承是非物质文化遗产的基础性任务。借助数字技术，非物质文化遗产的数字化保护与传承场景主要包括非物质文化遗产数据库、非物质文化遗产数字博物馆和非物质文化遗产数字化教育等。

（一）非物质文化遗产数据库

非物质文化遗产数据库是非物质文化遗产数字化保护的基石。非物质文化遗产数据库具备标准化著录、结构化存储、多元化检索查询、网络化访问共享等功能，直接用于非物质文化遗产及其相关资源的保存与管理，直接辅助非物质文化遗产项目的保护和传承。

目前，我国的非物质文化遗产数据库已形成以中国非物质文化遗产数据库为代表的国家级或地方综合性数据库，以中国服饰文化集成、中国音乐总谱大典等为代表的专题资源库，以及项目资源库、传承人资源库、科研库、普查库等在内的数据库体系。由于非物质文化遗产档案管理和数据库建设属于基础性工作，重申报、重开发、轻保护、轻管理现象的存在使得非物质文化遗产数据库建设长期处于初级阶段。唯有加强非物质文化遗产数字化建设标准的研究制定，以标准化、规范化建设可持续扩展及更新的非物质文化遗产数据库体系，健全数据分享动力机制，真正实现数据库资源的共建共享，才能为后续探索市场化、场景化利用奠定基础。

一些民间组织和商业机构也在尝试建设非物质文化遗产数据库，并在使用上进行新的探索。例如，“纹藏”致力于挖掘复原、梳理再造中国纹样，按照历史、地域、民族、载体（工艺）、题材等脉络交叉构建纹样数据库系统，已开发出200余个专题纹样数据库，设计出数万组纹样的信息，实现了从转录到转译的模式转变。同时，“纹藏”与深圳大学、贵州大学、西安美术学院等高校以及中信出版社、腾讯游戏、阿里巴巴等文化或商业机构合作，在学术端构建纹样学体系，形成纹样情报学、符号学、数据学三大支撑；并与市场资源整合，于产业端赋能规模化市场应用，打造纹藏产品生态链，包括纹样数据库授权、专题开发、文化展示空间、图书出版、文创研发等。

（二）非物质文化遗产数字博物馆

非物质文化遗产数字博物馆是数据库的衍生，是非物质文化遗产数字化的重要展示载体。目前，我国已有多个非物质文化遗产数字博物馆上线，主办方既有省、市、区政府，也有高校或科研院所；上线类型既有综合类，也有专题类、行业类。例如，中国非物质文化遗产数字博物馆是我国目前最权威、最全面的国家级非物质文化遗产项目及传承人展示平台；由南京大学艺术学院建立的“ZHI 艺”非物质文化遗产虚拟展示平台则聚焦传统手工艺，从认知、制作和知识三个层面展示手工艺之美。

非物质文化遗产数字博物馆通过提供资源检索、在线展览和互动体验等服务，以更加全面、直观、灵动的方式展示非物质文化遗产，让人们能够更加便捷地了解非物质文化遗产的全貌。疫情防控期间，由于实体场馆不时地暂停开放，数字展馆或线上展厅成为人们观展的主要途径，以全景式云游故宫（微信小程序）或以直播 / 短视频形式云逛故宫（抖音 App）为代表的云游云展服务渐渐兴起。另外，非物质文化遗产馆、博物馆、文化馆等公共文化机构积极推出智能场馆服务，通过虚拟空间与物理空间的结合，以图文、影像超链接，全息投影，智能互动的方式，让非物质文化遗产线下展示空间变得更加鲜活，叙事更为形象，更深层次地诠释非物质文化遗产的内涵与价值，从而带给参观者多层次的感官体验。（见图 4-7）国内外第一个古代铜鼓文化的数字场馆以数字技术复原古代铜鼓文化的整体面貌，生动完整地呈现广西铜鼓的前世今生，运用“三维 + 特效”的方法打造古代铜鼓铸造工坊，使参观者聆听千年的音律，感受铜鼓的多种使用功能，将铜鼓元素重新活化，构造铜鼓魅力的奇幻空间。

（三）非物质文化遗产数字化教育

非物质文化遗产数字化教育是非物质文化遗产数字化传承的重要组成部分。数字技术对非物质文化遗产的传习和普及有着积极意义，一方面，可以基于数字技术研发新的教育方案；另一方面，可以通过数字空间突破非物质文化遗产的时空界限，以技术媒介调整和改进教育方法，丰富非物质文化遗产的教育形态[①]。

一些非物质文化遗产馆、博物馆等文化机构已开始对非物质文化遗产项目及相关知识进行课程录制，以互联网为平台进行普及教育。例如，国家非物质文化遗产馆通过微信视频号、抖音官方账号直播“中国巧手”“艺海拾遗”等非物质文化遗产美育课程，并在官方网站上提供永久的直播回放；苏州博物馆的“再造云课堂”也推出了“苏艺天工”和古琴、漆艺等线上非物质文化遗产主题课程。2020 年 3 月，微博非物质文化遗产、文旅中国新浪地方站联合全国各地非物质文化遗产保护协会发起微博非物质文化遗产公开课活动，推出蜀绣、苏绣、青城武术、佛山木版年画等 68 项非物质文化遗产节目，话题阅读量超过 17 亿[②]。非物质文化遗产数字化教育不仅面向大众，还面向非物质文化遗产传承人群体。2022 年 6 月，腾讯社会研究中心与腾讯微信在线上开展非物质文化遗产传承人数字技能专题培训，旨在帮助全国非物质文化遗产传承人、非物质文化遗产机构和店

① 马晓娜、图拉、徐迎庆：《非物质文化遗产数字化发展现状》，《中国科学：信息科学》2019 年第 2 期，第 112—142 页。

② 王永战：《传统非遗 线上传艺》，《人民日报》2020 年 3 月 23 日第 11 版。

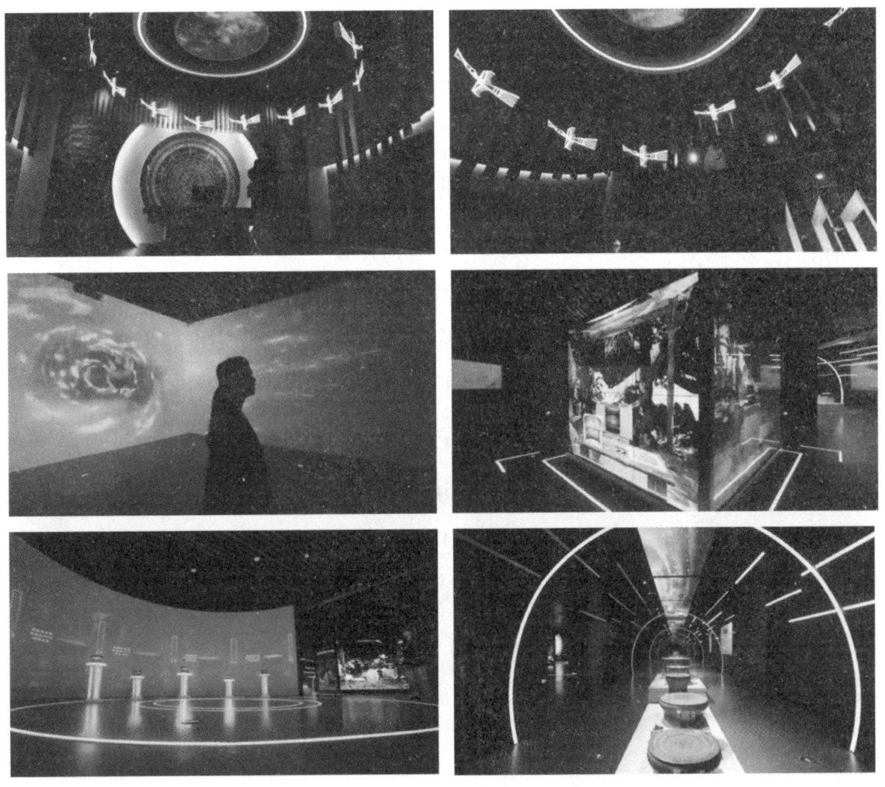

图 4-7　非遗铜鼓文化沉浸式展

铺更好地运用微信视频号、小程序等数字工具，提升非物质文化遗产传播和产品销售技能。此外，在短视频和直播平台，一些非物质文化遗产手艺人开设自媒体账号，展示个人作品、分享教学视频、讲解非物质文化遗产知识，拉近了非物质文化遗产与大众的距离。高校和科研院所的非物质文化遗产研究机构也通过线上研讨会或培训助力非物质文化遗产及其数字化研究。

二、非物质文化遗产数字化创作与转化场景

非物质文化遗产的数字化创作与转化是非物质文化遗产创新发展的关键。非物质文化遗产通过艺术创作、创意转化的方式形成了以影视综艺、动漫游戏、数字藏品等文化业态为代表的数字化场景。

（一）影视综艺

随着数字影像技术的快速发展和新媒体平台的兴起，融入非物质文化遗产元素或者以非物质文化遗产为主题的影视综艺迎来了创作高峰。4K 全景声粤剧电影《白蛇传·情》是戏曲艺术表现的创新之作；电视剧《梦华录》中的“茶百戏”、《芝麻胡同》中的酱菜制作技艺及《大河儿女》中的制瓷技艺凸显了非物质文化遗产背后的文化记忆与文化传承。各地卫视推出了《传承者》《非凡匠心》《百心百匠》等综艺节目，其中河南卫视凭借“奇妙游”系列节目一跃成为备受期待的电视台，特别是 2021 年端午节晚会上的水下舞蹈节目《祈》令人惊艳。众多优秀的非物质文化遗产纪录片也让原本小众的题材进入了更多人的视野，并对相关技艺、文化进行了具体且深刻的阐释。例如，现象级纪录片《舌尖上的中国》以故事化手段再现地方非物质文化遗产美食；《我在故宫修文物》通过文物修复师的日常工作展现了故宫博物院里的非物质文化遗产及其保护过程；地方非物质文化遗产纪录片代表作《天工苏作》选取苏式船点、宋锦、核雕等 9 项苏州传统工艺，以非物质文化遗产传承人视角为观众展现了一座精巧绝伦、秀外慧中的苏州城，这一纪录电影在全国 56 个城市上映，并走出国门，实现了“文化出海”。

（二）动漫游戏

目前，动漫、游戏与非物质文化遗产的结合主要表现为围绕某一（类）非物质文化遗产项目进行 IP 开发或提炼元素使其以角色、道具和故事情节等方式呈现出来，动漫游戏里的虚拟空间逐渐成为非物质文化遗产生存发展的平行空间。例如，动画电影《白蛇：缘起》《白蛇 2：青蛇劫起》以现代表达重构了传统白蛇传传说；《雄狮少年》则以国家级非物质文化遗产项目狮舞（广东醒狮）为线索，以地方少年的成长为主线，上演了触动人心的故事；拥有大量粉丝且持续更新的《狐妖小红娘》《一人之下》等国产动漫与相关非物质文化遗产项目携手展现非物质文化遗产魅力。手游《一梦江湖》在其构建的游戏世界中设计了大型非物质文化遗产街区，展示了如龙泉青瓷、苗族刺绣、西湖绸伞等多个非物质文化遗产项目；手游《王者荣耀》与越剧《梁祝》进行联动，通过动作捕捉技术采集越剧传承人的演绎，再将演绎内容赋予游戏角色上官婉儿，让玩家在使用相关游戏角色时能够欣赏到精美的越剧动作和细腻的情感表达，从中感受到越剧的魅力。

以教育或科普为目标的严肃游戏日渐得到关注，如以榫卯为主题的功能性手游《匠木》。随着体感设备、智能穿戴设备、虚拟现实技术的普及，如京剧等非物质文化遗产项目的体感交互游戏也开始出现[①]。故宫博物院在传统文化的创意转化上走在国内前列，不仅打造了故宫系列 App 和小程序，还围绕游戏、动漫、音乐、IP 开发等与腾讯展开深度合

① 汤金羽、朱学芳：《数字非遗传承中严肃游戏项目开发与应用探讨》，《图书情报工作》2020 年第 10 期，第 35—45 页。

作，成立联合创新实验室探索文化遗产领域的前沿科技，推出了《故宫回声》主题漫画、《故宫：口袋宫匠》小程序游戏、《睛·梦》眼动游戏、《古画会唱歌》NEXT IDEA 音乐创新大赛等。

（三）数字藏品

数字藏品是指通过区块链技术生成唯一标识凭证、在互联网平台实现共享传播的新型数字文化产品，是非物质文化遗产的新型虚拟形态。现阶段，非物质文化遗产数字藏品的产生方式主要包括非物质文化遗产作品实物的数字化映射、数字化的原创非物质文化遗产作品、数字化非物质文化遗产作品与相关实物或权益融合等，内容主要涉及传统美术、书法、音乐、舞蹈、戏剧、体育、技艺类的非物质文化遗产项目，发行主体包括非物质文化遗产传承人、文博机构、政府组织、艺术家等，发行主体通过多方合作的形式向发行平台提供数字内容，由平台提供技术支持实现藏品发行，如蜀绣、皮影戏、唐三彩等非物质文化遗产项目纷纷上线相关数字藏品。数字藏品依托区块链技术优势在一定程度上实现了非物质文化遗产的数字版权保护，其自带的互联网属性、社交属性、收藏属性为非物质文化遗产活态传承赢得了更广泛的公众认可。

三、非物质文化遗产数字化传播与体验场景

非物质文化遗产数字化传播与体验是检验非物质文化遗产数字化创新发展的重要指标。只有融入人们的日常生活，非物质文化遗产才能真正地实现活态传承。在数字化生存时代，以数字媒体平台、云节展和云演艺、数字文旅为代表的非物质文化遗产传播及体验场景成为人们数字文化生活的重要组成部分。

（一）数字媒体平台

非物质文化遗产数字化传播与体验场景中的数字媒体平台是指利用数字技术和媒体平台来传播、展示和体验非物质文化遗产的一种途径。这些数字媒体平台提供了一个数字化的环境，让人们可以通过互联网、移动应用程序等渠道来了解、体验非物质文化遗产。数字媒体平台通过数字化手段将非物质文化遗产呈现出来，包括文字、图像、音频、视频等形式。呈现出的内容有传统的文化表演、手工艺制作、民俗节庆、口头传统等，数字技术可以进行记录、存储和传播，使这些文化遗产得以保护和传承。数

字媒体平台提供了丰富多样的体验场景，让用户可以体验非物质文化遗产。例如，通过虚拟现实技术，用户可以沉浸式体验传统文化活动，如民间舞蹈、传统节庆等。同时，一些平台也提供了线上展览、数字游学、互动体验等功能，使用户能够全方位地了解和体验非物质文化遗产。

数字媒体平台相比传统媒体具有去中心化的优势，为非物质文化遗产提供了自由、多元、交互的传播渠道，其中短视频、直播是主要虚拟场景。国内主流的短视频平台开辟了非物质文化遗产专区，如抖音发起的"非物质文化遗产合伙人""看见手艺""非物质文化遗产市集"等活动。《抖音非遗数据报告》显示，截至 2022 年 5 月 31 日，抖音平台上国家级非物质文化遗产项目相关视频播放总量达 3 726 亿次，覆盖了 99.74% 的国家级非物质文化遗产项目①。可见，短视频已成为极具传播力与影响力的非物质文化遗产虚拟场景。用户生成内容（UGC）模式吸引了多元主体的参与，如非物质文化遗产传承人的自由记录与技艺表演、专业的非物质文化遗产保护机构制作的非物质文化遗产科普视频、非物质文化遗产爱好者的模仿或体验等。短视频通过镜头记录非物质文化遗产，打破了其时空限制，再加上以竖屏为主的播放方式符合人们的观看习惯，拉近了审美距离，配合拍摄视角、镜头运动、背景音乐、剪辑手法等营造出沉浸式的虚拟在场体验。渐渐地，对某类非物质文化遗产产生兴趣的群体在互联网平台形成虚拟社群这一社交场景。非物质文化遗产传承人、机构与爱好者通过线上互动连接彼此，进而达成情感共鸣，使非物质文化遗产突破原有的地域和族群限制，在数字化场景中以交流共创的方式传承和发展。

相比短视频，直播具有非物质文化遗产传承人与观众实时双向互动的优势，可以搭建出"非物质文化遗产 + 直播打赏""非物质文化遗产 + 竞拍直播""非物质文化遗产 + 电商直播"等消费场景，为非物质文化遗产实现经济效益提供新路径，如文化和旅游部非物质文化遗产司与商务部、国家乡村振兴局等有关部门支持阿里巴巴等各大网络平台联合举办"非遗购物节"。《2021 非遗电商发展报告》显示，淘宝天猫的非物质文化遗产店铺数量超过 35 000 家，非物质文化遗产商品消费者规模已经达到亿级，2021 年淘宝非物质文化遗产直播场次 380 万场，八成成交来自商家自播；天猫平台上，景德镇陶瓷、苏州核雕、龙泉宝剑等 14 个非物质文化遗产产业集群年成交额过亿元②。由此可见，分享、互动、消费已经成为非物质文化遗产在新媒体平台的主要场景特征。

（二）云展览和云演艺

云展览和云演艺是在数字化时代背景下，借助互联网和新媒体技术，将传统非物质文

① 抖音：《这一年，抖音的非遗答卷》（https://www.toutiao.com/article/7107571378617844228/?%20channel=%20&source=search_tab&wid=1715216573456）。

② 刘志明：《<2021 非遗电商发展报告 > 发布》，《消费日报》2021 年 10 月 25 日第 A3 版。

化遗产呈现给观众的一种创新形式。云展览是指通过在线平台或虚拟展厅，展示非物质文化遗产项目的历史、特点、技艺和传承方式，使观众可以在虚拟空间中自由浏览、学习和感知。云演艺则是指借助网络直播、视频网络，将传统的非物质文化遗产表演艺术以线上形式呈现给观众。云展览和云演艺的核心特点在于其数字化、网络化的呈现方式。通过互联网技术，传统的非物质文化遗产可以被呈现给全球观众，观众无须前往传统展馆或表演场地，便能够近距离接触和了解非物质文化遗产的内容。同时，云展览和云演艺也提供了更为灵活和多样化的呈现形式，可以通过多媒体技术、互动式设计等手段，提高观众的参与感和体验感，使传统文化得以活化与传承，赢得更广泛的关注。此外，云展览和云演艺也为非物质文化遗产传承人提供了更为便捷和广阔的传播平台，有助于吸引更多的年轻人参与非物质文化遗产的传承与创新，推动传统文化的活化与发展。

目前，增强现实 / 虚拟现实、全息显示等数字技术在非物质文化遗产展演中大量应用，如非物质文化遗产虚拟漫游、非物质文化遗产沉浸式数字艺术展等。此外，非物质文化遗产节庆活动线下线上同步开幕的做法越来越普遍。2022 年，在文化和自然遗产日期间，全国各省份将举办 6 200 多项非物质文化遗产宣传展示活动，其中线上活动达 2 400 多项[①]，以视听影像展播、直播课及购物节为主。在“非遗购物节·浙江消费季”中，浙江采用“云探店”直播，由主持人或传承人通过镜头带领网友云欣赏非物质文化遗产精粹、云购买非物质文化遗产产品、聆听非物质文化遗产故事并参与实时互动。

在信息通信技术不断成熟的全媒体时代，云演艺成为一种必然趋势。云演艺突破了线下演出线上搬运的简单模式，致力于运用数字技术创造新的观演场景。表演艺术类非物质文化遗产据此形成新的传播与体验方式。例如，2021 年中国歌剧舞剧院与华为合作打造的《舞上春》采用线上演播方式为观众提供了个性化的多视角场景及导赏，并向观众开放实时互动、“云包厢”等功能，主办方可以通过广告赞助、付费点播、线上售票等形式获得收益[②]，体现了新的场景化社交消费模式。通过云演艺，传统

① 郑海鸥：《文化和自然遗产日将办 6200 多项活动》，《人民日报》2022 年 06 月 09 日第 13 版。

② 林凡军、赵艳喜：《演艺业数字化发展的逻辑、机理与问题探析》，《东岳论丛》2022 年第 4 期，第 113—120 页。

舞蹈、戏剧、曲艺等非物质文化遗产门类一方面可以突破原有剧场的人数限制，打造新的观演场景，有助于优秀作品“出圈”；另一方面，这种主动“触网”的尝试可以推动创作生产以及演出、运营模式的革新，助力原有的小众市场“破圈”，促进演艺市场的繁荣发展。

（三）数字文旅

数字文旅往往以具体的非物质文化遗产项目为内容来源，以人们能够感知到的软硬件设施为抓手设置文化场景，并推出相关数字化产品及服务，创造沉浸式互动体验场景。

自数字故宫、数字敦煌、数字黄鹤楼等数字文旅产品推出后，文旅景点通过视频、直播平台提供数字化导览及 VR 云游逐渐成为数字文旅消费场景建设的重要方向。例如，北京西城区积极推动文化遗产数字化可持续发展，推出代表性的非物质文化遗产数字化创新项目；2022 年春节期间，国家级非物质文化遗产项目厂甸庙会以云互动、云电商、云连线等形式，开创“线上游 · 访文市 · 赢福气 · 品年货 · 逛胡同”的新民俗①。主办方邀请了琉璃厂街区的非物质文化遗产老字号、非物质文化遗产传承人等参与直播互动，公众可以通过小程序跟随虚拟新春使者加入非物质文化遗产探店、VR 逛展、看直播购年货等活动。据统计，“厂甸云庙会”通过光明网、微博和抖音等融媒体矩阵实现了超过 2 000 万次的浏览总量，话题总量也突破 6 600 万次。诸如此类的非物质文化遗产数字化传播和虚拟现实交互为非物质文化遗产特色街区（社区）规划发展拓宽了思路。2022 年 6 月，国内首条元宇宙非物质文化遗产街区——广州非物质文化遗产街区（北京路）正式开街。依托线下街区，非物质文化遗产摊位选取广彩、广绣等代表作品进行 3D 超高新数字建模，全方位展示工艺细节，人们可以通过观看直播云游街区，也可以使用 VR 眼镜畅游虚拟街区。

数字文旅的实践常以具体的非物质文化遗产项目为内容基础，如传统技艺、表演艺术、民俗习惯等。在数字文旅的构建中，非物质文化遗产项目被赋予新的表现形式，成为创造文化场景的重要内容来源。同时，数字文旅也通过软硬件设施的建设，打造具有感知性的文化场景，包括虚拟现实技术、增强现实技术、多媒体展示等，旨在让受众能够身临其境地感知非物质文化遗产的魅力与内涵。在文化场景中，数字化产品及服务的推出也是重要的一环。通过数字化产品，受众可以深入了解非物质文化遗产的历史、传承、技艺等方面内容，并参与互动体验，实现沉浸式的文化体验。这种数字化产品及服务的推出，不仅为受众提供了丰富多彩的文化体验，也为非物质文化遗产的保护与传承注入了新的文化活力与再生动力。

① 董云：《壬寅年（2022）厂甸“云”庙会 带您线上过大年》（https://culture.gmw.cn/2022-01/25/content_35471553.htm）。

四、构建非物质文化遗产数字化场景体系的未来路径

非物质文化遗产的数字化场景建立在非物质文化遗产本土和跨域场景之上，以数字化技术构筑的虚拟空间为载体，以非物质文化遗产当代保护、传承与创新实践为主要内容，以传承人群体、政府、企业、学界及大众为多元主体。其中，非物质文化遗产的数字化保护与传承场景注重体现非物质文化遗产的原真性与原生态，数字化创作与转化场景注重非物质文化遗产的艺术表达与内涵诠释，数字化传播与体验场景注重非物质文化遗产的创新发展与生活融入。在非物质文化遗产数字化场景创造上，可以从技术、内容、主体三大方面展开，按照全景式、体验型、立体化的方向构建我国非物质文化遗产数字化场景体系。

（一）构建“全景式”非物质文化遗产数字化场景

经过多年的非物质文化遗产项目采录收集和数字化保护工作，非物质文化遗产数字资源不断扩充，体系不断完善，然而许多资源仍未能面世，还需进一步加强展示、转化与创新。这背后主要涉及数字化采录、存储、管理和共享过程中非物质文化遗产数据的标准化、规范化建设，以及相关技术的研发应用。

首先，加强非物质文化遗产数据库建设。非物质文化遗产数字资源的采录存储与形态转化是非物质文化遗产数字化场景体系构建的基础。一方面，在数据采录上，非物质文化遗产项目涉及多个门类，在实践中存在无形、分散、复杂等问题，数字化分类标准还需更加科学化，对于更深层次文化意义的展现还需进一步探索。针对重复建设和项目遗漏问题，需要打破行业界限，统筹多部门合作，根据地方具体情况由某一部门牵头实现联合建库。另一方面，在数据形式与数据共享上，目前非物质文化遗产数据库以文本、图片为主，音视频、动作和模型类数据较少，数字化表现手段不够丰富，且大部分数据库界面简单、功能单一，数据库之间资源关联少，尚未实现跨平台、跨系统应用。因此，在非物质文化遗产数字化过程中，既要整合物质层面，也要整合非物质层面，在数据库信息采录、存储、管理的全过程中确保真实性、标准性与规范性，并针对不同的非物质文化遗产类目展开更为深入细致的技术研究。同时，应依托国家文化数字化战略，

在国家层面尽快制定、推行统一的非物质文化遗产数据库建设标准；各级部门要积极统筹好本地非物质文化遗产数据库建设，按照统一标准关联不同领域、不同形式的非物质文化遗产数据以整体链入中华文化数据库，在数据库建设过程中还应具有用户思维并考虑后期数字化创新的需要。

其次，加强智能技术等关键技术的研发应用。数字技术的非物质文化遗产应用主要涉及采录、存储、管理及展示互动技术，应加强 AI、AR、VR、MR 及区块链、知识挖掘、数字孪生等前沿核心技术的研发，建立起强大的非物质文化遗产数字技术支撑体系。以人工智能技术为例，虽然目前该技术应用仍处于初级阶段，但在非物质文化遗产智能传播、活态展示、交互体验等方面已显现出重要作用；以 AR 眼镜等为代表的智能装备也是增强非物质文化遗产体验的重要手段。此外，应注重技术在非物质文化遗产数字化场景中的交叉使用、综合利用和创意转化，增强场景的交互性、沉浸性、体验性。目前，非物质文化遗产在多模态的数字化文化体验、跨媒体数据融合的公共文化数字服务平台等领域还需不断探索，打破技术壁垒，形成能够支撑文化数据广泛活用的技术体系与应用模式。（见图 4-8）三星堆沉浸式艺术展，利用先进的数字媒体技术、光影艺术及体感交互等多元化表现形式，为观众提供了一种沉浸式的观展体验，提高了观展过程中的趣味性和参与感。

（二）建设“体验型”非物质文化遗产数字化场景

数字时代，仅依靠技术逻辑已经无法满足人们的“在线”需求，唯有优质的内容才能吸引人们的注意力。习近平总书记对中华优秀传统文化提出了创造性转化和创新性发展的要求。“创造性转化”侧重于内容的形态转化和创意表达，如通过 IP 运营融合非物质文化遗产的原生形态、衍生形态和虚拟形态。因为非物质文化遗产涉及门类多，形态千差万别，所以应综合考虑形态特点、文化内涵和受众需求，选取适宜的数字技术加以转化。例如，传统手工艺可以采用小程序游戏或手游形式强化交互性和娱乐性；传统戏剧、舞蹈表演等可以采用线上高清演播形式实现便捷化、个性化观演；民间文学可以借助在线听书、广播剧的形式走入年轻人视野；传统音乐可以采用直播、短视频的形式加强传承人和爱好者的交流互动。

“创新性发展”强调了新的发展路径，如通过文化产业与文化事业的协同发展，引导数字内容从“娱乐有趣”向“知识价值”转变，将非物质文化遗产融入大众的数字文化生活，打造出能更好满足人们精神文化需求的产品体系和服务场景，如非物质文化遗产云展演、非物质文化遗产数字文旅等。作为一种数字文化景观，创新非物质文化遗产数字化场景的内容和形式是增强其吸引力的必要手段。需要注意的是，场景也可以理解为具有某种特定文化价值观的空间，此时的数字化场景更强调主题性及特色化，因此也需要在深度理

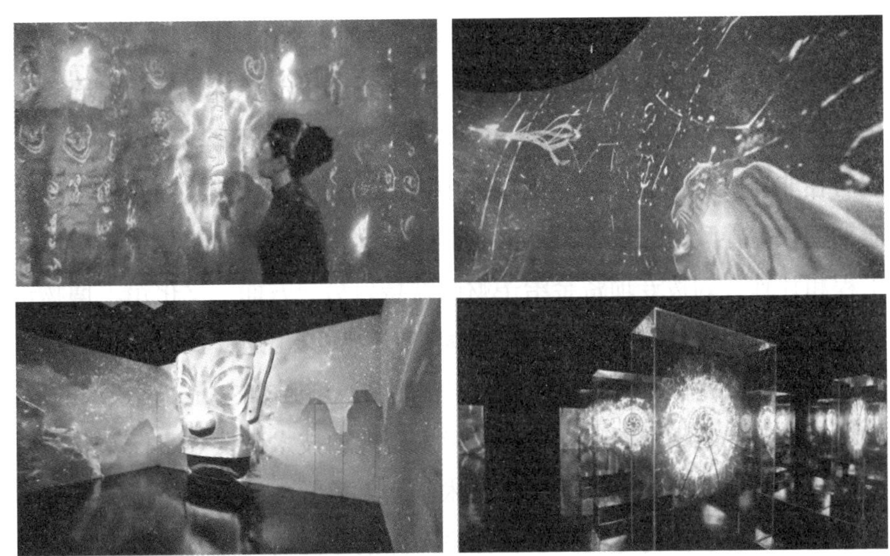

图 4-8　非遗数字博物馆展厅，三星堆沉浸式艺术展

解非物质文化遗产本土场景、跨域场景的原真性、流动性的基础上，注重不同文化生活设施和数字化基础设施的组合，由此开展相关活动，吸引特定人群。我国农村地区容纳着超七成的非物质文化遗产项目，非物质文化遗产已经成为乡村振兴的重要抓手之一，必须在完善农村数字基建的基础上，利用短视频、直播带货、数字文旅等形式在广大农村地区构建起非物质文化遗产的数字化场景。还可以尝试建立非物质文化遗产数字化场景的指标体系与评价制度，以便更高质量地实现非物质文化遗产数字活化，发挥其在打造城乡高品质空间过程中的作用。

（三）构筑“立体化”非物质文化遗产数字化场景

非物质文化遗产传承人是非物质文化遗产保护与发展中最重要的主体，也是被保护的对象。广义的非物质文化遗产传承人包括国家、省、市、县（区）级的代表性传承人和非物质文化遗产所在社区的传承参与群体。在非物质文化遗产数据库建设中，要重视代表性传承人在数字化语义、分类体系设计等方面的阐释与建议，保障传承人的话语权；在政府、文化机构或平台企业开展的专项培训计划中，需着重开辟数字素养、数字思维及数字能力培训板块。据统计，我国第五批国家级非物质文化遗产传承人的平均年龄为 63.29 岁，面对难以跨越的技术鸿沟，适宜以团队或外界辅助

非物质文化遗产数字化传承与保护研究

Research on the Digital Inheritance and Protection of Intangible Cultural Heritage

第五章

数字媒体赋能辽宁省物非质文化遗产传承与保护策略
——以辽西地区医巫闾山满族剪纸为例

本章为数字媒体赋能辽宁省非物质文化遗产传承与保护策略——以辽西地区医巫闾山满族剪纸为例，主要介绍了以下四个方面：辽宁省非物质文化遗产数字化传承与保护现状、辽西地区医巫闾山满族剪纸的文化价值与认同、辽西地区医巫闾山满族剪纸传承与保护现状、数字媒体在辽西地区医巫闾山满族剪纸传承与保护中的应用策略。本书以锦州市医巫闾山满族剪纸为研究对象进行了定性研究。研究数据是通过相关文献分析、调查、观察、访谈、深度访谈和小组讨论等方式搜集的。研究工具包括调查方法、观察方法、访谈方法、结构化和非结构化焦点小组讨论。参与者包括文化专家、剪纸国家级传承人、数字媒体设计师和相关专业技术人员。

研究结果如下：首先，对辽西地区医巫闾山满族剪纸艺术的文化价值、文化认同进行研究，有助于提升其文化价值和影响力。其次，对辽西地区医巫闾山满族剪纸艺术的传承与保护现状问题进行分析研究，发现口传心授和行为传承的方式已经不能满足当下的传承与保护状态，加之传承人老龄化严重，年轻群体参与度低，文化价值与内涵认同模糊，使辽西地区医巫闾山满族剪纸艺术的传承与保护受到了限制。最后，结合数字媒体技术与艺术，利用三维动画在辽西地区医巫闾山满族剪纸艺术传承与保护中的应用，解决其传承与保护中存在的问题。

第一节　辽宁省非物质文化遗产数字化传承与保护现状

一、辽宁省非物质文化遗产保护现状

辽宁省作为我国北方少数民族集聚的重要地区，拥有数量、种类众多的非物质文化遗产，主要包括民间文学、传统音乐、传统舞蹈、传统戏剧、曲艺、民间美术、传统手工艺及民俗等项目。在中国第一个“文化遗产日”前，国务院及文化和旅游部正式公布的第一批国家级非物质文化遗产中，辽宁省有22个项目列入其中。在民间文学方面，有新民市的谭振山民间故事；喀喇沁左翼蒙古族自治县的喀左东蒙民间故事；盘锦市大洼县的古渔雁民间故事。在传统音乐方面，有鞍山市的千山寺庙音乐；源自汉魏时期的辽阳市鼓乐。在传统舞蹈方面，有海城市的海城高跷秧歌；抚顺市的抚顺地秧歌；锦州市的辽西高跷秧歌；本溪市的朝鲜族农乐舞（乞粒舞）。在传统戏剧方面，有沈阳市的评剧、京剧；瓦房店复州皮影戏；凌源市的凌源皮影戏；锦州市的辽西木偶剧。在曲艺方面，有沈阳市的东北大鼓；黑山县的东北二人转；铁岭市的东北二人转；阜新蒙古族自治县的乌力格尔（蒙语说书）。在传统美术方面，有锦州市的医巫闾山满族剪纸；岫岩满族自治县的岫岩玉雕；阜新市的阜新玛瑙雕。另外，凌源皮影戏也被列入国家级试点项目。省级非物质文化遗产包括义县社火等60项。

2007年6月，在各市推荐的基础上，辽宁省确定了第二批省级非物质文化遗产名录，共54项。这些非物质文化遗产作为历史发展的见证，民族智慧的结晶，不仅承载着人类社会的文明，也体现着辽宁地区民众在特定环境中的发展，以及其与自然之间关系的一系列实践活动的结果，展现了该地区人民卓越的智慧和超凡的创造力，表现了其多样化的生活、生产方式，这些文化遗产所承载的生活制度和行为规范内涵，反映了民族价值观，是民族情感的寄托，是民族精神和民族性格的体现。

作为已入选国家及辽宁省非物质文化遗产名录的项目，国家及地方各级政府在保护和传承方面给予了全力支持。辽宁省人民政府为贯彻落实《国务院办公厅关于加强我国非物质文化遗产保护工作的意见》，于2004年11月，下发了《关于实施辽宁省民族民间文化保护工程的通知》，制定了民族民间文化保护工程的实施方案，为非物质文化遗产保护工作顺利开展打下了基础。2005年7月，《辽宁省人民政府办公厅关于加强我省非物质文化遗产保护工作的通知》将辽宁省的14个省级非物质文化遗产保护的试点项目对外进行了公布，包括编撰《辽宁省非物质文化遗产地图集》等。

辽宁省政府要求各相关部门严肃对待非物质文化遗产保护工作，要站在建设先进文化的高度，充分认识非物质文化遗产保护工作的重要性，科学确立辽宁省非物质文化遗产保护工作的总体目标、指导方针和工作原则，以政府主导，社会参与的方式，加快非物质文化遗产保护工作的实施。同时，制定出辽宁省非物质文化遗产代表作申报评定办法及辽宁省非物质文化遗产保护工作厅际联席会议制度，为推动该省非物质文化遗产的抢救、保护与传承工程建设，加强中华民族的文化自觉和文化认同，提高对中华文化整体性和历史连续性的认识，为文化的多样性及可持续发展从制度及政策方面提供了支持和保证。

然而，这并不意味着辽宁省非物质文化遗产作为活态文化传统的可持续发展问题就得以解决。辽宁省当前所面临的最突出的问题就是非物质文化遗产传承人、传承团体的匮乏。例如，“谭振山民间故事”入选我国第一批国家级非物质文化遗产名录，是国务院公布的518个项目中唯一的“个人品牌”。谭振山能够讲述近千则故事，是辽河流域民间故事集大成者，也是中国迄今为止唯一走出国门被请到国外讲故事的人。然而，谭振山民间故事仅有少量传承人，数量如此巨大的民间故事如何传承，这关系到辽宁省乃至中国民间故事的发展传承。医巫闾山满族剪纸、抚顺地秧歌、凌源皮影戏、辽西木偶戏及阜新玛瑙雕等的传承都存在着同样的问题。随着老艺人的相继辞世，这些非物质文化遗产后继乏人，正濒临消亡，亟须保护。辽宁广大农村地区，有很多刺绣能手，以往他们刺绣的高超技艺是展示在传统物件之上的，如“袜跟儿”“鞋垫儿”“虎头鞋”“虎头帽”等。而这些物件随着人们生活水平的提高和生活方式的改变，渐渐不再时兴。随之而来的是民间刺绣的技艺也不再像过去那样被广泛重视和传习。其他宝贵的民间文化遗产，如窗花、年画、木雕、泥人等，也都面临着相似的、令人惋惜的命运。

二、辽宁省非物质文化遗产保护与开发中的问题

（一）保护文化遗产的观念滞后、缺少资金技术、正面主导参与乏力

文化艺术品种和事象的保护与抢救，需要在正确观念指导下建立科学的评估体系，确定其价值、概念、保存和保护的性质。但由于辽宁省民间文化长期不被重视，对非物质文化遗产保护缺乏普遍的民族自觉，至今对于辽宁省民间文化的非物质文化遗产的整体状况、

存在种类、数量和消失的状况等认识不清，调查了解和掌握不够，辽宁省政府文化部门缺乏对民间文化资源整体价值的评估，缺乏对民间文化系统规划和正面主导能力，致使辽宁省非物质文化遗产在保护、抢救、开发等方面困难重重。资金技术短缺也是制约辽宁省文化遗产保护的重要因素。

（二）民间文化遗产保护呈碎片化

辽宁省的非物质文化遗产保护离不开孕育其生存发展的原有现实的整体性生活环境的保护。如果缺乏文化整体性的理念，人为分割，只将其中一部分作为文化遗产保护，形式上虽实现了保护，实际上却破坏了文化固有的整体风貌和遗产的价值。或者有的文化遗产在历史的传承中已成碎片，辽宁省人民在保护时，也由于缺乏对其整体性的认识，没有考虑到对其失缺内容进行完整性的修复，从而形成了碎片式的保护，使一个整体性的文化结构，变成了支离破碎的状态，形式上实现了保护，实际上却破坏了文化固有的整体风貌和遗产的价值。

（三）缺乏非物质文化遗产的教育及人才的培养体系

教育领域对非物质文化遗产缺乏重视和价值认知，教育与文化遗产保护、传承脱节，辽宁省的大学中与非物质文化遗产相关的学科极度缺乏，不能培养提供保护文化遗产所需的社会专业人才，导致辽宁省的公民传承渠道不畅，原生态传承缺乏自觉，民俗流变冲击大，年轻一代越来越远离本民族的传统文化。如果在情感的共鸣上，得不到共同体、群体和个人的认可，那么辽宁省的非物质文化遗产传承可能会出现断层，从而面临生存的危机。

（四）市场经济条件下旅游民俗异化迅速

在辽宁省以民俗为基础的民间文化遗产的保护和旅游开发中，以伪民俗民间文化为旅游资源的状况几成泛滥之势，各种伪劣的假民俗无中生有，滥竽充数，误导游客，干扰旅游事业，败坏了辽宁省民俗文化资源和文化旅游的名声。此外，辽宁省的一些著名少数民族村寨被开发为旅游区或民俗村之后，其中的习俗传统迅速异化，非物质文化遗产在这些村寨知名度日益上升的同时也面临着变质、异化或消失的可能。一地民俗基因的再造，要审视文化遗产本身的个性特征，并在专家的指点下，在原民俗基因基点上进行营构，辽宁省政府不能囿于利益的驱动而肆意毁坏原生态文化传统的延续和发展，使非物质文化遗产被改造成文化消费品，失去文化遗产的内在精神，进而在保护中走向消亡。

（五）有关非物质文化遗产保护的政策法规供给不足

非物质文化遗产中的很多项目都是人们在长期的生产生活过程中进行的自主创造，有自己的特色，辽宁省政府应该结合实际情况进行立法保护，而实际情况却并非如此。辽宁省传承人的法律意识淡漠，一些传承人在辽宁省社会民众中的法定地位欠缺，开展活动的专项资金及传承人的培养经费匮乏，遗产被肆意使用，知识产权得不到有效保护，等等。辽宁省非物质文化遗产保护制度上的瓶颈不解决，非物质文化遗产的传承将难以为继。

（六）以开发利用代替保护

辽宁省地方政府积极参与非物质文化遗产的申报和保护的动机来自经济利益的促动，追求市场利益和社会效应，希望通过申遗取得更大的经济回报，而对非物质文化遗产的精神价值却关注不够。将文化作为发展地方经济的手段，保护非物质文化遗产成为一个辽宁省招商引资的幌子。在这样的保护动机促使下，很多辽宁省文化遗产进行了过多的改造和包装，其内在精神蕴含并没有得到保护，只是片面地维护了一个传统文化的外在形式，使非物质文化遗产成为空洞的文化符号。

保护与利用，两者之间关系是相辅相成的关系，保护是前提，只有保护好才能合理利用，才有可能继承和发展。只有完整保护非物质文化特色，才具有较高的经济价值和利用价值；只有具有特色的非物质文化，辽宁省才会吸引大量的游客，文化产业才有可能得到发展，这种良性循环是非物质文化遗产保护与开发可持续发展的主要模式之一。

第二节　辽西地区医巫闾山满族剪纸的文化价值与文化认同

一、辽西地区医巫闾山满族剪纸概述

中国的民间剪纸根植于农耕文化，经历漫长的发展，其对民族文化的发展作出了巨大贡献。

（一）医巫闾山满族剪纸的发展

随着中国民间艺术的发展，中国东北地区的民间艺术也形成了自己独立的文化体系，是与人类千百年来形成的文化生态、文化意识、哲学观念相联系的。中国是拥有 56 个民族的、统一的多民族国家，其中满族是人口较多的民族之一。满族是个勤劳、勇敢、智慧的民族，也是一个善于借鉴外来文化并融汇创新的民族。满族的起源区域是东北地区，在长期的历史发展中，形成了富有民族特色的风俗文化，它是东北文化重要的组成部分，也是中华民族的文化瑰宝。满族人民生活在白山黑水之间，满族人民的审美取向有自己的独特之处，满族剪纸艺术充分体现了本民族的文化、审美和情感。

满族剪纸艺术源于东北，是中国剪纸艺术的宝贵财富之一，它表达的内容与生活紧密联系。满族剪纸艺术技法简单直接，直抒胸臆地表达满族人民对生活的热爱，是满族广大底层劳动人民乐观积极的精神体现。东北地区的满族剪纸不受材料、技法和制作条件的制约，随手可取、随时可做。明朝末期，女真人（今称满族）开始用土法造纸。在纸出现前，满族人民就已经利用兽皮、鱼皮、桦树皮、树叶、玉米叶、辣椒皮和布帛这些片状

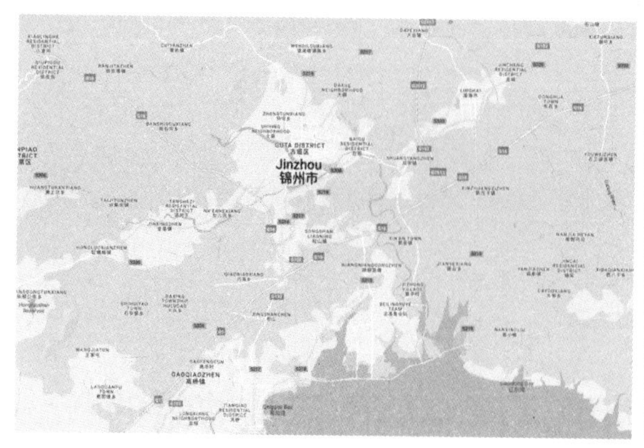

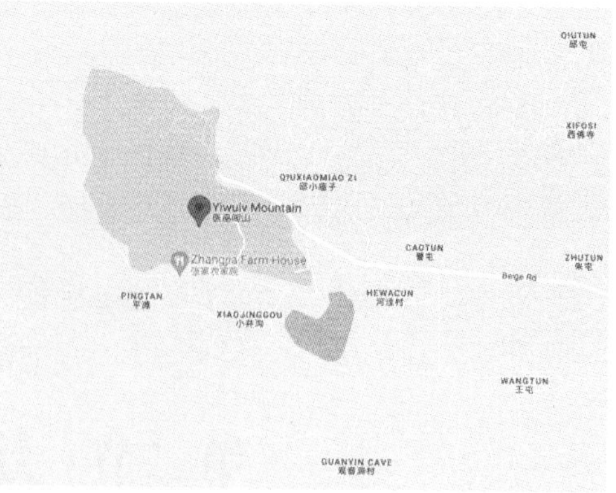

图 5-1　中国辽宁省锦州市医巫闾山地区

（图片来源：https://www.google.com/maps/）

材料，进行制作反映自然与生活的艺术作品。而这些生活在社会底层的满族人民因为物质资源的限制，加之终日和自然密切相处的条件，这些材料被使用了相当长一段时间。材料的特性使这些作品形成独树一帜的风格，具有东北地区满族代表性的艺术语言。东北地区满族剪纸得以延续和发展的重要原因是当地人民对萨满教的虔诚信仰和天人合一的思想观念。在人类科学落后的历史时期，萨满祭祀和巫术活动作为一种社会现象出现在当时各个阶层的生活中。

在中国东北辽阔的黑土地上，孕育着粗犷豪放的东北满族人民。他们把性格、生活融入剪纸艺术，作品有简约浑厚、气势磅礴之感。中国东北地区的满族剪纸强调黑白块面对比之下的虚实布置与线条变化的节奏与韵律感。东北地区满族剪纸充满了神秘色彩，萨满祭祀的图腾剪纸用来祈求庇护，巫术活动的剪纸作为法器，达到祛除病魔、赶走污邪的目的。东北地区满族剪纸神奇诡异的造型风格就是受到萨满信仰的影响，形成了区别于其他地区和民族的特殊风格[①]。

位于辽西走廊东北端的医巫闾山就是东北地区多个民族栖息繁衍的地区，这里孕育了氏族社会的红山文化。独特的地理环境与历史沿革，使得医巫闾山成为草原文化、山林文化、中原文化与海洋文化的融合之处。千百年来，这里的民众传承着相对独立的民族民间文化，医巫闾山满族剪纸便是这种文化遗存的典型代表。（见图 5-1）

随着时间的流逝，医巫闾山满族社群逐渐形成了独特的文化，其中剪纸文化作为一种随着历史演进而不断发展变化的文化形态，成为反映生活的重要文化表达方式。在医巫闾山地区的满族社群中，剪纸艺术呈现出多样化的艺术表现形式，且在不同地区和民族中也具备其独特的艺术特色。在医巫闾山地区的满族剪纸艺术中，原生态剪纸以其独特而诡谲

① 王岳：《医巫闾山满族剪纸的地域文化特质与视觉语言探析》，大连工业大学 2016 年硕士论文。

的题材与造型而著称，为该地区留下了珍贵的文化遗产。

医巫闾山满族剪纸是经过医巫闾山民众长期创作与传承的一种艺术形式。这项艺术拥有着悠久的历史，并且其作品充满了浓厚的满族文化特色。作为北方少数民族的聚居地，医巫闾山自古以来就承载着丰富的萨满文化传统。历代中原政权对医巫闾山的封禅及中原地区汉民族的不断迁入，对医巫闾山的萨满文化产生了深远的影响。这种影响促使萨满文化与农耕文化融合，最终形成了新的民族共同体。

医巫闾山满族剪纸艺术是中国非物质文化遗产的代表之一，主要流传于中国东北地区的满族聚居地，尤其是辽宁省和吉林省。医巫闾山满族剪纸艺术在满族文化中有着深厚的历史底蕴和文化背景，传统的医巫闾山满族剪纸作品通常以动植物、神话传说和传统图案为主题，体现着满族人民对自然、祖先和生活的崇敬和祈福。尽管医巫闾山满族剪纸艺术和红山文化有着不同的时代背景和文化内涵，但它们都反映了中国东北地区丰富多样的文化传统和宗教信仰。虽然目前没有直接证据证明医巫闾山满族剪纸艺术与红山文化有直接的历史联系，但二者都具备祭祀与崇拜活动的相关概念，共同代表着中国东北地区悠久而丰富的文化。

数百年前，医巫闾山民众遭受的自然环境侵害及其他民族给予的压力迫使民众创造出一些神灵来使自己的精神得到寄托与安慰。他们认为，那些生命力顽强，身体中藏着巨大能量的动植物具有强大的生命力，是他们应当依靠和寄托的对象。他们甚至认为，这些大自然中的动植物神灵和自己有着某种特殊的血缘关系，于是他们开始将其作为祖先进行崇拜，当地独特的原始神灵崇拜由此形成。他们会就地取材，用木头进行创作，雕刻出护佑他们的神灵形象，用桦树皮进行剪裁，将创造出来的保护神形象带在身边，随时祈求他们护佑自己。随着时间的推移，原始的萨满教伴随着满族的迁居而出现，而来自中原的农耕文化与封建社会习俗则是来源于汉族的迁居。自此，具有差异的宗教文化、风俗习惯开始与当地的动植物崇拜融合，形成了医巫闾山地区满族剪纸艺术的扎实根基。医巫闾山满族剪纸的自然神、祖先神的崇拜内容，记载了北方民族曾有过的万物有灵、与自然界相依共存的生命状态和文化状态。从内容上看，游牧民族、山林民族崇拜自然神和崇拜祖先神的萨满文化，是医巫闾山文化的根基。以满族原始的自然神崇拜、祖先神崇拜的萨满文化，以及满族风俗为主要剪纸形式的剪纸艺术，流传于锦州医巫闾山地区，充分表现出了中原农耕文化与医巫闾山山林文化的融合。具有浓郁的地方特色和鲜明的民族特点的医巫闾山满族剪纸在中国民间剪纸艺术中占据着重要的地位。医巫闾山剪纸具有独特的地域特色，多样的审美取向，鲜明的创作手法，系统的文化符号，成为中国民间剪纸艺术的重要组成部分。

（二）医巫闾山满族剪纸的特征要素

1. 医巫闾山满族剪纸的材料

东北地区独特的自然条件和地理环境，为满族剪纸提供了独特的材料。满族在制作出纸张之前，人们已经创作出类似剪纸的作品，使用的材料主要来自自然界，如兽皮、鱼皮、桦树皮、树叶、玉米叶、辣椒皮、麻布等。满族人民经历了游猎、农耕时代，剪纸材料的选择也随着时代的不同而变化，渔猎时代以桦树皮、鱼皮、兽皮为主；农耕时代以布帛、玉米叶、辣椒皮、树叶为主。随着社会的发展，纸张的广泛使用代替了许多自然材料。由于传统的满族剪纸材料多种多样，现对具有代表性的材料进行阐述。

第一，纸张。纸张是医巫闾山满族剪纸的基本材料。传统的医巫闾山满族剪纸，用的是糊窗户和丧礼上使用的金箔纸、银箔纸等材料。后来的医巫闾山满族剪纸普遍选用单面红色的大红纸张，也有人用手工纸和彩色纸进行自由创作。红色在中国文化中通常被视为幸福、繁荣与吉祥的象征，大红纸张在医巫闾山满族剪纸文化中常常与祭祀、仪式等重要文化活动相关。选用红色纸张材料不仅仅是出于审美，更涉及文化传统的发展，宗教信仰及特定场合的需求。

第二，树叶。在纸张出现前，树叶是最古老的剪刻材料。如今，民间还留存着用树叶剪刻的技艺。在古代，满族人民采撷个体大的树叶在初秋时节阴干压平，用剪刀剪出剪纸图样，其上的自然纹理与天然颜色叠加在一起，形成了独特的剪纸风格。

第三，皮革。在渔猎时代，满族人民会选用皮革材料进行剪刻创作。在衣服的领口、袖口、下襟处用染成黑色的鹿皮做绲边，图案多以染黑的薄皮贴绣而成。剪纹多以鹿头纹、几何纹、盘长纹、云卷纹、花形纹和花草纹为主。

第四，碎布片。用丝棉织品剪制艺术品或神像等，在辽代的文献中就有记载。民间用棉麻布剪云子纹以贴绣为装饰，俗称“拨云子”。各种花色的碎布片也是做剪纸布贴画的材料，这些布贴画用来做包袱皮、门帘、坐垫等的装饰。

第五，油纸。把油纸和牛皮纸在桐油中浸泡后用来剪刻印染兰花布的漏花版样[①]。尽管纸张在现代剪纸中占据主导地位，但那些古老的取自自然的材料对于过去的满族剪纸具有重要的意义。这些材料所呈现出的自然质感与特殊的工艺，为当代人们了解传统文化提供了途径。

① 冯骥才，王光：《中国民间剪纸集成：医巫闾山卷》，河北教育出版社 2011 年版，第 19 页。

医巫闾山满族剪纸色彩丰富，主要有红、绿、蓝、黑等色彩，不同的色彩样式代表着不同的寓意。红色是医巫闾山满族剪纸中最常使用的色彩。在满族信仰中，红色代表太阳、代表火，能给人们带来温暖，还可以驱逐野兽，所以是温暖与守护的象征，同时也代表吉祥与喜庆。红色代表生命与希望，是医巫闾山满族人民对生命的渴望。在春节期间，满族人民用红纸剪的福字、生肖图、挂笺装饰房屋，以营造春节的喜庆气氛。蓝色在满族信仰中代表水，水是生命的源泉，是满族人民崇尚大自然的表现。清朝时期，蓝色被规定为普通民众可以用的色彩之一。所以在寻常人家，用蓝色的纸制作剪纸作品是较为常见的。在医巫闾山满族剪纸中，蓝色展示的是大自然风貌，承载着医巫闾山满族人民对美好生活的向往，同时也体现着医巫闾山满族人民对自然崇拜的习俗。绿色寓意着生机，绿色的选用不仅是对自然界的模仿，更是对大自然的热爱。黑色也是医巫闾山满族剪纸普遍使用的颜色，会被用在祭祀活动中。随着时代的发展，传统祭祀活动逐渐减少，黑色剪纸也淡出了人们的视野①。

2. 医巫闾山满族剪纸的制作工具与技法

医巫闾山满族剪纸主要以满族人民在日常生活中经常使用的剪刀作为主要制作工具。同时，在制作不同种类的剪纸作品时会用到刻刀、凿子、熏灯等工具。

第一，剪刀。剪刀是医巫闾山满族剪纸最常用的工具。一般采用具有满族特色的黑色大剪刀，这是最具特色的传统工具。医巫闾山满族剪纸构图较为简约，多以大面积的黑白色块对比的剪刻为主，剪线较长，如果没有剪断，就需要可合度较大的剪刀，这就是医巫闾山满族剪纸艺人普遍使用大剪刀创作的原因。在中原文化大面积进入医巫闾山地区

图 5-2　国家级传承人汪秀霞使用的四种剪刀

（图片来源：王光）

① 刘鑫林：《医巫闾山满族剪纸传承与发展研究》，渤海大学 2021 年硕士论文。

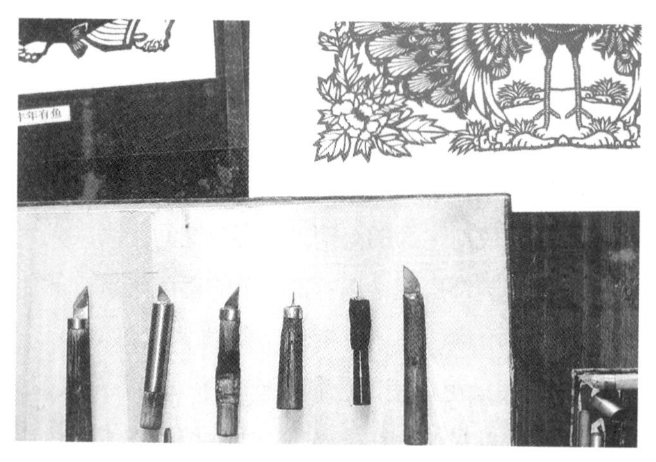

图 5-3　剪纸艺术家韩春林使用的刻刀
（图片来源：王光）

后，中原地区汉民族剪纸技法对医巫闾山满族剪纸技法产生较大的影响，在剪纸作品中加入了细密的细节部分，在剪纸的过程中除了使用较大的剪刀处理主体造型部分，还会使用小剪刀处理细节部分。剪刀都是剪纸艺人的至宝，都是经过他们自己开刃，打磨过的（见图 5-2）。

第二，刻刀。医巫闾山满族剪纸使用的刻刀，主要用于皮影和印染漏样的刻制。近年来，很多剪纸艺人借用刻制的技法剪制、粘贴剪制作品，形成很好的艺术效果。（见图 5-3）。

第三，凿子。凿子是民间艺人用于制作挂笺剪纸的工具。凿子分为大、小两种。使用时用锤子做辅助击打工具。大凿子用于凿刻挂笺图样上的镂空线条；小凿子用于凿刻挂笺上小的镂空线条。

第四，熏灯。熏灯是用来熏染纸张的灯具，旧时用于把剪好的白纸熏成黑色。

传统医巫闾山满族剪纸由于选用材料和习俗的特性，形成了独具地域特色的表现形式和手法，随着时代的发展，这些表现形式和手法有的被传承了下来，有的已经濒临消亡。传统满族剪纸制作工艺可以概括为剪、熏、衬、烧、凿、撕。

第一，剪。剪是医巫闾山满族剪纸的主要技法。受地域影响，满族剪纸在使用材料和功能上具有独特性。满族剪纸的传统表现形式是单独纹样，但越是简单的单独纹样，轮廓的形状就越重要。满族剪纸因材料大多较厚，不适合做较多的内部镂空，故注重剪外形，内部做简单镂空，这成为单独纹样常使用的剪纸手法。折剪是将纸对折，从折口处入剪，沿纹样轮廓剪形，再用局部对折方式剪出内部镂空。这一方法可以避免材料较厚导致的不易掏剪镂空、易变形等问题。在纸张普及后，折剪这一传统技艺得到了较好传承和发展。

第二，熏。该方法源于满族人民喜好黑白的色彩。他们会将熏黑的剪纸直接贴于墙上，作为节日和日常生活的装饰。近年来，随着有色纸张的普及和拷贝样稿方法的更新，这一手法已渐渐淡出生活。

第三，衬。这一技法来源于刺绣。满族人民最典型的刺绣是补绣，用黑色布或皮革裁剪出造型的轮廓，再在造型上进行镂空处理，最后将各种彩色布放在镂空部位的下方，起到衬托作用，这种方法后来也被应用到剪纸中。民间使用的纸张多为毛头纸，将其熏黑可以与土墙形成鲜明对比，完成时在后面衬托彩色纸。因为审美的改变，加之这种手法过于烦琐，所以当下已经不再被使用，濒临消亡。

第四，烧。满族剪纸最初使用的材料均为非纸材料，不论是桦树皮、树叶、玉米叶还是布帛，因为它们都不易折叠，所以采用香火烫烧这一种很好的镂空方法。为解决布剪后会飞边的问题，满族人民使用香火烧烫的方法处理边缘和中间镂空部位。其他材料烧烫后可以形成带有黑边的装饰效果。逐渐地，“烧”成为满族剪纸独特的表现手法。由于材料的改变，以及火烧表现力的局限性，这一手法在当下也很少使用。

第五，凿。满族剪纸中镂空的形状并不重要，凿的过程和留下的痕迹最重要。这一剪纸技法普遍运用在宗教仪式中，直到今天仍在沿用。

第六，撕。在以前的丧葬习俗中，为了便捷，人们会在墓地现场为死者撕出纸人或器物。而今，手撕的物品已被现代丧葬用品替代，但撕纸这一剪纸的传统技艺在剪纸教育中得到了很好的传承和发展①。

通过对以上工具、材料、技艺的总结我们可以看出，医巫闾山满族剪纸艺术的工具与技法是多种多样的，通过材料的整理，我们不难发现剪刻的技法是医巫闾山满族剪纸的主要技艺手法。

3. 医巫闾山满族剪纸的创作步骤

传统的医巫闾山满族剪纸创作过程是极具满族文化特色的。在剪纸之前不刻画草稿，随创作者内心的构思进行创作，所以医巫闾山满族剪纸最有特色的部分是作品的自由随意性。整体的创作过程需要创作者对满族民俗文化有深入理解，又需要具备高超的手工技艺。

本书以剪纸艺术家张喜荣的《柳树妈妈》作品为例，进行剪纸创作过程的梳理。笔者通过与民俗专家王光的交谈得知，此件作品是医巫闾山满族剪纸作品中极具代表性的，因此选取其作为实践创作的样本之一。剪纸的创作过程因每位剪纸艺术家的手法不同而有不同，但基本是运用折剪的手法。这里将剪纸的步骤进行概括，将剪纸过程中的创作关键步骤进行呈现。

第一步，选取材料与折纸。剪纸的主要载体是纸张。在医巫闾山满族剪纸中，常使用的纸张为单面大红色纸，这些纸张质地略微粗糙。在传统医巫闾山满族剪纸创作中，材料的选择是非常自由的。将选好的单面红纸

① 乔晓光：《作为纸文明传统的中国剪纸》，《文化遗产》2018 年第 1 期，第 27—35 页。

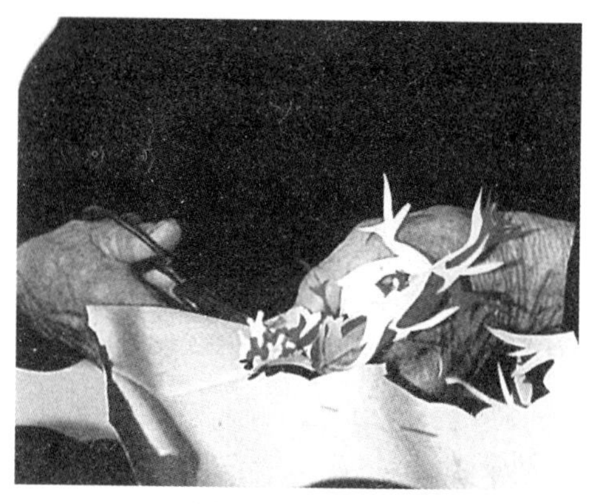

图 5-4 剪局部元素
（图片来源：王光）

图 5-5 深入细节图
（图片来源：王光）

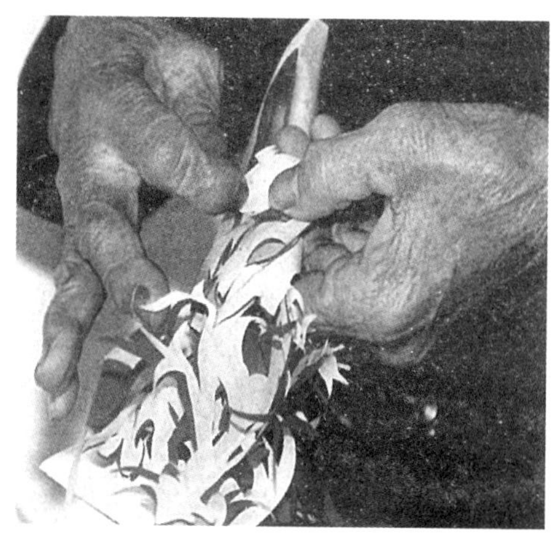

图 5-6 整理完成
（图片来源：王光）

进行对折，然后再进行连续对折。这是创作剪纸作品之前的准备。

第二步，打腹稿。无须在纸张上画手稿，打好腹稿就可以开始进行剪纸创作。在剪纸之前不刻画草稿，随创作者内心的构思进行创作。剪刀的走向是跟随着剪纸艺术家内心的构思，“剪随手走，手随心动”。

第三步，剪主体轮廓。先剪作品主体的轮廓部分，从折好的折口处入剪，沿主体轮廓剪形，主体可能是人物、动物或植物的图案。剪出的线条流畅，表现了剪纸艺术家熟练的技术。

第四步，剪局部元素。主体轮廓完成，就涉及局部细节进行剪刻。用镂空、断连、穿透等技法剪出主体图案周围的装饰部分。这个部分是剪纸过程的关键，要求剪纸艺术家通过不同的手法，对局部细节部分进行精细的剪刻处理，创造出生动的视觉效果（见图 5-4）。

第五步，处理细节。对图案的边缘和细节部分进行处理，确保整体效果（见图 5-5）。随后展开剪纸作品，作品创作完成（见图 5-6）。

4. 医巫闾山满族剪纸的形式与内容

医巫闾山满族剪纸作品的造型主要体现了满族人民对图腾的崇拜，将图腾视为生殖与繁衍的文化象征符号。在医巫闾山满族剪纸作品中，常见的图腾形象包括通天树、生命树、柳树妈妈等，这些形象展示了满族人民对图腾的崇拜。此外，对称也是医巫闾山满族剪纸的重要特征，常见的有中轴对称和中心对称两种形式。在剪纸的造型中，常见的是双数构图，呈现出阴阳化合而产生的生命世界。医巫闾山满族剪纸的造型体现了人们的想象力与创造力，他们跨越了时空界限，将自然界的各种元素大胆地组合于同一画面中，表达了满族人民的美好愿望。同时，萨满文化造型与日常民俗生活造型也是医巫闾山满族剪纸中的重要特征。医巫闾山满族剪纸作品具有独特的艺术价值，通过对环境的感悟和对传统文化的传承，赋予了作品独特的形式语言。

通过采访民俗学家王光，笔者了解到医巫闾山满族剪纸是满族民间劳动人民的艺术，是来源于地方的民俗文化。剪纸艺人以祭祀剪纸、岁时剪纸、礼仪剪纸、日用剪纸等不同的题材内容，表达着他们的信仰、习俗、情感。医巫闾山原生态的剪纸是最为宝贵的，且具有明显的满族剪纸风格，主要包括神像剪纸与萨满巫术剪纸，这些剪纸是医巫闾山满族剪纸中最具代表性的，主要用于祭祀、礼仪、岁时等活动。随着社会的不断发展，特殊仪式剪纸慢慢地转变成了日常生活剪纸。传统的祭祖、萨满跳神等大型祭祀活动逐渐减少，医巫闾山满族剪纸中最具代表性的神像剪纸、拉手人剪纸等从特殊仪式剪纸转变成日常生活剪纸。很长一段时间，满族的妇女剪神像“嬷嬷人”“拉手人”，将其作为玩偶，教孩子做游戏，通过对成年人社会生活、人际交往习俗的模拟，教育孩子懂礼仪，这使剪纸艺术成为传承民族民间文化的重要手段。

医巫闾山满族剪纸中的特殊仪式剪纸大致可以分为祭祀剪纸、萨满剪纸；日常生活剪纸大致可以分为节庆剪纸、礼仪剪纸、日用剪纸和游艺剪纸。这些剪纸的形式都反映了满族丰富的宗教文化和祭祀传统，以及丰富的民俗传统内容。

（1）特殊仪式剪纸

第一，祭祀剪纸。祭祀剪纸大致有供花和挂笺两大重要类别。供花在医巫闾山地区称作始祖花。阳历春节时，将剪好的供花贴在高粱秆上，插在供斗里祭祖，这里的供斗指的是一种传统民俗文化，通常用于祭祖、敬神的仪式。这是医巫闾山地区满族人民用剪纸祭祀的重要仪式活动，古时称为“白祭”。

随着社会的进步，这种供花就逐渐演变成了春节时贴在窗棂上的窗花、墙花。供花剪纸种类繁多，有通天树、生命树、敖包树、盆花、猪头花、牛头花、鹿头花、八卦图等图案。在萨满文化的自然神崇拜中，保留了山林民族崇拜自然神的习俗，通天树是萨满文化中的宇宙树，体现出神秘的宇宙观。在北方少数民族古老的传说中，人间的萨满是通过通天树与天神沟通的，所以通天树又称“天树”“萨满树”“生命树”。（见图 5-7）李淑

图 5-7 《通天树》
（图片来源：李淑清）

图 5-8 《祖先神拉手人》
（图片来源：李淑清）

清的剪纸作品《通天树》表现出人们以柳树图腾为膜拜对象，希望能够在其庇佑下获得平安。随着社会的变迁和人类的发展，人类开始能够从大自然中汲取力量，由对自然界的敬畏慢慢转变成尊重，人们开始祈求生活安康、五谷丰登和子孙兴旺，期望能够得到“生命树”的保佑而生生不息。

在医巫闾山的萨满祭祀中，杀生祭祖时要在供品上覆盖猪头花、牛头花、鹿头花等剪纸。后来用其代替供品，就成了供花。山神剪纸是民间重要的祭祀剪纸。“拉手人”剪纸作品体现了满族的头发观念，立起来的长辫子是始祖神的灵魂与天神相通的标志。数字“九”在当时的社会背景之下是极数，九个连起来的拉手人寓意着部族人丁兴旺（见图 5-8）。祭祀完毕后，要将剪纸拉手人在树枝架起的火堆里烧掉。医巫闾山满族人民的山神崇拜包含着对祖先神和树神的崇拜。

祭祀天地的太阳花，也属于生命树剪纸。大多是花瓣从中心向外放射的向日葵、牡丹、菊花和莲花，这些剪纸的花形都是太阳的象征符号，花下的盆是大地的象征符号。挂笺是医巫闾山满族剪纸在祭祀中使用最多的形式。满族挂笺剪纸中间部分通常会刻着“寿”“瑞”“福”“禄”等满文，满族挂笺在现代仍然流行于民间，是贴在门楣、房檐上的一种传统剪纸艺术。除了门檐、房檐下，也有人把它贴在财神洞、仓库、鸡舍、猪舍和井台上的。挂笺上面剪刻着吉祥用语和医巫闾山满族剪纸的相关图案。

第二，萨满剪纸。萨满教是在原始信仰基础上发展起来的一种民间信仰活动，它是以万物有灵为基础、以一定的祭祀活动为表现形式的信仰多种神灵的原始宗教。在 1912 年以前，萨满教主要流行于中国东北地区和蒙古国部分地区，它没有固定的教条和信仰体系，其神灵体系和信仰是非常广泛而复杂的，大体可分为自然神崇拜、祖先神崇拜和生物崇拜三大类。在萨满教的自然神崇拜中，天地神崇拜占据着首要地位。天地衍生万物，这种神秘的力量被萨满教神圣化，成为人们信仰和崇拜的对象。在古代社会，不论是农业文明、游牧文明，还是渔猎文明，天都是具有最大生产意义的自然因素。在萨满教中，一切自然事物都被人们神化为萨满教所信奉的神灵。自然神崇拜是萨满教的最主要内容，也是萨满教区别于其他宗教的最基本特征。

在流行萨满文化信仰的医巫闾山民众中，神像造型是充当迎新生送亡灵、消灾祈福的灵物。大量的神像剪纸是医巫闾山常住民在生产生活中，使用神偶祭祀的萨满文化的遗存。在生产力极低的情况下，医巫闾山满族先民的群体意识就是生存和繁衍。生存与繁衍的生殖神崇拜是萨满活动的主要内容。在萨满教万物有灵的观念下，人们创造了种类繁多的保护神、生殖神的形象。祈求能够得福、驱邪，求子是萨满跳神和萨满巫术的主要内容。

在原始的萨满信仰中，“世间有鬼魂，当这些鬼魂依附在人体时，就会对人造成威胁，或者遇到灾难。萨满通过特定的仪式做法，可以驱走这些鬼魂，消灾祛病”。剪纸“嬷嬷人”替身，就是萨满举行跳神仪式所使用的。“嬷嬷人”是医巫闾山满族剪纸中的神偶造型，可以保佑子孙平安，祛病消灾。这种萨满剪纸既是为子孙祛病消灾的辟邪神像，又是萨满巫术的工具，它流行于满族、蒙古族。

在医巫闾山的“嬷嬷人”满族剪纸中，还有一个重要的剪纸造型——“柳树妈妈”剪纸（见图 5-9）。这种剪纸纹样来源于东北山林民族古老的植物图腾，对始祖神柳树妈妈的崇拜习俗。满族人民最为重要的一个图腾崇拜内容为柳崇拜与祭神树。在许多图腾神话中，人们认为自己的祖先来源于柳树，于是柳树便成了这个民族最古老的祖先。柳树被认为是他们的始祖神，是生殖与繁衍的文化象征符号。满族人民祭柳与祭神树图腾观念被继承并体现在医巫闾山满族剪纸中，成为其造型观念最为鲜明的特征。“柳树妈妈”是满族民间萨满祭祀的柳树和女人

图 5-9 《柳树妈妈》

（图片来源：张喜荣）

合体的生殖神，神像头上的柳枝和身体上的阴性符号纹样，体现了山林民族的植物图腾崇拜观念。头上长着柳枝的女神“柳树妈妈”，满语称其为“佛陀”，或供奉于祭坛，或贴在窗上和墙上。这种神像的出现源自远古时期北方游牧民族对自然界中柳树的崇拜，是与其所处的生态环境密切相关的。在严寒的冬季，游牧民族所在的干旱草原中水是生命之源。柳树又是喜生于水泽河滨，具有顽强生命力的植物，找到柳树就意味着找到了水，找到了氏族部落生存发展的源泉，所以北方游牧民族先民的柳崇拜蕴含着对水的崇拜意识。山林民族对“柳树妈妈”的信仰，则包含着强烈的对始祖女神的崇拜意识[①]。

张喜荣，自幼家境贫寒，不识字，却有着极高的艺术天赋。她十几岁就开始剪纸，剪纸几十年。张喜荣的剪纸技艺高超，剪纸作品在内容上除了传统的嬷嬷人、柳树妈妈、花草虫鱼、飞禽走兽，神话故事、乡风民俗都是她表现剪纸艺术的题材。她的作品线条舒展饱满，带有浓郁的乡土气息和深厚的萨满文化内涵。

医巫闾山满族剪纸继承了游牧民族萨满文化神偶的造像艺术。这些作品形式凝重、洗练、古朴、粗犷，祭祀符号鲜明，形神兼备。经过数百年的传承发展，成为最重要的民族文化信息和独特的造型符号。

（2）日常生活剪纸

节庆剪纸是医巫闾山人日常生活剪纸的代表。在他们辛苦劳作之后，只有在丰富的民俗文化生活中才能找到乐趣和表达情感。节庆剪纸就是其中的一种。

春节剪纸是在阳历春节时通过剪纸来装饰家庭和营造节日氛围。挂笺、供花、窗花、墙花都是春节期间的剪纸种类。挂笺剪纸在春节期间贴在院门门楣上、房屋的屋檐上、窗框上等位置。春节期间，除了用于祭祖的挂笺、供花，还会在墙壁上、棚顶和窗户上粘贴墙花和窗花。这些墙花和窗花有两种功能，一是寄托驱鬼辟邪的愿望，二是装点、美化环境和渲染春节气氛。窗花和墙花大部分以虎、鹿、牛、羊、鸡和一些对称的吉祥纹样为主，前文提到的“嬷嬷人”也贴在窗户上。墙花中还有一种形式是贴在天棚上的，都是以对鸟、对燕、对蝶、对马、对鱼为主体的团花图案，体现出了生生不息的祥和景象。近年来，医巫闾山满族剪纸中的墙花剪纸，已成为主要的剪纸形式，以往的很多神像剪纸、供花剪纸、祭祀剪纸的题材都融入墙花剪纸，这也是因为随着时代的变迁和物质生活的提高，祭祀的需求已慢慢减少，人们更加重视生活中的装饰与美化。墙花剪纸的题材有“嬷嬷人”[②]、媳妇人、生命树、供花，以及各种花鸟动物。关于节庆剪纸还分为元宵节剪纸、清明节祭祀剪纸、端午节剪纸等。通过实地考察，春节剪纸是目前应用最多的剪纸。

---

① 冯骥才，王光：《中国民间剪纸集成：医巫闾山卷》，河北教育出版社 2011 年版，第 270 页。

② 冯骥才，王光：《中国民间剪纸集成：医巫闾山卷》，河北教育出版社 2011 年版，第 273 页。

二、辽西地区医巫闾山满族剪纸的文化价值

游牧和山林民族在医巫闾山的聚居生活，为医巫闾山留下了丰富的宗教信仰和人文历史。萨满文化作为原始宗教文化之一，更是满族的传统文化。流传于游牧民族、山林民族的萨满教是医巫闾山文化的基础。医巫闾山的先民在萨满祭祀活动和原始崇拜中创造了丰富的文化艺术符号与文化观念。在医巫闾山的民间生活中，萨满剪纸至今仍以活态剪纸形式传承着，有着重要的文化价值。

医巫闾山满族剪纸的自然神、始祖神、生殖神崇拜特征，融合了独特的满族文化内容与丰富的文化符号。医巫闾山满族剪纸是特殊仪式祭祀、节庆活动及日常生活中不可缺少的一部分，充分体现了满族文化。它又是一种文化符号，出现在特殊仪式与日常生活中。展现了满族人民对于宗教信仰、祭祀仪式和民俗传统的深刻理解。剪纸中常见的文化符号，不仅在形式上呈现了符号的视觉美感，更承载了宝贵的满族文化。这些文化符号不仅是装饰性的艺术元素，更是承载了满族人民价值观和精神信仰的重要媒介。这也是医巫闾山满族剪纸的文化价值所在。

（一）文化传承的价值

医巫闾山满族剪纸是中国民间传统手工艺，具有丰富的文化内涵，反映了满族人民的生活、信仰和审美观。通过前文的阐述，我们可以看到，满族剪纸与宗教信仰有关，特别是在祭祀仪式方面。剪纸作品中的与满族传统宗教有关的文化符号与图案，表达出满族人民对神灵和祖先的敬意，这也是满族剪纸中最具代表性的部分。剪纸常在满族传统节庆中使用，剪纸图案与特定的节庆习俗和仪式有关，传达出满族人民在节庆活动中的喜悦心情，以及对美好生活的期盼。剪纸也反映了满族的民俗风情，描绘了日常生活中的生产生活习俗，这使得剪纸成为一种具有浓厚地方特色的文化表达方式。通过特殊文化元素的融入，医巫闾山满族剪纸不仅是一种传统手工技艺，更是对满族文化的生动诠释和对文化的传承与保护，它传承了满族人民的历史、文化、信仰和民俗生活。

1. 萨满与图腾文化的传承

萨满文化与图腾文化是医巫闾山满族剪纸区别于其他剪纸的最独特文化。满族人民最为重要的一个图腾崇拜内容为柳崇拜与祭神树。在许多图腾神话中，满族人民认为自己的祖先就来源于柳树，于是柳树便成了这

个民族最古老的祖先。满族人这种祭柳与祭神树的图腾观念，被继承并体现在医巫闾山满族剪纸中，成为其造型观念最为鲜明的特征。相关剪纸都体现了一个共同的特征，那就是通过对柳树枝干或叶子的变形来体现满族人民图腾崇拜的文化观念，柳树被认为是他们的始祖神，是天人沟通与生殖繁衍的文化象征符号。医巫闾山满族剪纸所体现的图腾崇拜和萨满文化崇拜是相互融合的。萨满文化主要在于强调与自然和谐相处，万物有灵是萨满文化的核心概念。

笔者与民俗学家王光在访谈中谈到:“在当下的剪纸作品中，传统的萨满文化与图腾文化的表达在减弱，新的时代赋予了新的文化内涵，呈现出一种多元文化的倾向。”祭祀符号减弱后，剪纸更加接近生活，大多以风俗民俗来解读生活，传播着医巫闾人对世界的理解。但不可否认的是当下的剪纸作品缺少了萨满文化与图腾崇拜的文化气息，那种对生命的感知和对生活的憧憬存在不足。医巫闾山满族剪纸要保持自己独特的风格，在未来的传承与保护中应该重视对图腾文化与萨满文化内涵的挖掘，找到其最本真的价值观。不论是从内容题材还是从视觉表现上，萨满文化与图腾文化的表达都是医巫闾山满族剪纸最独特的文化价值。

2. 生存与繁衍文化的传承

医巫闾山满族剪纸通过模仿自然界和社会生活中的具体事物，创造出富有象征意义的形象，并以此来认识自然和人类社会。这些形象的选择经过精心概括和丰富的象征意义构思，是人们对现实生活规律性认识的表达。剪纸作品承载着深刻的文化内涵，是对生命、家族和繁荣的美好寄托，反映了满族文化中与生殖、繁衍相关的重要价值观。它们不仅体现了对生命起源的思考，也强调了对传承和延续的重视。同时，剪纸作品也反映了满族人民对生命的敬畏和对自然法则的深刻理解。剪纸图案中所蕴含的生命力和繁荣景象，象征着对美好生活的向往，是对自然的感恩、对生命的热爱，以及对未来美好生活的集中体现。这种剪纸艺术充分展现了满族人民的生存与繁衍文化。

3. 吉祥文化的传承

吉祥文化的形成和发展是人类发展过程中的一种普遍现象。在中国，吉祥文化的产生源于人们追求幸福、美好和平安的愿望。这种文化不仅体现在部落图腾上，还贯穿于人们生活的方方面面。从简单的愿望到预示好运、幸福、长寿、子孙兴旺等吉祥寓意，吉祥文化存在于民族文化的各个方面。

医巫闾山满族剪纸的文化传承体现了吉祥文化的核心理念。剪纸作为一种传统艺术形式，通过富有象征意义的图案和形象，传达了人们对美好未来的向往和祝愿。这些剪纸作品不仅是艺术创作，更是对吉祥、幸福、长寿等美好愿望的具体呈现。因此，医巫闾山满族剪纸作为吉祥文化的一部分，承载了人们对美好生活的追求和祝福，为民族文化的传承和发展贡献了独特的艺术价值。

医巫闾山满族剪纸不仅在装饰性方面表现出美好寓意，更承载了满族文化的价值观和智慧。吉祥文化代表了人们对美好未来的向往，是一种重要的文化观念。吉祥图案则是这种文化观念的具体表现形式。医巫闾山满族剪纸的图案反映了人们对吉祥文化的追求，这也是其文化传承的重要意义所在。不论是反映原始文化阶段的图腾剪纸和萨满剪纸，还是在农耕文明中的生产、婚礼、葬礼及教育、娱乐等方面，都能看到吉祥文化观念的体现。

在当今社会，虽然医巫闾山满族剪纸作品中的剪纸元素和内容题材可能有所变化，但对美好未来的向往与吉祥文化始终贯穿于每一件剪纸作品之中。

（二）文化符号的价值

恩斯特·卡西尔（Ernst Cassirer）的符号学表达了符号在人类文化和认知中的重要性。卡西尔认为，人类是一种使用符号的动物，而符号在人类认知和沟通中发挥着中介的作用。他强调了符号系统在构建文化过程中的重要性。不同文化有着不同的符号体系，这些符号系统构建了人们对于现实世界的认知框架，形成了独特的文化观念和价值体系。他强调了符号的创造性和灵活性。他认为，人类不仅仅是被动地接收符号，更是能够创造、演绎和重新解释符号，从而不断创造和发展文化。符号的运用是表达人类自由意志的方式之一。通过符号，人类能够超越直接的感性经验，拥有抽象思维和创造性思维，体现人类独有的智慧。

中国民间艺术与本民族的文化根源和哲学理论观相关。中国民间剪纸文化根植于普通民众生活。剪纸根植于民间，以民俗生活为载体，展现的是普通民众的生产生活。就医巫闾山满族剪纸艺术来说，剪纸艺术家把自己对生活的感悟、个人情感寄托及宗教信仰等转化为文化符号加以表现并且代代传承。医巫闾山满族剪纸中的自然神崇拜、始祖神崇拜，生殖崇拜的萨满文化，记载了中国北方民族与自然界动植物有着共同祖先，共存共生的文化信仰。这是北方民族的本地智慧与文化认同的集中体现，也寓意着人类可持续发展的情感基础，具有珍贵的文化符号价值。医巫闾山满族剪纸艺术是萨满语图腾文化符号、节庆民俗文化符号的重要组成部分，是医巫闾山民间文化传承中重要的物质载体，是人类对自然的一种依赖与敬畏，是人类征服自然的精神的外在表达。

在历史的传承过程中，符号本身也承载了意义的变迁及自身的调整与发展。符号作为物质载体与意义之间是一个相互适应、相互促进、协同发展的过程。并在这一过程的传承中体现了它本身的文化价值。

在医巫闾山地区，满族人口占比较大，萨满教这一古老的原始宗教被此区域民众信仰，医巫闾山满族剪纸的自然神、始祖神崇拜内容，源于医巫闾山特殊的地理位置和民族构成，记载了北方民族与自然界动植物有着共同的祖先、相互依存的文化信仰。

在采访辽西地区医巫闾山满族剪纸国家级传承人汪秀霞时，她指出医巫闾山满族剪纸是祭祀、节庆民俗活动中重要的文化艺术符号，是医巫闾山民间文化传承中重要的物质载体，是人类在生存过程中对自然的依赖与敬畏，表达了人类征服自然的精神。医巫闾山地区的满族宗教信仰是以萨满文化为核心，蕴含着丰富的哲学思想。

医巫闾山满族剪纸作为文化符号表达，是将对自然界的简单模仿转化为文化符号的视觉表达。剪纸艺术家用剪纸文化符号表达情感。这些文化符号，表现了独特的地域特色和民族审美，具有较强的满族文化特征，其“万物有灵”“天人合一”“人与自然和谐共生”的文化概念是其珍贵的文化价值的体现。

即使在现代文明社会，对传统的记忆也处处可见。在人们认识到现代社会缺乏对文化构建与身份的认同时，对传统文化的价值需求更加强烈。在当今社会，人们更加注重满足精神层面的需求。古代社会的人们与现代社会的人们，虽然生存环境空间不同，生产生活方式不同，但对于生命的认知是相同的。医巫闾山满族剪纸作为一种文化符号，其审美特征能够成为当今社会文化符号系统中具有价值的成分，能够为时代所解读。以情感文化认同的方式来构建新的文化符号，是这个时代所需要的①。

数字时代改变了我们对传统文化传承的许多方式。我们认识到医巫闾山满族剪纸的文化传承、文化符号与文化价值对当今社会发展与文化进步具有重要的意义。那么，我们就要对其传承与保护的状况进行深入研究，以便我们更好地传承与发展这项非物质文化遗产。

三、辽西地区医巫闾山满族剪纸的文化认同

文化认同是指一个群体中的成员在民族共同体长期共同生活所形成的对本民族最有意义的事物的肯定性体认，它体现了对民族文化基本价值的认同。作为民族共同体的精神纽带和生命延续的精神基础，文化认同对于民族认同和国家认同至关重要，具有最深层次的

① 刘国武：《医巫闾山满族剪纸的符号意义与市场践行》，《辽宁医学院学报（社会科学版）》2012 年第 4 期，第 143-144 页。

基础性意义。在经济全球化的时代背景下，满族剪纸作为一种独特的文化符号，传递着满族文化的审美价值，使民族共同体能够理解并认同这一文化，从而形成了文化认同。

（一）文化符号的认同

医巫闾山满族剪纸作为满族文化的一部分，蕴含着深厚的文化，通过剪纸的艺术表达，满族人民传承着丰富的历史文化。这一文化对个体和社群来说是非常重要的，促使人们更强烈地认同自己的文化身份。医巫闾山满族剪纸作品中常使用传统文化符号与图案，反映了满族的宗教信仰、自然崇拜和社会结构。通过这些符号，文化认同得以在艺术中得到具体表达。

在医巫闾山满族剪纸艺术中，图案植根于满族文化的符号和图腾。这些图案不仅是艺术的表现元素，更是满族人民对繁荣、吉祥和祈福的文化信仰的具体表达。满族人民传承着祖先的智慧，将文化认同深刻地融入剪纸的创作。满族医巫闾山剪纸也是一种对传统价值观的生动诠释。祭祀、节庆等元素常常成为剪纸作品的灵感来源。这是对满族传统生活方式的热爱，也是对满族文化的传承。

通过医巫闾山满族剪纸的文化符号，满族人民建立起了民族的文化认同。这种认同不仅体现在剪纸作品中，更融入了满族人民的生活。剪纸成为文化的载体，通过文化符号传递着满族人对历史、信仰和生产生活方式的深刻认同。

（二）教育与传承的认同

医巫闾山满族剪纸作为传统手工艺，承载着丰富的历史文化和传承的责任。这一古老而精湛的艺术形式不仅仅是文化符号的传承，更是一种教育的传承。通过剪纸的传承，满族人民将文化的智慧代代相传，铸造了坚定的文化认同。在满族剪纸的教育与传承过程中，传统技艺和文化内涵得以传递。年长的剪纸艺术家将剪纸的技法、图案的寓意及背后蕴含的文化内涵传承给年轻一代。这种口传心授的传统教育方式使得剪纸不仅仅是传统的手工技能，更是关于满族文化的课程，加深了后人对传统文化的理解。

通过体验剪纸的创作过程，年轻一代能够深入体会传统技艺的独特魅力，感受到医巫闾山满族剪纸文化的智慧。这种实践式的学习不仅磨炼了年轻一代的技能，更提高了其对文化的认同感。通过审视剪纸作品的文化符号与图案，我们了解到文化认同不仅使剪纸作品成为传统与现代的桥梁，还为满族文化在数字时代的传承提供了有力的支持。通过剪纸这一古老的传统手工技艺，满族人民提高了对文化传统的自豪感和责任心。

（三）创新与发展的认同

随着时代的不断发展，医巫闾山满族剪纸作为传统手工艺的代表之一，也在不断创新与发展中焕发出新的生机。它适应了社会的进步与发展，实现了文化的延续与传承。在这个过程中，医巫闾山满族剪纸不仅是一种传统的技艺，更成了满族文化的现代表达方式。

创新与发展也在医巫闾山满族剪纸的传承中发挥着关键作用。通过艺术家的创新实践，年轻一代得以更好地理解和接受这一传统文化。传统的手工技艺结合现代设计理念，成为一种独特的文化符号的再生产，引起更广泛的关注。这种传承方式既延续了医巫闾山满族剪纸的传统，又赋予了它新的时代价值，为文化传承提供了新的路径。医巫闾山满族剪纸在创新与发展中达到了文化认同的新高度。通过融合传统与现代、手工与数字技术，医巫闾山满族剪纸展现出更为丰富多样的面貌，让这一传统艺术在当代焕发出新的活力，为满族文化的传承注入了新的动力。这种创新不仅是对传统的尊重，更是对文化认同的时代回应。

第三节　辽西地区医巫闾山满族剪纸的传承与保护现状

医巫闾山满族剪纸虽然得到了国家与政府的全面支持，传承与保护情况有所好转，但随着全球经济一体化与数字信息化的加速发展，医巫闾山满族剪纸艺术赖以生存的自然生态与社会环境发生了根本性的变化，仅仅依靠传承人口传心授的传统方式进行传播的医巫闾山满族剪纸艺术正在加速消亡，医巫闾山满族剪纸艺术的抢救性保护与有效传播已成为亟须解决的迫切问题。通过田野访谈，文献数据整理与分析，笔者对如下关于医巫闾山满族剪纸传承与保护困境的问题进行了梳理与阐述。

一、医巫闾山满族剪纸的传承与保护现状

（一）传承人方面

医巫闾山满族剪纸艺人的分布具有总体分布广泛、局部村落较为集中的特点。剪纸艺人大致分布在锦州市北镇市、锦州市义县、锦州市凌海市、锦州市黑山县、锦州市、阜新市、阜新蒙古族自治县、朝阳市建平县、朝阳市凌源市、朝阳市北票市。医巫闾山满族剪纸传承发展多年，其传承群体不仅有国家级传承人代表，如汪秀霞、赵志国、张波等国家级、省级非物质文化遗产传承人及其传授的弟子，还包括非代表性传承人，如政府行政部门人员、高校教师、中小学美术教师、社区公职人员、剪纸艺术爱好者和热心民众等。医巫闾山满族剪纸代表性传承共分六个主要传承谱系，陈永光传承谱系（陈高氏、孟宪珍、张喜兰、张世红、刘颖等）；朱月岚传承谱系（朱占义、朱王氏、朱元通、朱永福、刘桂英、刘桂云、刘淑波、刘素秋、关沧海等）；马凤云传承谱系（马金氏、于长、曹敏、于爱红、宋德瑞、于爱玲、徐程成、于爱英、于爱萍等）；汪秀霞传承谱系（王首卿、董雅兰、汪德印、汪德枝、汪王氏、张宝君、王雪娇等）；赵志国传承谱系（赵素兰、赵玉山、赵磊等）；张波传承谱系（侯桂芝、侯高氏、张瀚文等）[①]。

相关政府部门对非物质文化遗产的扶持也吸引了更多人通过拜师学艺成为传承人。2011 年颁布的《中华人民共和国非物质文化遗产法》第十条“对在非物质文化遗产保护工作中做出显著贡献的组织和个人，按照国家有关规定予以表彰、奖励。”以及辽宁省于 2014 年出台的《辽宁省非物质文化遗产条例》第二十条中第二点规定“享受政府规定的传承人补助费”以及第三点规定“获得传承、传播工作或者开展其他活动的相应报酬”等相关政策，均为医巫闾山满族剪纸的传承发展提供了物质保障。《辽宁省非物质文化遗产条例》第二十一条明确提出了代表性传承人应当履行的义务，对传承人数进行相关规定“按照师承形式或其他方式培养后继人才，常随学徒不少于两人”，以确保非物质文化遗产后继有人。国家通过颁布法律法规，明确非物质文化遗产的概念、价值，以及传承与保护的责任和义务。这些法规包括非物质文化遗产名录的建立、传承人权益的保护、

① 冯骥才，王光：《中国民间剪纸集成：医巫闾山卷》，河北教育出版社 2011 年版，第 290-300 页。

非物质文化遗产的调查和研究等方面的规定，为非物质文化遗产的传承与保护提供了法律基础。

随着社会民众保护非物质文化遗产的意识不断增强，以及各级部门及传承人对医巫闾山满族剪纸的宣传，拜师学艺的人逐渐增多。但家族传承人数相对减少，医巫闾山满族剪纸存在较大的传承风险。代表性传承人总数仍然较少，所以需要扩大传承群体。

综上，医巫闾山满族剪纸的传承方式经过了世代传承，其主要的传承方式发生转变，即由主要依靠家族传承转向师徒传承。传承方式的转变也说明在家族中愿意继承医巫闾山满族剪纸的人较少，存在无人传承风险，需要通过师徒传承方式增加传承人数量。通过对医巫闾山满族剪纸传承人数、范围、传承方式三个方面的分析，笔者发现医巫闾山满族剪纸传承虽然发展时间长，但自身缺乏自主管理能力，导致传承人数减少、传承范围缩小、家族传承人数锐减，所以未形成有计划的发展模式。

（二）文献著作出版方面

目前也有很多关于医巫闾山满族剪纸的文献资料。医巫闾山满族剪纸已经被载入史册，成为世界非物质文化遗产的一部分，值得后世关注和传承。《医巫闾山满族剪纸传承人——汪秀霞》一书以小见大，从医巫闾山满族剪纸传承人汪秀霞的人生经历、祖辈故事到医巫闾山满族剪纸的根源、图案中承载的信仰和传说，叙述了剪纸艺术的文化内涵和情感内核。王光的《大山的神灵：医巫闾山满族剪纸》一书讲述了北方民族的山林崇拜，医巫闾山茂密的原始森林建构了一道雄伟的绿色屏障，医巫闾山源远流长的民间剪纸艺术中的一个重要内容就是祭祀守护这片山林的自然神——生命树。医巫闾山满族剪纸，文化底蕴丰厚、情感色彩浓厚。以祖先崇拜为题的剪纸作品，是一座神圣的祭坛，是医巫闾山人世世代代供奉的精神家园。《寂寞的山神》《神山医巫闾》《中国民间剪纸集成：医巫闾山卷》等著作虽然对医巫闾山满族剪纸艺术进行了介绍，但较多的是对作品表现题材内容的描述和搜寻调查剪纸的过程记录，对于医巫闾山满族剪纸的地域背景和视觉语言，仍然有深入挖掘研究的必要。

截至目前，锦州市文化艺术中心对赵志国多年来的剪纸作品和艺术经历进行了深入挖掘，将锦州市非物质文化遗产保护中心主任敬彪对赵志国的采访语音及文字资料进行整理，形成书稿，并进行多次调整修改，已移交相关出版社。此书出版后，是继《中国剪纸集成：医巫闾山卷》《医巫闾山满族剪纸图录》《医巫闾山满族剪纸传习指导》之后的又一部关于剪纸传承与保护类的书籍，也是继《医巫闾山满族剪纸传承人——汪秀霞》（见图 5-10）后的又一本国家级非物质文化遗产代表性传承人口述史。完成了早期制订的出版医巫闾山满族剪纸国家级代表性传承人口述史计划。《中国民间剪纸集成：医巫闾山卷》一书成功

图 5-10　医巫闾山满族剪纸的出版书籍

（图片来源：作者拍摄）

入选中国民间文化遗产抢救工程，对于医巫闾山满族剪纸传承人的研究具有重要意义。

（三）传承场馆设施建设方面

通过采访锦州文化馆黄静，笔者了解到医巫闾山满族剪纸传习教室于 2020 年开始设计装修，剪纸传习教室装修设计元素均采用医巫闾山满族剪纸元素，剪纸陈列均为医巫闾山满族剪纸代表性传承人作品。目前，该教室已投入使用，使用面积 68 平方米，每次可以容纳 30 名学员学习，该教室长期免费为传承人及学员提供传习场所（见图 5-11、图 5-12）。

医巫闾山满族剪纸传习教室专门用作教授医巫闾山满族剪纸技艺。在这里，由剪纸艺术家将剪纸的工艺、图案创作等技术传授给学员，以促进这一传统艺术的传承和发展。传习教室通常由有经验的剪纸艺术家主持，他们会向学员介绍剪纸的历史、文化背景及具体的剪纸技术。学员可以通过实际操作来学习剪纸。这种传习教室有助于培养新一代的剪纸艺术家，也有助于推动医巫闾山满族剪纸在当代传承和创新。

截至 2023 年，锦州市非物质文化遗产传承基地基本上是辽宁省内唯一一个由政府规划、投资、建立的综合性非物质文化遗产传承基地。传承基地将深入挖掘锦州市各类非物质文化遗产，丰富充实基地展示展演项目，在展示展演展销及传习交流上发挥积极作用。医巫闾山满族剪纸作为

图 5-11　医巫闾山满族剪纸传习教室（1）

（图片来源：作者拍摄）

图 5-12　医巫闾山满族剪纸传习教室（2）

（图片来源：作者拍摄）

图 5-13　锦州非物质文化遗产传承基地（1）

（图片来源：作者拍摄）

传承基地的一部分，应促进其传承与保护。

锦州非物质文化遗产传承基地基本上是目前是辽宁省内唯一一个由政府规划、投资、建立的综合性非物质文化遗产传承基地（见图 5-13、图 5-14）。共有 40 个非物质文化遗产项目，传承基地将深入挖掘锦州市各类非物质文化遗产，丰富充实基地展示展演项目，在展示展演展销及传习交流上发挥积极作用。医巫闾山满族剪纸作为传承基地的一部分，促进其传承与保护，促进文化的交流与理解。

2021 年，在辽宁省、锦州市政协和锦州市、凌海市两级党委政府支持下，当地开始打造“边墙子虎溪民俗文化村”（见图 5-15），探索文旅融合产业发展，以实现文化品牌塑造与市场化对接。走进虎溪民俗文化村，沿途墙壁上布满了医巫闾山满族剪纸文化元素，民俗文化村的整体装饰也都是采用医巫闾山满族剪纸。由此可

图 5-14　锦州非物质文化遗产传承基地（2）

（图片来源：作者拍摄）

图 5-15　锦州市“边墙子虎溪民俗文化村”

（图片来源：作者拍摄）

见，医巫闾山满族剪纸在锦州市非物质文化遗产中的重要性。

民俗文化村作为一个文化传承的平台，承担着传统文化和民俗风情的保护和传承责任。在这样的文化村内，展示着剪纸等传统手工艺、民间技艺、传统文化及各种节庆活动，促使游客和当地居民积极了解、学习和参与传统文化的传承。这不仅有助于传统文化的传承和保护，也对当地的旅游业和经济发展起到了关键性的促进作用，推动了文化旅游业的繁荣和发展。

（四）教育培训与展览方面

通过采访锦州文化馆黄静，笔者了解到锦州市文化艺术中心会不定期组织各级非物质文化遗产代表性传承人深入校园，开展培训活动。为了更好地传承与保护医巫闾山满族剪纸，锦州市文化艺术中心将医巫闾山满族剪纸的传承与保护融入本地高校及中小学课堂，并建立传承保护基地，包括渤海大学、黑山县胡家小学、太和区平和小学、凌海市白台子中心小学、义县前杨小学、北镇市新区小学及非物质文化遗产国家级传承人汪秀霞、赵志国建立的剪纸传习所，剪纸艺术家张波在北镇市职教中心、北镇新区小学、辽宁省农业经济学校建立的传承基地等。锦州市文化艺术中心组织专家、非物质文化遗产传承人等对医巫闾山满族剪纸校园传承基地进行培训指导，同时组织师生参与剪纸大赛及剪纸艺术展活动。将活动分为对教师的培训和对学生的培训。疫情防控期间，改为线上培训，组织师生参与主题剪纸大赛并在微信公众平台推出微展览。锦州市文化艺术中心通过《医巫闾山满族剪纸传习指导》的免费发放，促进校园文化与剪纸的深度融合。同时通过与锦州市教育局联合开展校园剪纸教师队伍培训，促进剪纸融入校园教育教学体系，并根据已有经验持续稳步推进校园非物质文化遗产传承基地的持续深入发展。依托锦州市群众艺术馆第四批国家公共文化服务体系示范项目，每年针对工作人员开展延时晚班公益培训 48 课时，安排剪纸公益培训 8 课时。学员 30 人，结课时学员都能独立完成简单作品。每年寒暑假前制订培训计划，安排剪纸公益培训 10 课时。招收 1 到 6 年级学生。课程结束进行成果展示，

图 5-16　2023 年辽宁省非物质文化遗产传统技艺大展（1）

（图片来源：作者拍摄）

图 5-17　2023 年辽宁省非物质文化遗产传统技艺大展（2）

（图片来源：作者拍摄）

为参与学生颁发结业证书。疫情防控期间，线下课程无法正常开展，组织传承人录制线上培训课程，并在锦州市群众艺术馆微信公众号上展出。

非物质文化遗产进校园进社区活动是辽宁省的惠民实事工程。2019 年深入锦州医科大学、义县七里河镇团山子村等地点，2020 年深入黑山县段家乡蛇山子村、黑山县胡家镇中心小学、凌海市白台子镇荒山堡村、义县义州街道西北街社区、黑山县无梁殿镇谷屯村、北镇市中安镇窟窿台村、凌河区龙江街道龙南东社区、太和区太和街道南郡社区、古塔区士英街道钟屯村，2021 年深入武警第一机动总队机动第一支队政治工作部、锦州凌海市翠岩镇牤牛屯、锦州高新技术产业开发区凌南街道泰景社区、锦州义县大榆树堡镇石匣子村、锦州北镇市沟帮子街道西沙河子村、锦州黑山县黑山街道、辽宁理工职业大学、锦州市太和区营盘乡营盘村。通过传承人现场展示技艺，主持人旁白介绍等，同时通过邀请现场观众上台与传承人互动等方式，群众近距离感受到了剪纸艺术的魅力。

2023 年 6 月，由辽宁省文旅厅和公共文化服务中心主办，沈阳市文化旅游和广播电视局、民宗局承办的“非遗迎端午 匠心颂振兴”2023 年辽宁省非物质文化遗产传统技艺大展暨第九届沈阳非物质文化遗产博览会在红梅文创园盛大开幕（见图 5-16、图 5-17）。在民俗巷展区，备受瞩目的医巫闾山满族剪纸国家级非物质文化遗产项目展示，吸引了众多观众与非物质文化遗产传承人进行交流互动。国家级传承人赵志国及其徒弟

图 5-18　2023 与非遗同行赏魅力锦州——医巫闾山满族剪纸优秀作品展

（图片来源：作者拍摄）

现场进行剪纸创作，为观众呈现了一场精彩的文化体验。

2023 年，由锦州市委宣传部、锦州市文化旅游和广播电视局及锦州市公共文化服务中心主办，锦州市群众艺术馆（锦州市非物质文化遗产保护中心）和锦州市艺术研究所承办了名为“与非遗同行赏魅力锦州——医巫闾山满族剪纸优秀作品展”的活动（详见图 5-18）。在展厅中，医巫闾山满族剪纸各级代表性传承人及传承基地的师生齐聚一堂，向前来参观的观众展示了剪纸技艺，并且提供了现场体验活动。

（五）建立数字化传播方面

锦州市非物质文化遗产保护中心持续开展田野调研工作，丰富医巫闾山满族剪纸档案资源。深入九道岭高台子搜集医巫闾山满族剪纸作品，采录相关剪纸国家级、省级传承人信息等，深入医巫闾山满族剪纸国家级代表性传承人赵志国家中，对赵志国进行采录，同时将深入县区的采录信息进行数字化保存，补充医巫闾山满族剪纸档案库资源。

基于目前关于医巫闾山满族剪纸数字化档案的建议，在原有的内容基础上，给予相应的建议对策以完善数字档案建立与应用系统。

1. 建立数字化剪纸学习共享平台

随着社会数字化进程的加快，建立数字化医巫闾山满族剪纸学习共享平台成为推动传统手工艺传承与创新的重要环节。这一平台旨在为学习者提供便捷的在线学习资源、促进交流合作。首先，将收集、整理的资料进行模块化、系统化、数字化整合，完整地展示医巫闾山满族剪纸的数字化资料。该平台可以包括高清的数字图像、剪纸制作过程的视频，以及作品的文化符号与价值内涵的呈现。系统的数字化剪纸学习共享平台可以为受众提供便捷的在线欣赏和学习的途径。其次，该平台将为更多的受众提供互动交流的机会。通过在线社区、讨论区和直播互动等功能，学习者能够与传承人和其他爱好者进行即时的交流，分享心得、解答疑惑。这种社群化的学习环境能够激发学习者的兴趣，形成共同学习的氛围。最后，建立这一平台有助于推动医巫闾山满族剪纸的创新发展。学习者在学习过程中不仅能够接触到传统剪纸技艺，还能够融入当代的艺术元素和创新理念。这种交融将有助于医巫闾山满族剪纸在数字时代创新，推动其传承与发展。

2. 建立数字虚拟博物馆

近年来，随着数字技术的迅速发展，数字虚拟博物馆的应用成为一项备受关注的研究领域。这种创新性的展示方式为传统文化的传承与发展提供了新的途径。建立数字虚拟博物馆，通过数字技术呈现医巫闾山满族剪纸的历史、发展和文化价值与内涵特色。通过数字化手段，可以打破物理空间的限制，受众可以通过互联网平台随时随地参观博物馆。这扩大了传统博物馆的边界，使更多人能够深入了解医巫闾山满族剪纸这一非物质文化遗产。

3. 进行沉浸式虚拟体验

沉浸式虚拟体验旨在结合传统手工艺和现代科技，为用户提供更深层次、更身临其境的文化体验。数字技术为观众提供了沉浸式的体验，通过虚拟现实（VR）技术，受众仿佛置身于真实的剪纸学习空间。这种互动性的体验激发了受众的了解和学习的兴趣，使他们投入非物质文化遗产的传承中。

二、医巫闾山满族剪纸的传承与保护问题

（一）传承人层面

传承人老龄化与年轻人不愿参与其中等问题，造成了传承人数量减少。通过田野调研得出，医巫闾山满族剪纸的艺术家，视力衰退、疾病困扰且人数量仍在不断减少，这对医巫闾山满族剪纸艺术的活态传承和保护带来了消极影响使得医巫闾山满族剪纸日渐式微。

医巫闾山满族剪纸的传承人群呈现出老龄化趋势，这一现象引起了我

们对传统手工艺传承的深刻反思。随着时间的推移，年长的传承人逐渐成为这门艺术的主要传承者，但同时也面临着老龄化带来的一系列挑战。老龄化对医巫闾山满族剪纸传承与保护的挑战首先体现在人才储备的减少上。随着年长传承人的逐渐减少，新一代年轻人对于传统手工艺的兴趣和参与度相对较低，导致传承人的队伍逐渐缩小使得传承人在培养和传授下一代方面面临相当大的困难。剪纸这一传统手工艺需要较高的耐心和细致的手工技艺，而传承人老龄化在这方面可能面临一定的限制，对于传承的实践性操作存在困难。

医巫闾山满族剪纸国家级传承人汪秀霞，是医巫闾山满族剪纸传统手工艺的典型代表。然而，随着时间的推移，身体状况的限制让她的剪纸创作、授课及参与相关活动都受到了一定的影响。在医巫闾山满族传统剪纸领域，国家级传承人汪秀霞一直以她精湛的技艺和剪纸中深厚的萨满文化底蕴为人们所熟知。通过创作、教学和参展，她为医巫闾山满族剪纸的传承和推广付出了巨大的努力。然而，因为年龄和身体状况的限制，她目前已无法进行剪纸创作和参与相关的活动。她的技艺是医巫闾山满族剪纸这一传统的重要组成部分，因此随着她无法亲自参与创作，这门手工艺的传承陷入困境。国家级传承人汪秀霞对医巫闾山满族剪纸的传承与保护贡献巨大。本书的研究通过数字媒体手段，记录她的经验和技艺，通过对她的剪纸作品的艺术符号进行当代化的转译，以便让更多的受众可以学习和借鉴。

医巫闾山满族剪纸的传承面临着年轻一代不愿参与的问题。年轻人不愿意投身医巫闾山满族剪纸的传承与保护中。首先，年轻人对医巫闾山满族剪纸的传承缺乏足够的兴趣。现代社会的娱乐方式和职业选择具有多样性，传统手工艺难以引起年轻一代的浓厚兴趣。医巫闾山满族剪纸需要长时间的投入与学习，这与当今年轻人的价值观产生了冲突。其次，现代生活的压力和竞争也是年轻人不愿投入剪纸传承中的原因之一。许多年轻人更倾向于选择能够直接转化为经济回报的职业和技能，而传统手工艺的学习周期较长，回报速度相对较慢，这在一定程度上阻碍了年轻一代的参与。

面对这一现状，首先，相关部门和人员可以通过创新传统手工艺的教学方式，结合现代数字技术，提供更富有互动性的学习体验。其次，社会和文化机构需要共同努力，提供更多的资源和平台，也可以通过创作实践，多媒介的共同参与等方式，实现全媒介的传承，以促使医巫闾山满族剪纸在现代社会中找到新的传承机制。

（二）文化内涵与认同层面

文化认同意味着文化的自觉，而自觉的前提是对自身文化的存在有所认知，即生活在一定文化之中的人对其文化的“自知之明”[①]。

① 费孝通：《论人类学与文化自觉》，华夏出版社 2004 年版，第 188 页。

目前，医巫闾山满族剪纸作品创作存在缺乏文化内涵与概念认同的传承问题，这使大部分的剪纸作品丢失了对文化内涵的表达。20 世纪初出生的民间剪纸传承人大部分已离世，她们是古老农耕文明最后一代民俗口传文化记忆和手传剪纸技艺的传承人，从她们的剪纸作品中我们能清晰地看到民俗文化特征。年轻一代虽继承到了剪纸技艺，但民俗文化的内涵在逐渐丢失。在医巫闾山满族剪纸的传承与保护的过程中，艺术家和学者对其本地文化知识重视程度不够，使非物质文化遗产在传承过程中丧失了本地文化的整体意义，这难免造成文化内涵和认同的缺失。

在目前一些传承方面的研究中，研究者多从书面文献和史料记载中整理一些关于医巫闾山满族剪纸的文字线索，很少通过长期的田野观察与访谈，真正深入了解当地的医巫闾山满族剪纸的历史与文化内涵，从而造成了其文化内涵与文化认同缺失。

现代社会多元文化的存在，使得不同文化之间发生碰撞和冲突。医巫闾山满族剪纸文化在这种多元文化中可能受到其他文化的冲击，影响了文化认同的稳固性。

（三）传承媒介层面

中共中央办公厅、国务院办公厅印发的《关于推进实施国家文化数字化战略的意见》明确提出“中华文化全景呈现，中华文化数字化成果全民共享”的目标，要求强化中华文化数据库数据入库标准。中国文化和旅游部发布的《“十四五”非物质文化遗产保护规划》则列明非物质文化遗产记录工程、非物质文化遗产新媒体传播计划等重点任务。在国家政策的推动下，在不断实践探索中，非物质文化遗产数字化模式发生了变化，由最初助力保存、记录、展示的辅助性工具，逐渐成为助力非物质文化遗产创新和发展的重要科学动力。

依据国家对非物质文化遗产数字化保护的政策，笔者总结得出目前医巫闾山满族剪纸在数字化传承方面存在的问题。

1. 传承范围较小

首先，传承较小局限于当地。笔者在田野调查中发现，医巫闾山满族剪纸的传承多集中在中国辽宁省锦州市及周边城市，造成了医巫闾山满族剪纸的传承只局限于当地，没有真正走出去，让更多的受众看到。在现实生活中，多数人难以接触到医巫闾山满族剪纸，只有去艺术馆、展览会或参加相关传承实践活动才能近距离接触和观看这一艺术。这种状况使医巫闾山满族剪纸失去了传播媒介多样性的传播形式，传承的范围受到限制。其次，传承机构的匮乏限制了传统手工艺的传承。专业的传承机构和培训平台的缺乏，使传承人在教学和培训方面面临一定的困难，传承的规范性和系统性受到影响，传承活动无法得到更广泛的组织和支持，制约了传统手工艺在更大范围内的传承。最后，社会环境的变迁也对医巫闾山满族剪纸的传承产生了影响。现代社会的快节奏和多元化让人们更倾向于追求新颖、实用的技能和娱乐方式，传统手工艺的传承因而受到现代生活方式的影响。社会对于剪纸需求的减少，也使得传承范围受到限制。

为了扩大医巫闾山满族剪纸的传承范围，应采取综合性的措施，建立更多的传承机构，提供数字化的培训和教育资源，吸引更多年轻人参与传统手工艺的学习。同时，通过数字媒介的文化推广和宣传活动，可以提高社会对医巫闾山满族剪纸的认知度，有助于扩大传承范围。

2. 数字化转型不足

缺乏有效的数字化传播手段，使得医巫闾山满族剪纸难以在互联网时代得到充分展示。

当今时代，医巫闾山满族剪纸的传承与保护未能充分借助数字技术的优势，这影响了其在现代社会的可持续发展。首先，数字化平台建设困难。数字化平台的建设存在人才引进困难，数字资源相对短缺的问题，这使得医巫闾山满族剪纸在互联网上的展示受到限制。数字化展示手段的不足，导致医巫闾山满族剪纸的创新与数字化传承受限，无法很好地通过互联网传播。其次，教育与培训的数字化支持不足。这主要表现在剪纸作品与满族文化的内涵传播及剪纸技艺本身的数字化传承方面。医巫闾山满族剪纸的教育与培训难以充分发挥数字技术在教学方面的优势，缺乏在线教育平台和虚拟培训资源。医巫闾山满族剪纸的传承人难以将其技艺有效传授给更远距离的爱好者，制约了医巫闾山满族剪纸的传播。最后，互动性不足。互动性对于传统文化的传承和推广至关重要，然而缺乏丰富多样的数字媒体互动手段，使医巫闾山满族剪纸可能无法在社交媒体平台上引起年轻一代的关注，导致其传播受到局限。

3. 数字技术应用不足

医巫闾山满族剪纸艺术的传播依赖于传统的物质载体，虽然在其传播渠道和传播方式上有自己的特点，但它更偏重时间上的纵向传播，即以人为载体，以口传心授的方式进行文化传播。随着老一辈传承人的离去，那些纯粹的文化内涵也随之消亡。这种过分依赖于传承人的传播方式影响了医巫闾山满族剪纸艺术的传播效果。传统的传承形式虽然保留了医巫闾山满族剪纸艺术的传统韵味，但并不符合现代受众群体的审美和文化价值取向，人们对这种传统固化的传承形式并不感兴趣，因此如果不进行更多数字化的尝试，很难在传承形式与情感认同上引起现代受众的共鸣。

在数字化传承医巫闾山满族剪纸艺术的同时，我们可以依靠丰富的数字技术手段让其的传播具备科学化、现代化、多元化，部分研究与实践也取得了优秀的成果，但在数字媒体介入非物质文化遗产的传播过程中仍面临一些发展的问题，这是我们在运用数字技术进行非物质文化遗产传播时要注意的。其一，目前的部分数字化传承与保护非物质文化遗产的研究存在“重视技术，忽略文化”的现象。在实践创作过程中，要兼顾数字化传承与保护的“文化内涵”与“数字技术”才能使作品更加完整。在数字化传承与保护过程中，更应该尊重非物质文化遗产的基本特征及文化内涵，这也符合非物质文化遗产的内在要求。其二，数字媒体介入非物质文化遗产的传承与保护需要传承人主体与相关文化专家的深度参与。传承人和相关文化专家在非物质文化遗产的发展中扮演重要角色，因为他们是地方文化本体的实践者，他们可以根据文化的内在逻辑构造文化的众多表现形式，他们是真正参与、共同进行文化创造的关键。

第四节　数字媒体在辽西地区医巫闾山满族剪纸传承与保护中的应用策略

本节使用以下内容建立建设性研究模型，理论模型由四个模块和六个设计环节组成。四大模块：前期设计、中期生产、后期合成、评估和总结。六个设计环节：概念设计、样本提取、样本再设计、三维动画制作、三维动画合成、评价总结。

首先，传统的医巫闾山满族剪纸艺术主要通过口传心授和家族、师徒制度进行传承，这种传承方式对于剪纸文化的传递和技艺的传授是有效的，但随着时间的推移和社会的发展变迁，这种传统的传承方式面临着文化内涵和传承断层的可能。其次，由于医巫闾山满族剪纸艺术的传承依赖于传统手工制作和实地教学，这限制了其传播。因此，没有数字媒体传承方式的介入，难以将其文化内涵及价值有效地传播得更广泛，这导致其在现代社会的认知度逐渐降低。通过数字技术，我们可以将医巫闾山满族剪纸的文化内涵与符号进行再创新，从而保护和传承医巫闾山满族剪纸。

目前，对数字媒体在医巫闾山满族剪纸艺术传播中的应用的研究是匮乏的，不论是从国家层面还是从艺术家层面都缺乏针对医巫闾山满族剪纸艺术的数字化传承与保护平台。目前，医巫闾山满族剪纸艺术的传承确实缺乏数字媒体的介入，这给其传承带来了很大的影响。本书基于数字媒体在医巫闾山满族剪纸的传承与保护中的应用进行实践创作，结合数字科技手段，促进医巫闾山满族剪纸艺术在数字时代的传播与传承，让更多人了解、尊重和传承这一重要的民族艺术。

辽宁省锦州市非物质文化遗产保护中心在近几年成立了数字化传承非物质文化遗产的相关部门，只有技术、人员配备等方面安排，还没有取得较好的成果。笔者认为，亟须通过加大对非物质文化遗产数字化的传承和专业指导力度，让更多的数字创新型专业人才加入非物质文化遗产的传承行列，合理高效利用数字技术等科技手段，赋能非物质文化遗产的创新传承与保护。

基于此，数字媒体技术专业的从业者，通过相关技术为非物质文化遗产的传承与保护进行专业的实践尝试，通过运用符号学、传播学及数字文化再生产的概念，设计创作实践模型，构建传承与保护医巫闾山满族剪纸的路径模型。

一、前期设计

研究者将在前期设计部分，通过采取专家访谈、小组讨论等方法，对研究概念理论的使用、三维动画概念设计、样本提取、样本设计展开研究。研究结果如下。

（一）概念理论的使用

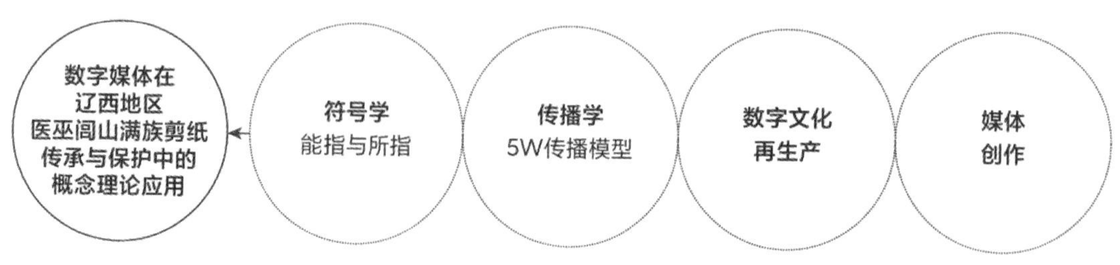

图 5-19　数字媒体在辽西地区医巫闾山满族剪纸传承与保护中的概念理论应用

（图片来源：作者自绘）

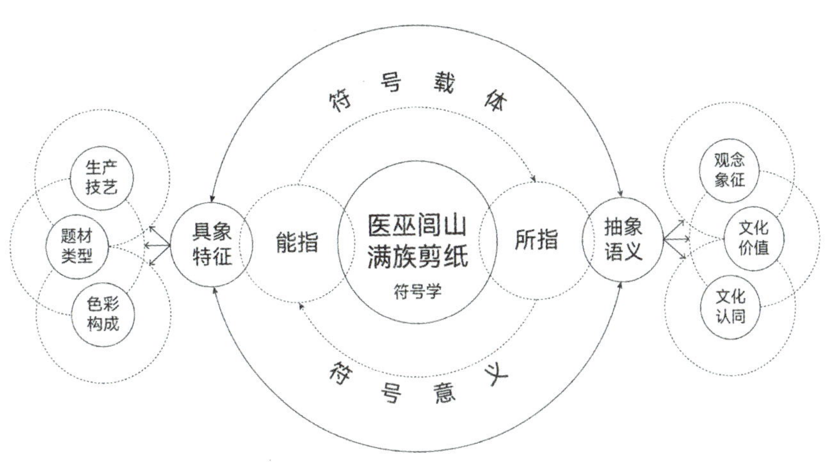

图 5-20　基于符号学中的“能指”与“所指”概念下的设计思路

（图片来源：作者自绘）

数字媒体在辽西地区医巫闾山满族剪纸传承与保护中的概念理论见图 5-19。

1. 基于符号学概念的设计构思

符号学最早由瑞士语言学家弗迪南·德·索绪尔（Ferdinand de Saussare）提出，他从语言的角度提出符号包含“能指”与“所指”部分，即表达层面的物象——符号的“形”和被指事物的内涵意义——符号的“义”。符号的“能指”与“所指”是由物理性的语言和精神性的语义两部分关联构成，只有二者的结合才能构成一个完整的符号体系。“人类文化中任何意义都要用符号才能表达，所有的意义都是符号意义。①”医巫闾山满族剪纸作为一种传统文化符号，具有实用功能与审美功能，从符号学的视角解读，可以使医巫闾山满族剪纸艺术的研究路径更加系统，研究思维更加合理。使用索绪尔符号学的“能指”与“所指”概念来研究数字化医巫闾山满族剪纸的具象价值与抽象价值，可以对这一传统艺术形式与数字媒体的融合进行深入分析（如图 5-20）。在数字化医巫闾山满族剪纸中，“能指”包括了数字化剪纸的具体呈现，包括图案、颜色、线条等。这些是观众可以直接感知的物理特征。数字化医巫闾山满族剪纸的具象价值在于其视觉美感和技术细节。数字技术以更精细的图案设计和视觉效果，使得剪纸作品更生动、更具吸引力。观众可以欣赏到数字化剪纸的美学价值。

① 赵毅衡：《重新定义符号与符号学》，《国际新闻界》2013 年版第 6 期，第 6-14 页。

“所指”是数字化医巫闾山满族剪纸所代表的抽象或文化内涵，包括了文化传统、历史背景、情感和精神意义。数字化医巫闾山满族剪纸的抽象价值在于其传达的文化和历史信息。通过数字媒体，剪纸作品可以传播满族的传统故事、宗教符号、民间传说等抽象元素。这有助于传承和推广满族文化，让更多人了解和欣赏它。

2. 基于“5W”传播学理论的传播法则

数字媒体设计师，将基于拉斯韦尔的“5W”传播学理论及数字再生产的概念，应用三维动画及虚拟漫游的设计来进行医巫闾山满族剪纸的数字化传承实践。传播学奠基人之一、美国政治学家哈罗德·拉斯韦尔（Harold Lasswrll）在其《社会传播的结构与功能》一文中提出了“5W”传播学理论，对传播学发展影响深远。拉斯韦尔提出了传播过程五个基本构成要素，即谁（who）、说什么（says what）、通过何种渠道（in which channel）、对谁说（to whom）、产生何种效果（with what effect）。在数字媒体实践创作过程中，基于“5W”传播学理论进行具体分析，可以让研究更具系统性、逻辑性。

基于“5W”传播学理论概念，结合数字媒体的实践创作与探索，旨在促进医巫闾山满族剪纸艺术在数字时代的传承与传播。“who”是传承者与传播者。在利用数字媒体传播非物质文化遗产（医巫闾山满族剪纸）艺术时，首先需要明确“谁”是文化的传承者和创作者，这可能是社区、个人、艺术家、文化机构或特定群体。“says what”是文化传播内容。从非物质文化遗产（医巫闾山满族剪纸）艺术符号概念中提取，利用数字媒体技术专业中的三维动画技术进行实践创作，对非物质文化遗产（医巫闾山满族剪纸艺术）符号，包括文化符号进行数字化转译，从而将其文化内涵进行广泛分享与传播。“in which channel”是数字媒介平台。数字媒介提供了多种传播渠道，包括社交媒体、在线视频等。“to whom”是传播目标受众。医巫闾山满族剪纸艺术的受众包含本地社区成员、全球观众、文化研究者和学者、文化保护组织及政府部门、文化创作者和艺术家等。“with what effect”是指评估和反馈。需要对三维动画在医巫闾山满族剪纸的传承与保护中的应用实践创作模型进行效果评估。这包括了解受众的反馈、参与度、影响力等。数字媒体提供了数据和分析工具，可以用于监测和评估传播效果。

通过将拉斯韦尔的“5W”传播学理论与数字媒体传播非物质文化遗产相结合，传承者和文化机构可以更系统地规划和执行数字传承项目。这种结合可以有助于文化元素的有效传播，同时也提供了工具来量化和评估传播活动的效果，以便不断改进和优化传播策略。这有助于保护、传承和推广非物质文化遗产，使其更好地适应现代的需求和挑战。将拉斯韦尔的“5W”传播学理论与数字媒体传播非物质文化遗产相结合具有重要的意义，因为这种结合有助于实现以下几个关键目标和价值：精确定位目标受众、优化内容创作和选择、选择适当的传播渠道、精准传播和定制信息及评估传播效果和反馈。

3. 基于数字化文化再生产概念的传承与发展

皮埃尔·布尔迪厄（Pierre Bourdieu）提出的文化再生产理论是他对社会学的重要贡献之一。文化再生产是指社会中现有的文化秩序如何在一代又一代人之间被传递、重申和再现的过程。布迪尔厄认为文化再生产理论指出文化是动态的、不断发展变化的，是一个处于不断再生产中的过程。布迪尔厄强调文化也是人的产物，是人在一定的社会条件下，创造性、适应性改变的结果。由数字媒体带来的文化信息交流传播新秩序功能，是在数字媒体技术建构下的虚拟空间，再现传统文化的历史价值与文化内涵，唤起人们对传统文化的记忆和想象。数字视域下的医巫闾山满族剪纸艺术的虚拟空间重构，是在虚拟空间中创造传统文化的新主体、新场景及新秩序。传统文化的数字化再生产有益于刺激传统文化的收集整理与再传承，从而扩大传统文化的数字化影响力，实现数字化文化再生产。这便是数字文化再生产的价值所在。

将数字化与布尔迪厄的文化再生产概念结合起来，可以帮助我们更好地理解和推动文化再生产，如图 5-21 所示。布迪尔厄强调文化资本在社会阶层中的传递和重复。数字化可以用来传承和保存文化资本，包括文化符号、传统技艺、文化价值等。通过数字化，这些文化资本可以在不同代际之间得到保护和传承。

4. 基于媒体创作概念的三维动画创作实践

媒体创作的概念没有一个具体的单一提出者，它是在媒体学、传播学和艺术等领域的演进过程中逐渐形成的。这一概念涵盖了数字创作活动，包括但不限于文字、图像、音频、视频等在媒体平台上的创意表达。

媒体创作的理念涉及个体或团队使用各种媒体形式进行创造性表达的过程。这包括内容创作、故事叙述、影像创作、音乐制作等方面。在互联网和数字媒体技术的推动下，媒体创作的范围不断扩大，涵盖了更多的媒体形式和创作手段。

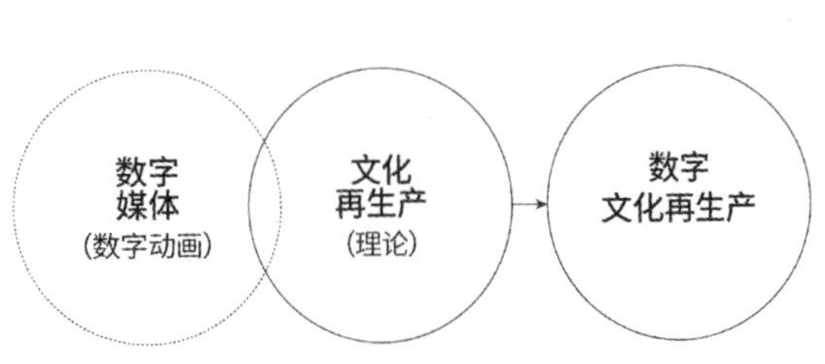

图 5-21　数字文化再生产导出模型

（图片来源：作者自绘）

媒体创作是指在特定的媒介平台

上，通过内容、表现手法、语言方式和传播方式来进行信息的创造和传递的过程。媒体创作是一种文化生产力，既是对社会现实的反映，也是对文化思想的创造和传播的过程。媒体创作不仅仅是一种文化表现方式，更是社会价值观的传播媒介。媒体创作承载了知识的传播，同时也是文化传承的重要媒介。在三维动画的创作过程中，作为媒体创作者需要依据文化的基本价值与内涵、文化认同，以及文化传承与保护的理念来进行思考，并在作品中具体表现出来，从而提高创作作品的质量，以此引导医巫闾山满族剪纸文化的创新型传承与保护。

媒体创作在文化传承方面不仅仅局限于对传统文化的重现和传承，还包含了对传统文化的创新。它是制作高质量的文化产品和文化内容，创新非物质文化遗产的重要手段。

5. 基于学习文化的教育与发展

学习文化是指了解医巫闾山满族剪纸，通过三维动画，向青少年传授医巫闾山满族剪纸文化知识。通过向青少年传授医巫闾山满族剪纸的文化知识，让他们深入了解剪纸文化的智慧和创造力。这不仅是技艺的传承，更是文化、价值观的传承。通过学习医巫闾山满族剪纸的文化知识，年轻一代可以体验传统艺术背后的文化内涵和价值。

在医巫闾山满族剪纸的丰富文化传统中，学习文化扮演着关键的角色，尤其是在涉及青少年学习的过程中。本书聚焦于数字媒体的创作实践，学习文化通过数字媒体三维动画的展览形式，使青少年参与其中，为青少年提供了更深层次的学习体验。这种学习方式不仅仅是知识的传递，更是一种对医巫闾山满族剪纸价值观和生活方式的沉浸式体验。

（二）概念设计

概念设计是三维动画创作前期的重要环节，构思完整的创作概念与思路，可以为后续设计实践制作环节提供指导与参考。对概念进行整理、分析、优化后，可以基于此为后续三维动画的关键帧草图绘制进行指导，草图的绘制是为了规范作品的后续执行。因此，在本书的三维动画艺术创作流程的研究中，将概念设计放在首位，能更好地为后续的创作打下基础。三维动画创作的概念设计主要包括：设计理念、空间情境、主旨概念、设计风格、造型风格等创作整体概念内容的阐述，为后续的造型设计、场景构建、材质类型、质感纹理、色彩搭配等细节提供了很好的支撑。

图 5-22　字体设计为 3D 动画标题“万物有灵”

（图片来源：作者自绘）

医巫闾山满族剪纸艺术源于古老的萨满文化，并以萨满文化为主要题材，体现了“万物有灵”的萨满宗教观念，因此确定三维动画实践创作的概念名称为“万物有灵”（见图 5-22)。《万物有灵》这一作品以医巫闾山满族剪纸中的萨满文化剪纸为原型进行创作。“在北方萨满教的‘万神殿’中，天穹神祇始终占据着重要地位。可以说萨满教初期就产生的原始天穹观念是其宗教思想的基石。天穹间的自然崇拜，是原始初民视自然物与自然力具有生命、意志以及伟大的对象而加以膜拜的观念意识。[①]”

在三维动画的作品创作中，是以原始的自然神崇拜、始祖神崇拜、生殖崇拜观念为主要表现线索，并在此基础上进行样本提取、设计重组。根据医巫闾山地区满族人民的原始崇拜活动的载体的不同，将剪纸按不同的图腾形象归纳为动物神造型、植物神造型与神偶造型。

作品在保留了萨满文化内涵的同时，深化了萨满剪纸中诡谲与朴拙的神韵，以剪纸艺术家创作的巫医闾山满族剪纸的作品样本为基础图案，将烦琐细密语言进行几何化的处理，将古朴的造型进行夸张化再设计，以剪纸艺术最具特点的构图方式——对称式构图方式进行设计，生成更具时代特征的图形图案，赋予中国传统剪纸元素美好寓意与时代特征。在设计的过程中，为了更好地展现巫医闾山满族剪纸所带来的强烈的视觉效果，作品以最具剪纸特色的红为主色调，并为图形增添了数字媒体的寓意延伸，通过数字虚拟空间呈现，使观众在虚拟世界中产生身临其境的视觉感受。虚拟空间以萨满教的“万神殿”为主要设计思路，构建了具有萨满图腾崇拜意义的天穹宇宙场景造型，建筑与神明或转动或飘浮，浩瀚无边、瞬息万变，组建出一个虚拟现实的萨满宇宙世界，观众可以以人机交互的方式进入虚拟场景中，领略巫医闾山满族剪纸艺术的萨满文化内涵与文化价值，以及体验震撼的视觉听觉效果。

（三）样本提取

本书样本提取自医巫闾山满族剪纸作品。以医巫闾山满族人民原始的自然崇拜、生殖崇拜、祖先崇拜的萨满文化为依据。医巫闾山大量的民间剪纸继承了游牧民族和山林民族的萨满文化和神偶的造型艺术。这种剪纸符号记录了中国北方民族古老的自然崇拜、图腾崇拜、萨满信仰，记载了中国北方民族曾有过的与自然界动植物有着共同祖先，相依共存的生命状态与文化形态。

这种萨满文化符号的形成是由于受到信仰体系特有的“万物有灵”观

① 富育光：《萨满教与神话》，辽宁大学出版社 1990 年版，第 20-21 页。

图 5-23 《通天树》

（图片来源：李淑清）

念的影响，通过口口相传的语言转为可以传承的视觉符号语言。所以萨满文化符号具有内在的实用性及高辨识性。医巫闾山满族剪纸中的萨满文化符号以人、动物、植物为形态进行同构为主，在视觉审美上具有较强的创造性和文化性。因此，医巫闾山满族剪纸艺术中的萨满文化符号是具有研究价值的，剪纸中的萨满文化符号可以分为人物符号、动物符号、植物符号三大类别，分别与自然神崇拜、始祖神崇拜、生殖崇拜的萨满文化观念相结合。

《通天树》（见图 5-23）是由李淑清创作的剪纸作品，在满族文化中通天树寓意生命的延续与繁荣，是神圣的象征。在这种作品中，生命树展现了医巫闾山满族剪纸艺术中的自然神崇拜，以及其独特的魅力和深厚的文化内涵。《柳花妈妈》（见图 5-24）是由张喜荣创作的剪纸作品，是医巫闾山满族剪纸中具有代表性的造型之一。柳树妈妈是满族民间普遍祭祀的柳树和女人合体的生殖神崇拜，神像造型头部的柳树枝叶和周围的阴性符号纹样，都传达出满族的生殖神崇拜、植物图腾崇拜观念。《祖先神拉手人》（见图 5-25）是由李淑清创作的剪纸作品。由九个相连的拉手人构成，是山林民族的始祖神、生殖神。数字“九”在当时的社会背景之下寓意极数，九个连起来的拉手人，寓意着部族人丁兴旺。在萨满教观念中，人的灵魂是藏在头发中的，拉手人立起来的长辫子，是始祖神的灵魂与天神相通的标志，也反映出天人合一、万物有灵的哲学观念。实现人与自然和谐共处，和谐共生的理念。

（四）样本再设计

样本再设计指的是剪纸样本文化符号的提取与转化。文化符号不仅是概念传达的媒介，

图 5-24 《柳花妈妈》

（图片来源：张喜荣）

图 5-25 《祖先神拉手人》

（图片来源：李淑清）

也是视觉语言的核心，在信息传递过程中占有重要的地位。符号能够更加直接地传递信息，可以使不同国家的受众直观地接收信息，它是信息传输的载体。在数字媒介及信息多元化的语境下，艺术符号与文化内涵的传播应形成统一，而对于萨满文化的剪纸艺术符号进行数字化转译，最重要的是在遵从萨满教“万物有灵”“图腾崇拜”这两个核心观念之下进行文化符号的当代化转译。

医巫闾山满族剪纸中的萨满文化想要被传承与接受，在当今社会焕发新的生机就要从其文化符号的挖掘与再设计角度出发，对传统的剪纸符号进行整理与创新。在对萨满文化符号进行创新设计的过程中，需要基于几何化提取、抽象化概括、夸张化表达、重构组织设计等样本再设计的原则，保证萨满文化艺术符号的准确性传达，从而保证信息能够准确传播。

1. 几何化提取艺术符号

在构建三维动画中的文化符号的过程中，对原本提取的样本进行几何化概括与整合，通过几何化样本图形形成的文化符号与文化内涵是构建三维动画视觉表现语言的基础，而这一过程还需要医巫闾山满族剪纸艺术方面的文化专家、传承人的参与，这样才能对重要的文化符号形态进行精准提炼，从而丰富几何化文化符号的审美感受，也使其获得自身独特的语言功能。

2. 抽象化概括艺术符号

抽象化概括文化符号分为两个层面的抽象，一是文化符号造型上的抽象，二是文化符号概念的抽象。关于本书的文化符号的概括是在具象性抽象概念之下建立的。所谓具象性抽象是一种不脱离具体形象的抽象活动，或借助于客观事物形象的轮廓、外貌、特征所进行的一种抽象。本书的文化符号的样本再设计是对提取的样本素材的摹写与变形，在保留样本素材的典型特征的基础上，对样本素材进行“增加”和“删减”的视觉艺术化处理。

3. 夸张化表达艺术符号

创作者对提取的样本文化符号造型进行夸张化表达。在造型层面，为表现医巫闾山满族剪纸文化符号的视觉冲击力，对文化符号的造型特征进行大胆的剪裁和变化，取其最能表达主要概念的部分进行夸张化表达。为此，可能仅仅是保留医巫闾山满族剪纸文化符号的样本原型的局部。对需

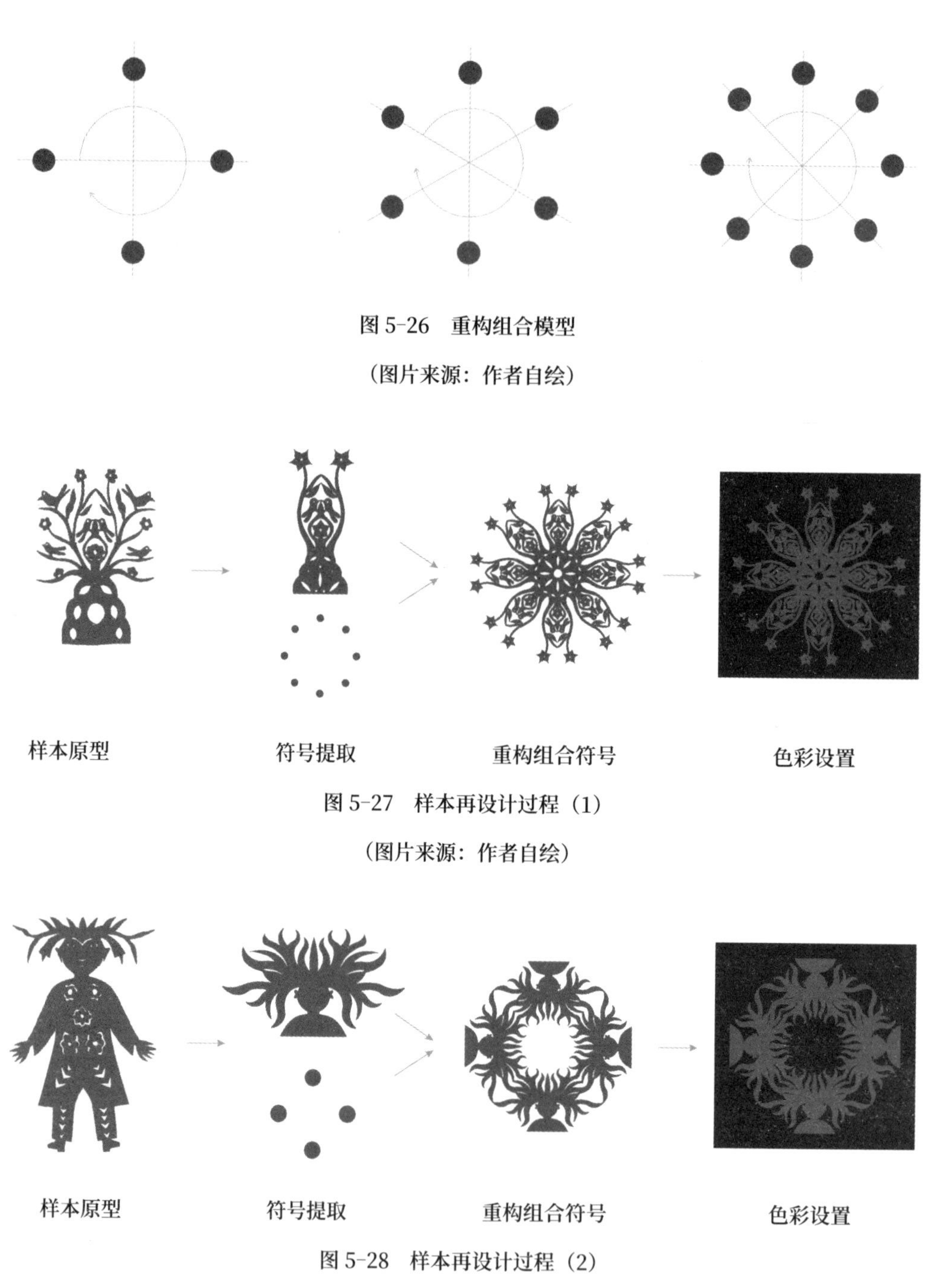

图 5-26　重构组合模型

（图片来源：作者自绘）

图 5-27　样本再设计过程（1）

（图片来源：作者自绘）

图 5-28　样本再设计过程（2）

（图片来源：作者自绘）

要夸张的造型部分进行细节刻画。对提取的样本文化符号有所取舍，概括夸张化表达所形成的富有节奏和韵律、视觉冲击力及艺术美感的文化符号。创作者围绕医巫闾山满族剪纸文化符号造型与概念角度进行夸张化处理，结合萨满文化，突出表达医巫闾山满族剪纸文化符号的鲜明艺术特征与文化价值内涵。

4. 重构组合艺术符号

创作者将运用几何化、抽象化、夸张化整合设计后的文化符号单体进行重构组合，以形成新的文化符号。首先建立重构组合模型，分为四、六、八的重复分布模型。对样本再设计的文化符号单体进行复制、旋转，从而形成三维动画设计中的最终文化符号语言。将中国出土的最早的民间剪纸作品的造型进行融合，结合医巫闾山满族剪纸作品的对称式构图特点，在重构文化符号时选取多点重复构成的方式进行模型的构建（见图 5-26）。

基于重构组合符号的原理，进行如下的文化符号创作（见图 5-27、图 5-28），样本符号集群开发如图 5-29 所示。

二、中期生产

（一）模型制作

三维动画制作环节的模型制作是基于提取的样本进行再设计的文化符号元素，进行由二维平面造型向三维立体造型的转化过程。最终造型与场景呈现结果结合摄像机设置、色彩设计、材质设计及灯光设计完成三维动画的渲染。此部分的模型即指三维动画中的立体造型。模型制作是为了实现艺术符号的造型形态与结构关系的呈现，此部分是后续动态设计呈现的基础工作。

图 5-29　样本符号集群开发

（图片来源：作者自绘）

此部分模型的制作采用的是图片数据生成的方式，这是一种较为折中的模型数据输入手段，将物体的多角度图片根据三维造型的关键点和结构位置

图 5-30　三维立体模型制作（1）

（图片来源：作者自绘）

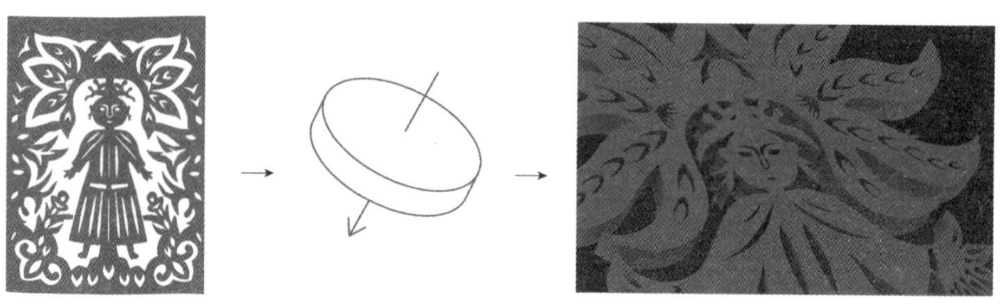

图 5-31　三维立体模型制作（2）

（图片来源：作者自绘）

图 5-32　三维立体模型制作（3）

（图片来源：作者自绘）

进行规范定义后由计算机软件运算生成。在计算机中通过三维造型软件的创建与编辑实现三维立体模型的创造。

本部分的模型制作较为单纯化，运用旋转、推拉的方式进行文化符号的立体化呈现，这种较为单纯的呈现方式，可以很好地突出医巫闾山满族剪纸艺术的三维化、数字化呈现的主题，保留了传统意义上剪纸艺术的特点，但又进行了三维空间的立体转化，实现了在传统概念下的数字化突破（见图 5-30 至图 5-32）。

三维动画的模型制作是中期制作工作中的重要环节。模型表现在创作流程中主要涉及在概念设计的基础上进行的模型制作。模型的制作与深入是在维度变化的基础上对各环节之间细节与变化的呈现，由此阶段开始，最终三维动画作品的艺术符号及视觉语言逐步建立，并确定视觉艺术风格。三维模型的概念确立是以传统造型艺术的理论和认知方法为基础，以技术实现特征为线索，模型的呈现方式是基于符合艺术符号本体特征的梳理和归纳，而在模型的造型方法上则要符合三维构成规则的技术特征。在三维动画中，模型的制作主要体现在形体与结构的关系构建之上，形体是指物体的外部边缘形状及剪影，结构是指整体的各部分的搭配和安排，艺术符号的内在构造及组合关系是造型对感官产生影响的重要元素，并起到定义整体与局部关系、决定造型视觉感受的作用。在三维坐标体系中不存在孤立的形体与结构概念，二者随观测角度的不同随时转换与相互作用。通过理解维度的转换指导二者的视觉协调，是三维模型表现的工作及研究的实质内容①。

（二）场景构建

在三维动画场景构建过程中，要充分考虑场景空间的构建、构图形式的表达、模型之间的结构关系等重要构成部分。三维动画场景构建是利用三维建模软件创造虚拟空间来展示医巫闾山满族剪纸的文化符号与文化内涵及价值。本书涉及的三维建模软件为 CINEMA 4D，在利用 CINEMA 4D 软件创建虚拟空间时，可以将上部分制作的模型进行数字化组合与建构，创造出符合其文化内涵的虚拟场景，创造出一个关于萨满剪纸的世界，让人们可以沉浸式地感受和体验医巫闾山满族剪纸的魅力。在场景的构建过程中，需要考虑到模型的大小、色彩、形状、材质等方面

① 邓强：《三维动画艺术创作维度研究》，西安美术学院 2019 年博士论文。

的细节，保证场景的真实性和可信度。此外，在场景的构建中，灯光的运用也是非常重要的，它可以确保场景的视觉效果，能够有效地传达作品的概念。

《万物有灵》三维动画的场景包括画面可视的直接营造虚拟空间和通过执行对象的艺术价值感知所延展出的虚拟想象空间。在《万物有灵》三维动画的创作中，其文化符号物化后搭建的虚拟空间场景是以“万神殿”为主要空间表现，构建了具有萨满图腾崇拜意义的天穹宇宙场景造型，建筑与神明或转动或飘浮，浩瀚无边、瞬息万变，组建出一个虚拟现实的萨满宇宙世界，这种具象形态的有限性与抽象形态的无限性赋予空间美学意义。构建的场景空间形态近乎无限的变化使得空间呈现出具象与抽象的双重属性，同时也给予场景无限的遐想空间和艺术魅力。

在场景构建的过程中，镜头语言的把握也是一个重要的环节。综合场景合并及镜头设计等手法，理论上可以实现创作空间的无限扩展。这一特性本身即符合摄像机镜头取景范围与真实世界空间的关系——提取与界定局部。摄像机取景框决定画面边界，将画面内容从整体场景中提取出来并强调。借由摄像机运动与镜头组接实现画内与画外内容的直接或间接联系，确定内外空间的完整性与客观性。借由时间维度的变化、感知维度的综合体验赋予作品画外空间的延展，依靠声音、视觉引导等手法实现虽然不可见但可以感知的画外空间信息传递。同时，三维对象细节表现不受图像分辨率限制，突破了二维画面的绘制技术局限，镜头运动可以从宏观到微观进行大跨度的表现，空间感可以实现无限扩展。每一个镜头语言所呈现出的画面都要用与主题契合的概念表现。画面的构图、运动的趋向、形态光影的关系、画面的色调等因素均服务于空间感的营造。

关于三维动画设计的场景构图，选取构图的依据是从剪纸艺术家的访谈中得出相应数据。从剪纸艺术的历史不难看出，剪纸艺术是以其独特的对称均衡构图而著称。在医巫闾山满族剪纸的典型作品中，对称元素贯穿始终，创造出一种和谐的视觉效果。剪纸艺术家通过将图案、形状和线条沿着中心轴对称排列，以及在左右两侧使用相似的图案和元素来实现这种对称性。这些艺术符号的平衡布局不仅让作品看起来稳定和平衡，还赋予了其一种吉祥与团圆的视觉感受。

对称式构图不仅仅局限于场景建构的对称性，而是与所创作的主题概念紧密结合，表达出更加广阔的视角和更丰富的主题概念。对称式构图以基准线分割构图空间，得到视觉中心点与画面的均衡，这就让三维动画元素对象的大致位置关系得到了明确。在创作过程中，将主要的元素对象置于视觉中心点上，实现对称式构图的左右画面平衡。三维动画场景是以萨满文化内涵进行搭建的，整部三维动画共分为三大主场景，分别是自然神崇拜、始祖神崇拜、动物神崇拜，搭配样本再设计的模型集群，构建出《万物有灵》三维动画的虚拟场景（见图 5-32 至 5-34）。

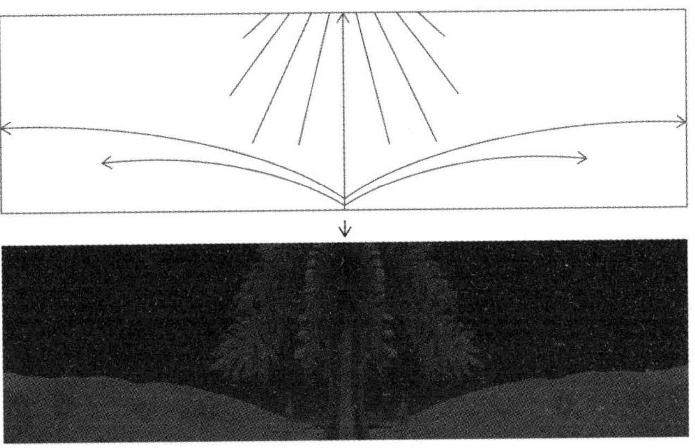

图 5-32　场景构建设计（1）

（图片来源：作者自绘）

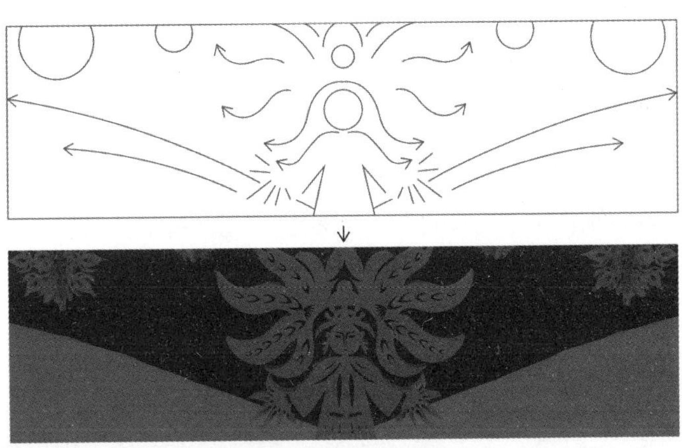

图 5-33　场景构建设计（2）

（图片来源：作者自绘）

图 5-34　场景构建设计（3）

（图片来源：作者自绘）

（三）渲染生成

“三维动画的渲染方式分为离线渲染与实时渲染。本实践创作的研究主要采用离线渲染的方式，此方式是三维动画早期产生并延续至今的渲染方式。对于预先制作好的帧画面进行渲染，产生由设计者完全控制的画面内容与效果。离线渲染方式实现高精度画面表现的代价就是渲染时间的增加，任何时期，离线渲染对于硬件资源的需求都是无止境的。[①]”三维动画的离线渲染是指将动画的每一帧分别进行计算和渲染，然后将这些渲染出的帧逐一存储为图像文件，最后再将这些图像文件合成为最终的动画序列的过程。与实时渲染不同，离线渲染可以在更长的时间内使用更多的计算资源，以获得高质量的图像和视觉效果。离线渲染有以下的优势特点：第一，呈现高质量图像：离线渲染可以使用更多的计算时间来提高图像的质量，包括更高的分辨率、更复杂的光照和材质效果，以及更长的渲染时间，以确保图像达到最佳状态。第二，渲染场景层次丰富：离线渲染适用于复杂的三维场景，包括大量的对象、高级的照明和阴影效果，以及需要多次渲染的特殊效果。第三，灵活分割渲染层次：离线渲染允许将场景分为多个渲染层次，每个层次可以单独渲染，然后合成最终图像，以增加渲染的灵活性。第四，后期制作优化：由于生成的是图像序列，离线渲染后可以在后期制作中进行图像处理、颜色校正、特效添加等，以进一步提升视觉效果。

《万物有灵》三维动画渲染步骤：第一，场景准备：在三维建模软件中准备好场景，包括建模、材质设置、照明和摄像机的设置。第二，渲染设置：在三维动画软件中设置渲染参数，分别调整分辨率、帧速率、并选择渲染引擎等。第三，动画制作：创建关键帧动画效果。第四，离线渲染：开始渲染过程，渲染引擎会逐帧计算和渲染图像。每一帧都是一个单独的图像文件，通常是像 PNG、TIFF、EXR 等格式的图像文件。第五，图像序列存储：渲染的每一帧都会被存储为图像文件，并按照顺序编号。这些图像文件通常存储在计算机的硬盘中。

离线渲染是一种常用于生成高质量三维动画的方法，尤其适用于需要复杂渲染和后期制作的项目。它允许使用者在每一帧上花费更多的时间和计算资源，以确保最终的动画达到预期的视觉效果和质量水平。

三、后期合成

（一）三维动画合成

动画制作的最终镜头由后期合成环节实现视觉效果的增强。后期合成中分层合成的设计理念，最早源自美国迪士尼等大型影视制片厂用分层赛璐珞的创作方式进行设计与探索。

① 邓强：《三维动画艺术创作维度研究》，西安美术学院 2019 年博士论文。

后期合成环节是对动画制作结果的整合。动画后期合成中的层体关系是指在合成环节中对构成画面不同层次的图像元素进行调整、处理、整合。三维动画渲染将三维场景中的体积元素输出为图像元素。空间层体操作的技术实质就是实现三维空间造型构建技术与二维图像处理技术的互相转化，最大化这两项技术在效果和效率方面的优势，体现出空间和层级的交互关系，传达空间与时间的重构。

图 5-36　三维动画二维码

后期合成软件 Adobe After Effects 是一款非常强大的动画合成和后期制作软件，可以用来创建、编辑和合成各种类型的动画。以下是《万物有灵》三维动画后期合成的具体步骤（见图 5-36）：第一，创建新项目：打开 Adobe After Effects 并创建一个新项目。设置项目的分辨率、帧速率和持续时间。第二，导入素材：在项目面板中，导入渲染完的视频素材，可以拖放素材到项目面板中或使用“文件”菜单中的“导入”选项。第三，创建合成：在合成面板中，创建一个新的合成。合成是动画项目的主要工作区，可以在其中进行组合素材、创建动画和添加效果等操作。第四，将素材添加到合成：将导入的事先渲染好的视频素材拖放到合成面板中，它们将出现在时间轴中。第五，剪辑和调整：使用时间轴工具，可以剪辑、调整素材的持续时间和顺序。第六，添加效果：Adobe After Effects 提供了丰富的效果和预设，可以将它们应用于素材或合成以创建特殊效果。可以添加文本动画、颜色校正、模糊、遮罩等效果。第七，创建关键帧动画：使用关键帧来创建动画效果。选择一个属性（如位置、旋转、不透明度）并在时间轴上设置关键帧，然后在不同的时间点更改属性的值（见图 5-37 至图 5-43）。Adobe After Effects 会自动在关键帧之间进行插值以创建平滑的动画。第八，音频处理：可以将音频素材导入合成，并根据需要进行音频编辑和同步。可以添加音频效果、音频层等。第九，预览和调整：使用预览面板来查看动画效果。根据需要进行调整和修改。第十，渲染和输出：完成三维动画后，使用“合成”菜单中的“将合成添加到渲染队列”选项，配置渲染设置，然后开始渲染最终的动画，输出最终的三维动画的视频文件。

关于三维动画镜头的合成和剪辑步骤，越是复杂的镜头效果，观众就

图 5-37 《万物有灵》三维动画关键帧（1）

（图片来源：黄林、马倩倩）

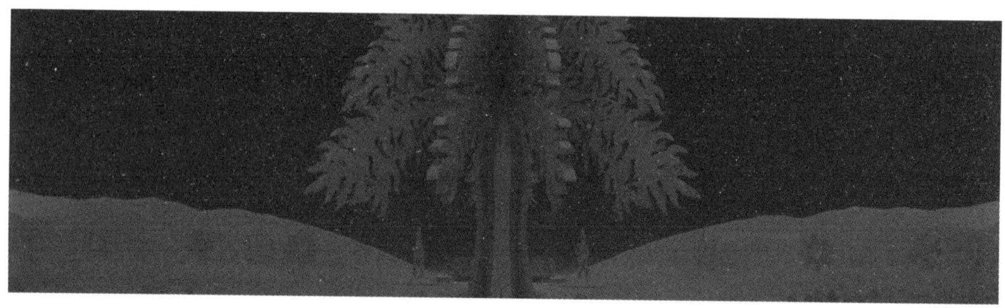

图 5-38 《万物有灵》三维动画关键帧（2）

（图片来源：黄林、马倩倩）

图 5-39 《万物有灵》三维动画关键帧（3）

（图片来源：黄林、马倩倩）

图 5-40 《万物有灵》三维动画关键帧（4）

（图片来源：黄林、马倩倩）

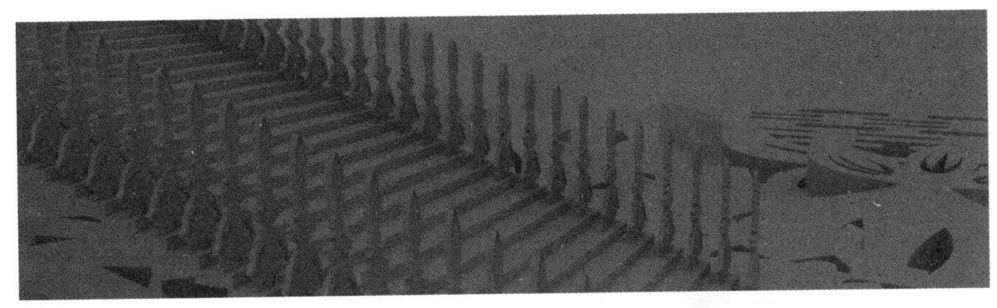

图 5-41 《万物有灵》三维动画关键帧（5）

（图片来源：黄林、马倩倩）

图 5-42 《万物有灵》三维动画关键帧（6）

（图片来源：黄林、马倩倩）

图 5-43 《万物有灵》三维动画关键帧（7）

（图片来源：黄林、马倩倩）

越需要足够长的时间理解镜头和画面所传达的视觉信息。所以整体制片中非常重要的一环，就是后期剪辑对关键性镜头进行剪辑时间的再调整。三维动画的镜头、背景、光线设计更加复杂，并具有更强的视觉设计感。

综上，三维动画的后期剪辑合成是确保动画达到预期的视觉和听觉效果的关键步骤。这一过程涉及颜色校正、特效、音频处理、合成技术等方面。

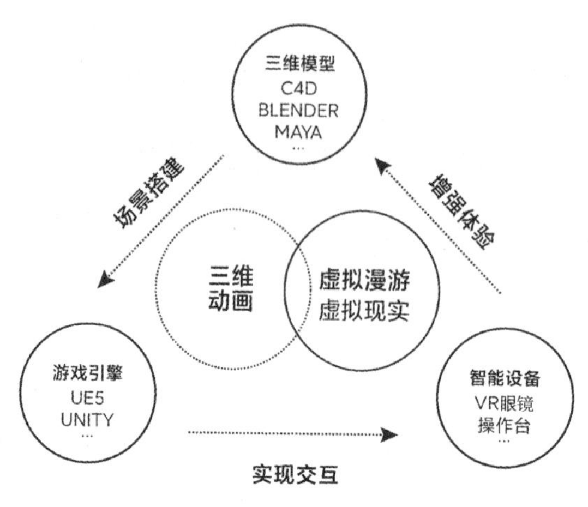

图 5-44　虚拟漫游应用模型

（图片来源：作者自绘）

（二）虚拟漫游技术应用

虚拟现实（VR）是计算机通过数字化手段营造的虚拟全景模拟环境，以视觉和听觉为基础，所显示的是现实世界的镜像或者是完全人为创造的幻想世界，体验者可以完全沉浸其中，并通过一定的技术手段和虚拟环境或其中的物体进行各种形式的交互。“沉浸式交互虚拟现实，是包括 VR/AR 等覆盖视野、沉浸式的、可在空间中行走的、可体感交互的、基于虚拟现实引擎即时渲染的空间信息的体验方式。①”虚拟漫游应用模型如图 5-44 所示。

虚拟漫游的特征如下：第一，交互性。虚拟现实技术中的交互性是指用户与虚拟环境及其中的元素之间相互作用的能力。这种交互性可以通过多种技术实现，如使用传感器技术，虚拟现实系统可以捕捉用户的手势，并将这些手势转变成虚拟环境中的互动操作，使用户能够直接用手与虚拟环境进行互动，实现手势识别与追踪。第二，沉浸感。虚拟现实技术中的沉浸感是指用户在虚拟环境中获得的身临其境的体验。虚拟现实通过逼真的图像、声音和触觉反馈，让用户仿佛置身于一个真实的环境中。通过立体声音效技术，虚拟现实可以模拟不同方向的声音，使用户感觉声音是来自虚拟环境中的特定位置，增强了沉浸效果。设计良好的虚拟现实场景和情节可以引起用户的情感共鸣，使他们与虚拟环境中的角色和故事产生情感连接，提高身临其境感。虚拟现实技术强调的是完全沉浸体验，将参与者从现实环境中剥离出去，而沉浸在虚拟世界中，并产生交互（见图 5-45、图 5-46）。第三，构想性。创作者可以借助虚拟现实技术，构建真实的世界图景或者自己想象的世界，用户可以在创作者构建的环境里漫游，视角可以随意切换，也可以随意走动。

虚拟现实（VR）技术中的虚拟漫游技术，允许用户沉浸于虚拟环境中，自由移动和探索。它的目标是创造出一种仿佛置身于虚拟世界中的感觉，让用户可以亲身体验虚拟环境中的场景、物体和角色。虚拟漫游技术是利用计算机技术，传感器、显示器等设备，创造出一种逼真的虚拟环境，使人们能够在其中进行沉浸式的漫游，体验虚拟环境带来的真

① 吴南妮：《沉浸式虚拟现实交互艺术设计研究》，中央美术学院 2019 年博士论文。

图 5-45 虚拟漫游交互展示（1）

图 5-46 虚拟漫游交互展示（2）

（图片来源：作者自绘）

实感受。在数字动画应用于医巫闾山满族剪纸的传承与保护的过程中，将虚拟漫游中的交互技术融入三维动画中，让观众沉浸式体验剪纸艺术的世界，这样的虚拟剪纸世界可以提供一个更加生动的、趣味的、直观的非物质文化遗产的传承与保护方式，让更多人积极关注并了解医巫闾山满族剪纸艺术（见图 5-47）。所有场景都能够利用虚拟漫游的方式来进行立体化、沉浸式、互动性的体验，使人们可以真实地感受非物质文化遗产的魅力。

四、评估和总结

（一）评估

1. 数字媒体方向的权威专家

数字媒体方向的权威专家对三维动画及创作模型的评估分为以下 3 个方面。

（1）艺术效果评估

三维动画通常包含声音、图像、交互等元素，通过屏幕能够为受众带来身临其境的视觉感受。在三维动画的创作中，可以融合当地文化内涵、剪纸符号等元素，为医巫闾山满族剪纸的数字化传承与保护提供更多可能性。受众可以通过三维动画作品去了解医巫闾山满族剪纸这一非物质文化遗产。三维动画也实现了剪纸符号的二维平面空间与三维空间的结合，传达了预期的信息，具有很强的叙事性和沉浸性。该三维动画的创作能够准确地描绘医巫闾山满族剪纸的文化符号、文化内涵和美学价值。它传达了医巫闾山满族文化，并将医巫闾山满族剪纸文化符号浓缩成具有代表性的文化符号，通过数字媒体的形式加以传达。

三维动画的创作主题准确，具有现代的设计风格，符合时代的要求，

图 5-47　虚拟漫游场景展示

（图片来源：作者自绘）

具有设计师个人独特的风格特点。首先，创作者将医巫闾山满族剪纸的独特样本符号进行提取与再设计，并融入三维动画设计，很好地体现了医巫闾山满族剪纸的艺术特色，与主题完美契合。其次，将虚拟漫游技术融入三维动画，为三维动画的设计带来了更好的沉浸感，让受众可以体验身临其境的感觉，了解医巫闾山满族剪纸这一独特的非物质文化遗产，体验医巫闾山满族剪纸的艺术之美。作品体现了创作者独特的设计思维、丰富的文化底蕴及对中国传统文化的传承与保护的责任感。三维动画的创作采用先进的数字技术，视觉形式新颖，与其他传统的传承方式相比，有助于塑造独特的文化符号，使医巫闾山满族剪纸艺术能够从众多的剪纸艺术中脱颖而出。通过数字媒介的传播，受众可以真正身临其境地感受医巫闾山满族剪纸的文化价值，体验震撼的视觉听觉效果。

（2）技术实现评估

三维动画与虚拟漫游技术的结合使受众能够获得更好的沉浸式体验。通过三维动画的逼真表现和虚拟漫游的交互性，受众能够置身于一个虚拟的现实。这种沉浸感让受众更深刻地融入文化空间，从而提升受众的可感知性，达到参与式传承的目的。虚拟漫游技术使受众成为场景的参与者，而不仅仅是观众。通过交互式的控制和导航，受众可以自由探索虚拟环境，与其中的元素互动。这提高了受众的参与感，使其更好地进行文化的传承。同时要提供关于改进技术、优化性能、确保流畅性的建议，以确保作品在各种设备上及媒介平台上都能够有效运行。

（3）受众参与评估

在受众参与三维动画与虚拟漫游的交互作品的评估过程中，作品在视觉效果和逼真度方面表现出色。三维动画的图形质量和特效运用令人印象深刻，创造了引人入胜的虚拟环境。逼真的场景设计和精细的视觉效果提高了受众的沉浸感，为整体体验打下了良好基础。在交互性和用户体验方面，受众轻松而流畅地参与了虚拟漫游。引导性的提示，帮助受众更好地理解互动元素的使用方式。三维动画作品的故事情节丰富，具有清晰的发展线索，并在整个交互过程中让受众体验到连贯性。专家建议在不同设备上进行更全面的测试，以确保作品在各种硬件环境下都能够顺畅运行。另外，优化技术细节，提高性能水平，有助于提升受众体验。

2. 文化与政府的权威专家

文化与政府的权威专家对三维动画及创作模型的评估分为以下两个方面。

（1）文化与社会因素评估

在评估三维动画作品时，我们也着重考虑了文化与社会因素。在文化表达方面，作品表现出了一定的多样性和包容性。场景和元素充分考虑到了医巫闾山满族剪纸的文化元素，这有助于传承与保护医巫闾山满族剪纸文化符号与价值。在社会互动方面，作品在提供虚拟社交体验上表现出一些亮点。受众可以共享三维动画作品，这有助于创造一个共享文化体验的机会。另一个值得关注的点是作品的文化元素很好地诠释了当地社会的文化特色。对医巫闾山满族剪纸的文化符号与文化内涵有很深刻的理解，作品很好地起到传承与保护医巫闾山满族剪纸的作用。作品很好地促进了文化交流和理解，通过引入医巫闾山满族剪纸的文化符号元素，三维动画作品成为医巫闾山满族文化传承的桥梁，实现了共享文化的目标，并在交互体验中促进文化的理解。

（2）实际应用的评估

三维动画作品的路径模型为受众提供了清晰而系统性的体验。路径模型的设计有助于为更多的非物质文化遗产数字化传承与保护的研究提供研究范式，专家对于路径模型的结构和导航性表示赞同。在路径模型的设计方面，路径模型的设计思路清晰，能够很好地体现出三维动画的整体创作思路。创作者可以通过路径模型提供每一步创作的过程与思路，以更好地适应用户个体差异，提高创作路径模型的使用率。同时，路径模型具有应用于不同场景的灵活性。专家一致认为，路径模型可以应用到非物质文化遗产的传承与保护的更多领域，以发挥其更大的实际作用。

在传承与保护方面，三维动画作品的数字化形式也能够更广泛地传播医巫闾山满族剪纸的文化。将这一传统艺术作品推广至在线平台，如数字虚拟博物馆或教育资源网站，可以让更多人访问和学习。通过在线平台的推广，医巫闾山满族剪纸可以突破地域和时间的限制，得到更广泛的传播。在线平台提供了便捷的学习和欣赏渠道，可以吸引更多的人参与其中。此外，还可以考虑在学校和社区组织相关活动，进一步推动满医巫闾山满族剪纸的传承工作。通过在教育和社区环境中组织展览、讲座和工作坊等活动，我们可以让更多的人与传承人互动，深入了解和体验这一传统艺术形式。政府也可以采取措施，通过教育和展览等方式对作品进行共享。通过与传承人的合作，我们可以进行更加精准的文化表达，强化互动性，使作品更有吸引力和表现力。

（二）总结

1. 医巫闾山满族剪纸的文化价值和文化认同的总结

首先，对医巫闾山满族剪纸的发展进行了详细的介绍，对材料、工具与手法、制作步骤、形式与内容进行了分析，观察了医巫闾山满族剪纸的发展变化。其次，分析和总结了医巫闾山满族剪纸的文化价值、文化传承与文化符号。文化传承的价值主要体现在萨满与图腾文化的传承、生存与繁衍文化的传承及吉祥文化的传承。运用卡西尔符号学的概念解读医巫闾山满族剪纸的文化符号价值。在宇宙、人类与自然的关系中探索形成的文化符号，表现出了独特的地域和民族特色，具有较强的满族文化特征，其“万物有灵”“天人合一”“人与自然和谐共生”的文化概念是其珍贵的文化价值的体现。最后，总结了医巫闾山满族剪纸的文化认同概念。分别对文化符号的认同、教育与传承的认同和创新与发展的认同进行阐述，从传统与现代的发展视角让这一传统艺术在当代社会生活中得到认同，为满族文化的传承注入了新的动力。这种创新不仅是对传统的尊重，更是对文化认同的现代回应，在创新与发展中实现文化认同。

2. 医巫闾山满族剪纸的传承与保护现状的总结

笔者从传承人现状及国家政府对剪纸传承人的扶持政策角度、文献著作出版的角度、传承场馆建设的角度、教育培训与举办展览的角度及建立数字化传播的角度进行总结，得出了目前医巫闾山满族剪纸的传承与保护现状。笔者从传承人老龄化和年轻人参与度低的角度、剪纸作品创作的文化内涵与文化认同缺失的角度、从传播媒介局限与创新数字化传播手段不足的角度进行总结，得出了目前医巫闾山满族剪纸的传承与保护遇到的问题。目前，医巫闾山满族剪纸的传承与保护，需要以数字化呈现方式加以补充与完善，丰富医巫闾山满族剪纸文化的传播方式，使其符合时代审美需求。厘清数字化传承与保护医巫闾山满族剪纸艺术的核心问题，运用数字媒体技术的传播优势，加深人们对医巫闾山满族剪纸艺术文化内涵的理解，并最终突破时空限制，增进医巫闾山满族剪纸的文化认同。

3. 三维动画在医巫闾山满族剪纸的传承与保护中的应用的总结

从艺术和文化的视角构建了具有独特艺术和文化价值的三维动画作品，以解决相应的问题。从三维动画的概念设计、样本提取、样本再设计、模型制作、场景构建、渲染生成、虚拟漫游技术应用、权威专家评估等角度进行设计和阐述。以符号学、传播学、数字文化再生产等概念理论为核心支撑，构建三维动画在医巫闾山满族剪纸的传承与保护中的理论模型。这将为数字媒体在非物质文化遗产的传承与保护中的应用提供新的思维和实践，从而推动非物质文化遗产的数字化传承与保护的发展。

综上，本研究通过对医巫闾山满族剪纸的发展进行总结，得出萨满与图腾文化的传承、生存与繁衍文化的传承及吉祥文化的传承是医巫闾山满族剪纸最为显著的文化价值所在。运用卡西尔符号学的概念解读医巫闾山满族剪纸的文化符号价值。在宇宙、人类与自然的关系中探索形成的文

[49] 黄永林、谈国新:《中国非物质文化遗产数字化保护与开发研究》,《华中师范大学学报（人文社会科学版）》2012 年第 2 期。
[50] 刘明阁:《论民俗类非物质文化遗产的传承、保护和利用》,《江汉论坛》2012 年第 10 期。
[51] 陈永辉、白晋湘:《非物质文化遗产保护视角下我国少数民族民俗体育文化资源开发》,《武汉体育学院学报》2009 年第 3 期。
[52] 陈天培:《非物质文化遗产是重要的区域旅游资源》,《经济经纬》2006 年第 2 期。
[53] 谭志国:《土家族非物质文化遗产保护与开发研究》,中南民族大学 2011 年博士论文。
[54] 何华湘:《非物质文化遗产的传播研究》,华东师范大学 2010 年博士论文。
[55] 彭冬梅:《面向剪纸艺术的非物质文化遗产数字化保护技术研究》,浙江大学 2008 年博士论文。
[56] 周志勇:《论政府主导下的非物质文化遗产保护》,湖南大学 2007 年硕士论文。
[57] 王巨山:《手工艺类非物质文化遗产理论及博物馆化保护研究》,山东大学 2007 年博士论文。
[58] 廖嵘:《非物质文化景观旅游规划设计》,同济大学 2006 年博士论文。
[59] 肖曾艳:《非物质文化遗产保护与旅游开发的互动研究》,湖南师范大学 2006 年硕士论文。
[60] 罗茜:《中国非物质文化遗产保护性旅游开发问题研究》,湘潭大学 2006 年硕士论文。
[61] 杨慧子:《非物质文化遗产与文化创意产品设计》,中国艺术研究院 2017 年博士论文。
[62] 邱悦:《江苏非物质文化遗产研学旅行产品开发研究》,东南大学 2017 年硕士论文。
[63] 陈少峰:《非物质文化遗产的动漫化传承与传播研究》,山东大学 2014 年博士论文。
[64] 余日季:《基于 AR 技术的非物质文化遗产数字化开发研究》,武汉大学 2014 年博士论文。
[65] 孙传明:《民俗舞蹈类非物质文化遗产数字化技术研究》,华中师范大学 2013 年博士论文。
[66] 王志平:《江西非物质文化遗产保护利用与产业发展研究》,南昌大学 2013 年博士论文。
[67] 杨媛媛:《非物质文化的可持续发展与本土设计创新》,湖南大学 2008 年硕士论文。
[68] 范玉娟:《非物质文化遗产的旅游开发研究》,上海师范大学 2007 年硕士论文。
[69] 梁现瑞:《中国纪录片对非物质文化遗产的书写》,四川大学 2007 年硕士论文。

[70] 张莹莹:《非物质文化遗产进入美术课程资源系统的研究》，首都师范大学 2013 年博士论文。

[71] 张西昌:《传统手工艺的知识产权保护研究》，西安美术学院 2013 年博士论文。

[72] 刘坚:《云南省少数民族传统体育非物质文化遗产保护与传承研究》，北京体育大学 2012 年博士论文。

[73] 欧阳正宇:《非物质文化遗产旅游开发研究》，兰州大学 2012 年博士论文。

[74] 吴磊:《我国少数民族非物质文化遗产政策研究》，中央民族大学 2012 年博士论文。

[75] 季诚迁:《古村落非物质文化遗产保护研究》，中央民族大学 2011 年博士论文。

[76] 刘鑫:《基于非遗文创的品牌建构研究》，中国美术学院 2019 年硕士论文。

[77] 牛慕青:《非物质文化遗产的展示理论研究》，复旦大学 2013 年硕士论文。

[78] 王磊磊:《真实性视角下的非物质文化遗产旅游开发研究》，华东师范大学 2008 年硕士论文。

[79] 张欢:《宁夏非物质文化遗产旅游开发模式研究》，宁夏大学 2014 年硕士论文。

[80] 刘魁立、王珍:《非遗传承人的三个关键词》，《中国民族报》2017 年 6 月 9 日第 11 版。

[81] 徐涟、吕品田:《非物质文化遗产“生产性方式保护”的意义与前景》，《中国文化报》2009 年 2 月 27 日第 3 版。

[82] 王文章:《“非遗”保护的中国经验》，《人民日报》2013 年 6 月 7 日第 24 版。

[83] 吴丽云:《构建具有中国特色的文化遗产保护传承利用体系》，《中国旅游报》2021 年 1 月 14 日第 3 版。

[84] 赵学义:《非物质文化遗产保护与民族文化政策》，《中国民族报》2010 年 1 月 22 日第 5 版。

[85] Jane Carr, "The Tangible and Intangible: Dance and the Safeguarding of Intangible Cultural Heritage", *Dance Research*, Vol.41, 2023.

[86] Wenjun Yan, "Ethical Principles for Safeguarding Intangible Cultural Heritage: How to Protect Intangible Cultural Heritage of Minority Ethnic Groups in China", *Advances in Historical Studies*, Vol.12, 2023.

[87] Liu Ting, "A Review of Chinese and Foreign Intangible Cultural Heritage Tourism", *SHS Web of Conferences*, Vol.163, 2023.

[88] 中国非物质文化遗产网:《习近平:在文化传承发展座谈会上的讲话》(https://www.ihchina.cn/news_1_details/27902.html)。

[89] 中国非物质文化遗产网:《非遗数字化让老手艺"活"起来、传下去》(https://www.ihchina.cn/news_1_details/28931.html)。